# HISTORIA MÍNIMA DE AREQUIPA

## DESDE LOS PRIMEROS POBLADORES HASTA EL PRESENTE

Mario Meza
Víctor Condori

# Historia mínima de Arequipa

## Desde los primeros pobladores hasta el presente

Rolando Rojas
*editor académico*

IEP
INSTITUTO DE ESTUDIOS PERUANOS

*Serie: Estudios Históricos, 76*


Horacio Urteaga 694, Lima 11
Telf.: (51-1) 332-6194
Correo-e: <libreria@iep.org.pe>.
www.iep.org.pe

ISBN: 978-9972-51-693-1
ISSN: 1019-4533
Impreso en Perú

Primera edición: Lima, junio de 2018
3000 ejemplares

Hecho el depósito legal en la Biblioteca Nacional del Perú: 2018-07857
Registro del proyecto editorial en la Biblioteca Nacional: 31501131800542

*Corrección:* Daniel Soria
*Asistente editorial:* Yisleny López
*Diagramación:* Silvana Lizarbe
*Carátula:* Gino Becerra
*Cuidado de edición:* Odín del Pozo

*Los editores agradecen a los propietarios de los derechos de autor de las fotografías e imágenes por colaborar en esta publicación. Asimismo declaramos haber hecho todo lo posible para identificar a los autores de las imágenes que se reproducen en este libro, cualquier omisión es involuntaria. Agradeceremos toda información que permita rectificar cualquier crédito para futuras ediciones.*

**BIBLIOTECA NACIONAL DEL PERÚ**
**Centro Bibliográfico Nacional**

985.41 Meza Bazán, Mario, 1966-
M49 *Historia mínima de Arequipa: desde los primeros pobladores hasta el presente* / Mario Meza, Víctor Condori; Rolando Rojas, editor.-- 1a ed.-- Lima: Instituto de Estudios Peruanos, 2018 (Lima: Tarea Asociación Gráfica Educativa).
294 p. : il. (algunas col.), mapas, retrs.; 21 cm.-- (Estudios históricos; 76)

Bibliografía: p. [286]-294.
Contenido: Del poblamiento de la región al dominio Inca, 10.000 a. C.-1535 -- De la conquista a la crisis del régimen colonial, 1532-1821 -- Arequipa republicana, siglo XIX -- Del siglo XX al presente.
D.L. 2018-07857
ISBN 978-9972-51-693-1

1. Arequipa (Perú: Departamento) - Historia - Época Prehispánica 2. Arequipa (Perú: Departamento) - Historia - Época Colonial 3. Arequipa (Perú: Departamento) - Historia - República, 1825- 4. Arequipa (Perú: Departamento) - Historia - Siglos XX-XXI I. Condori Condori, Víctor, 1968- II. Rojas Rojas, Rolando, 1973-, editor III. Instituto de Estudios Peruanos (Lima) IV. Título V. Serie

**BNP: 2018-144**

# Índice

## Lista de recuadros

Mapa de Arequipa con provincias. Elaboración propia.

# Presentación

## Propósito y plan del libro

La nación peruana es el resultado de una larga historia. El legado de la civilización andina, el proceso colonial y las transformaciones sociopolíticas de los siglos XIX y XX han forjado una identidad particular, en la que hoy nos reconocemos como colectividad. Esta identidad no es, sin embargo, homogénea y uniforme. Perú es un país diverso por su geografía, por la cultura de las poblaciones que lo habitan y la singular experiencia histórica de cada una de sus regiones. El objetivo de este libro es rescatar una parte de esta diversidad, narrando la historia de una de las regiones de este país: Arequipa.

El lector encontrará en este libro un relato de la historia peruana desde la particular perspectiva de dicha región. Descubrirá así que el Perú es más complejo (y rico) si se lo contempla no solo desde la capital nacional, sino también desde las provincias; de ahí que nuestro objetivo sea doble: incentivar a que el lector arequipeño reflexione sobre su pasado y hacer posible que quienes nacieron en otras latitudes conozcan las líneas generales de la multifacética historia de esta región, que tanto ha contribuido a lo largo del tiempo a los avatares de la historia peruana. Creemos que la sucinta narración de los esfuerzos de los arequipeños por forjar y defender su identidad regional e integrarla en el devenir peruano es una oportunidad para superar el excesivo pesimismo que envuelve muchos de los estudios históricos en nuestro país. Quien se adentre en las páginas que siguen encontrará el recuerdo de algunas oportunidades perdidas, sí, pero también historias de esfuerzo y de éxito. Conocerá decepciones y sufrimiento, pero también luchas por la justicia y la igualdad, avances sociales, logros tecnológicos y afirmación cultural. En este sentido, el presente libro es el primer volumen de un esfuerzo editorial auspiciado por el Instituto de Estudios Peruanos, que esperamos cristalice en los próximos años en sucesivas historias de cada una de las regiones del país. El objetivo a mediano plazo es rescatar estas experiencias periféricas de la nación e insertarlas dentro de una narrativa común y compartida más amplia y compleja de la realidad nacional. Mirar al Perú desde los márgenes debe permitir reencontrarnos con aquellos aspectos de nosotros mismos que muchas veces pasan desapercibidos en los grandes libros de historia por falta de tiempo o de espacio o por los condicionantes de una historia pensada desde los intereses de la capital nacional.

El libro tiene un espíritu de divulgación y aspira a llegar a un público amplio. No se plantea por tanto como un texto erudito. Tampoco se propone decir la última palabra, ni abarcar cada detalle de la compleja historia arequipeña. Queremos que sea leído, consultado y discutido por maestros, estudiantes y universitarios, así como por cualquier lector sensible, deseoso de conocer la historia de la región. Lo hemos escrito pensando en las escuelas urbanas y rurales, y esperamos que sea útil para las políticas culturales de las autoridades regionales y nacionales. Para los historiadores, sean o no arequipeños, esperamos constituya un libro de consulta, útil para contextualizar sus investigaciones o para contar con una visión de larga duración de la historia de esta parte del país. Esperamos también que aliente futuros estudios sobre la región.

La historia de Arequipa tiene matices y requiebros que la hacen diferente de otras regiones peruanas. En el periodo prehispánico, los cacicazgos locales mantuvieron una relativa autonomía, sin que surgieran desarrollos culturales descollantes, equivalentes a los grandes imperios de la costa y la sierra norte, de la sierra central o de los Andes cusqueños. Aunque sintió la influencia e incluso el dominio temporal de las culturas Nasca, Wari-Tiwanaku e Inca, el territorio arequipeño fue casi siempre una zona periférica y relativamente marginal del mundo andino. Esta situación cambió durante el periodo colonial, cuando Arequipa se convirtió en uno de los principales ejes del dominio español. La región conoció entonces un periodo de auge económico, asociado al comercio de productos como el vino y los aguardientes, y desarrolló una cultura fuertemente vinculada al catolicismo, que le hizo merecer la fama de ciudad señorial. Estos logros ocurrieron a costa de grandes dosis de sufrimiento por parte de las poblaciones nativas. Como en otras partes del continente, gran número de grupos étnicos desaparecieron o estuvieron a punto de hacerlo. No obstante, lejos de ser sujetos pasivos, los indígenas arequipeños se adaptaron en algunos casos a las nuevas condiciones y trataron de sacar ventaja de estas, mientras que en otros se enfrentaron solapada o abiertamente a la imposición colonial.

La independencia significó para la región un nuevo giro. La creación de Bolivia y el surgimiento de barreras políticas y arancelarias obligaron a redefinir los circuitos comerciales, mientras la lana sustituyó a los vinos como eje de la prosperidad de los arequipeños. El resultado fue un nuevo periodo de auge, así como una relativa autonomía respecto a las dinámicas económicas del resto del país, centradas en productos como el guano, la caña de azúcar o en la exploración de minerales. La región desarrolló así una voz propia en los debates políticos nacionales, que en numerosas ocasiones llevaron a alzamientos y pronunciamientos de todo tipo. Arequipa se ganó la fama de indómita y protagonizó dos ciclos revolucionarios que sacudieron el país hasta sus cimientos. Las élites locales, oscilantes entre un tibio liberalismo comercial y el apego al conservadurismo católico, buscaron en estas disputas asegurar ámbitos de poder propios, así como una mayor autonomía frente a lo que percibían como un creciente y asfixiante centralismo limeño.

El carácter de "ciudad caudillo" se mantuvo durante el siglo XX. Arequipa siguió siendo una piedra de toque para las políticas nacionales, así como un potencial refugio para contestatarios y revolucionarios. Al mismo tiempo, sin embargo, las dinámicas culturales transformaron los patrones de la antigua ciudad señorial. Las migraciones rurales convirtieron a la capital regional en la segunda ciudad en importancia del Perú, al tiempo que crearon una urbe más diversa y compleja. Alejándose del perfil tradicional que alguna vez tuvo, Arequipa se convirtió en un vibrante crisol de razas. Idiomas diferentes del castellano volvieron a escucharse en sus calles, las que se levantan una y otra vez después de la destrucción causada por guerras y terremotos. Estos últimos serían una presencia constante a lo largo de toda la historia de la región, un desafío perpetuo que marcaría tanto el carácter de los arequipeños como la historia urbana de la ciudad.

En el presente libro, el relato de cada una de estas etapas se acompaña con ilustraciones, mapas, dibujos, pinturas y fotografías sobre los diversos aspectos de la vida social, económica, política y cultural de la región. Recuadros de texto resaltados presentan información útil sobre personajes y eventos históricos destacados. Los mapas y las ilustraciones permiten visualizar escenas y eventos de la historia arequipeña: la geografía de la región, pasajes de la vida cotidiana, personajes prominentes, algunas batallas decisivas, la arquitectura urbana, los cambios en la ciudad y demás episodios que componen esta historia. Al final del libro se encuentra un esbozo bibliográfico que recoge los diversos aportes de la producción historiográfica sobre Arequipa, imprescindibles para quien desee conocer más acerca de los temas abordados. Buena parte de las referencias bibliográficas corresponde a la rica producción de los historiadores e investigadores arequipeños: libros, tesis y artículos sobre las distintas etapas históricas de Arequipa. Evidentemente, no es una bibliografía exhaustiva, pues hemos preferido centrarnos en textos de fácil acceso para quienes no son especialistas. Quien desee profundizar en la fascinante historia de la región puede empezar por ahí.

***

La culminación de este libro requirió la participación de un equipo de colaboradores del Instituto de Estudios Peruanos. Los textos de la parte prehispánica y colonial fueron escritos por Víctor Condori, y los concernientes a la fase republicana por Mario Meza. El arqueólogo Augusto Cardona supervisó el texto de la parte prehispánica, y ayudó a evitar equívocos. Raúl H. Asensio, Daniel Soria y Rolando Rojas, cooperaron con la adaptación de los textos a una redacción para un público no especializado. Para las imágenes contamos con la paciente colaboración de Madeleine Torres, y Rodrigo Gil ayudó a gestionar los permisos con las universidades Harvard y Wisconsin. Al equipo de Publicaciones por su labor en la edición y especialmente a Odín del Pozo que realizó el cuidado de la edición, aportó numerosas sugerencias y varios de los recuadros. El apoyo del Director del Fondo Editorial del IEP, Ludwig Huber, y del Núcleo editorial: Natalia González, Mariana Eguren, Tania Vásquez y Jorge Aragón, fueron fundamentales para la viabilidad de esta publicación.

Rolando Rojas
Editor académico

Escudo de armas de la ciudad de Arequipa, otorgado por el rey Carlos I, en 1541. *Fuente*: Wikipedia (CC-BY-SA)

"Y por la presente hacemos merced y queremos y mandamos que de ahora y de aquí adelante la dicha ciudad de Arequipa, haya y tenga por sus armas conocidas un escudo que en lo bajo de él esté el río y sobre él un mogote del cual salgan unos humos a manera de volcán y a los lados del cerro mogote de la una parte y de la otra estén unos árboles verdes y encima dellos dos leones de oro el uno de una parte y el otro de la otra, ello en campo colorado y por orla ocho flores de lis de oro en campo azul y por timbre un yelmo cerrado y por divisa un grifo con una bandera en las manos en la cual estén escritas las letras del nombre de mí el rey con sus trascoles y dependencias y follaje de azul y oro—según que aquí van figuradas y pintadas las cuales dichas armas damos a la ciudad de Arequipa por sus armas y divisa señaladas para que las pueda traer y poner y traiga y ponga en sus pendones y sellos y escudos y banderas y en las otras partes y lugares que quisiere y por bien tuviere según y cómo y de la forma y manera que las ponen y traen las otras ciudades y villas de nuestros reinos a quien tenemos dada armas y divisa..."

Tomado de: Barriga, Víctor M. *Arequipa y sus blasones*. Arequipa: Editorial La Colmena, 1940, p. 16

# PRIMERA PARTE
# (10.000 a. C.-1535)

## Del poblamiento de la región al dominio Inca

La gruta de Pintasayoc está ubicada en el distrito de Yanaquigua, provincia de Condesuyos, a 2500 msnm. En los techos de esta gruta, el hombre antiguo de Arequipa representó escenas de caza de camélidos, actividad de la que dependía su subsistencia. *Fuente*: Universidad Nacional de San Agustín.

La civilización andina es el resultado de un largo proceso cultural iniciado hace al menos 12.000 años. Desde la domesticación inicial de plantas y animales hasta la erección de gigantescos monumentos y ciudades, sucesivas civilizaciones forjaron un ámbito cultural singular, diferente de los de otras regiones del mundo. El hombre andino produjo su propia tecnología agrícola, forjó una cosmovisión particular, levantó grandes construcciones de piedra y conformó complejas estructuras sociopolíticas que organizaron la vida social y económica de la población, alternando etapas de paz y guerra, momentos de unidad y fragmentación. Excepto por algunos contactos indirectos con Mesoamérica, todo esto ocurrió en un ámbito geográfico restringido.

Los primeros hombres llegaron Arequipa en fecha muy temprana. Huellas de su presencia se encuentran en las grutas de Sumbay, en el valle del río Chili, y en los restos de campamentos costeros. Tras un primer momento de inestabilidad, la agricultura y la domesticación de animales condujeron a aldeas permanentes, que con el tiempo derivaron en sociedades más complejas. A diferencia de otras regiones andinas, Arequipa fue durante mucho tiempo un territorio fragmentado, compuesto por un mosaico de grupos étnicos y pequeños cacicazgos, sin que emergiera una instancia de poder unificada. Poblados amurallados y fuertemente resguardados son el testimonio de una intensa competición por fuentes de agua y terrenos agrícolas.

La ausencia de un gran referente político-administrativo es el principal elemento que diferencia la realidad prehispánica arequipeña de la de otras regiones andinas. El relativo aislamiento permitió el desarrollo de culturas locales con rasgos propios. La influencia externa se dejó sentir en varios periodos, pero casi siempre con carácter matizado y provisional. Los primeros arequipeños establecieron vínculos complejos con sus vecinos, de quienes asimilaron tecnología, sistemas políticos y creencias, pero manteniendo su personalidad diferenciada. Esta condición marcaría el desarrollo de la región hasta su incorporación al Tawantinsuyo, en la antesala de la conquista europea.

# Capítulo I

## De los inicios a las sociedades agropastoriles

Los hombres que llegaron a la región arequipeña encontraron un territorio diverso, con variadas formas de vida animal y vegetal. La región estaba habitada por camélidos y cérvidos que recorrían los diferentes pisos ecológicos y constituían la fuente principal de alimentación. Los arqueólogos señalan que el eje de la vida social de los primeros hombres giraba alrededor de la caza. La supervivencia del grupo dependía de la obtención de carne, por lo que los humanos desarrollaban todo tipo de estrategias para asegurar su provisión. Las pinturas rupestres encontradas en Sumbay y Pintasayoc sugieren la existencia de rituales propiciatorios para asegurar el éxito de las cacerías. Estas actividades se hicieron más frecuentes a partir del noveno milenio antes de Cristo, cuando el clima tendió a estabilizarse hasta parecerse al que disfrutamos en la actualidad. El nivel del mar subió gradualmente y se aproximó a las magnitudes presentes.

En Arequipa, el hombre prehispánico afrontó un territorio de contrastes. La costa se caracterizaba por extensos arenales desérticos, zonas pedregosas y acantilados, interrumpidos por algunos valles creados por ríos provenientes de las montañas andinas, tales como Tambo, Camaná, Ocoña, Cháparra y Yauca. Este ambiente difícil se compensaba con un entorno marítimo de inmensa riqueza. El mar arequipeño era rico en caballa, trambollo y sardina. En sus playas abundaban todo tipo de moluscos, lapas y cangrejos, así como algas marinas aptas para el consumo humano. Los hombres y mujeres prehistóricos complementaban

La cuenca de Pucuncho está ubicada en la provincia de Condesuyos, a 4500 msnm. Las vicuñas y los camélidos de altura fueron la principal fuente de alimentación del hombre antiguo de Arequipa. *Fuente*: Kurt Rademaker.

su dieta con lobos marinos y diversas aves, como pelícanos, piqueros y cormoranes. En algunas zonas existían pequeñas cordilleras costeras, constituidas por lomas de unas decenas de metros de altura. En su superficie arcillosa y pedregosa brotaba entre mayo y octubre una densa vegetación herbácea, conocida como "vegetación de lomas". Este fenómeno transformaba el aspecto árido de la costa y se debía a las neblinas o garúas características del clima subtropical. En las lomas era posible encontrar guanacos, venados, zorros y aves.

Otro paisaje característico de la geografía arequipeña eran los valles interandinos que segmentaban la cordillera, tales como los de Chuquibamba, Cotahuasi, Colca o el propio valle de Arequipa, donde se encuentra en la actualidad la capital regional. La altura promedio se situaba entre los 2500 y 3500 metros, por lo que sus habitantes gozaban de clima templado, con lluvias estacionales durante los meses de verano. Aunque su extensión era limitada, los valles se caracterizaban por tener suelos muy fértiles, que alimentaban a camélidos, roedores y aves. En los ríos abundaban peces y camarones, y las orillas estaban cubiertas de todo tipo de especies vegetales útiles. El carrizo, por ejemplo, era empleado por los primeros humanos para la fabricación de chozas.

Por encima de los 3800 metros se extendía la puna arequipeña, plagada de riscos, lagunas, bofedales y pastizales. Este era el territorio de vicuñas, venados y vizcachas, así como de ñandús y cóndores. Aunque el clima era extremadamente duro, la abundancia de animales de caza aseguraba la reproducción de los grupos humanos. En una época en la que aún no se había consolidado la agricultura y la domesticación de animales era apenas incipiente, residir cerca de manadas de camélidos reducía el riesgo de perecer de hambre. En su estudio sobre las partes altas de Moquegua, Mark Aldenderfer demostró que en el periodo Arcaico las bandas humanas se desplazaban dentro de márgenes ecológicos determinados, de acuerdo con las peregrinaciones de estos camélidos, las que condicionaban el establecimiento de campamentos.

## 1. Los primeros pobladores

Los primeros hombres que llegaron a Arequipa disponían de un instrumental lítico y tecnológico básico orientado a la caza de animales. Todo parece indicar que, inicialmente, se establecieron en la costa para beneficiarse de los recursos marítimos. Existen numerosos vestigios de aldeas primitivas dedicadas a la pesca y al aprovechamientos de la vegetación de las lomas, así como de los valles cercanos al mar. Otro espacio de poblamiento importante fueron los valles interandinos, donde los humanos combinaron la recolección de frutos con la caza de camélidos, animales pequeños y roedores.

Entre los yacimientos tempranos de la costa destaca la denominada quebrada de Jaguay, situada al norte de la ciudad de Camaná, a unos 12 kilómetros de la orilla del mar. Allí se descubrieron los restos de un antiguo campamento de pescadores y recolectores precerámicos. Dicho asentamiento permitió a sus ocupantes tener acceso a aguas estacionales, lomas y valles adyacentes. Los arqueólogos encontraron en los conchales una gran cantidad de restos de peces, moluscos y crustáceos.

Asimismo, hallaron desechos líticos de obsidiana que permiten suponer la existencia de un instrumental primitivo adecuado para la provisión de alimentos.

En el interior, los vestigios de los asentamientos prehispánicos del valle de Arequipa fueron parcialmente borrados por los desbordes del río Chili, la expansión agrícola y el crecimiento urbano de la ciudad. En zonas más lejanas, en cambio, es posible encontrar indicios muy antiguos de poblamiento humano. En Polobaya, a unos sesenta kilómetros al sureste de la ciudad, se hallaron los restos de un campamento de cazadores-recolectores nómadas de unos 9000 años de antigüedad. En el lugar se recogieron puntas de proyectil, raederas y raspadores para destazar animales, así como pinturas rupestres con escenas de caza que podrían vincularse con una suerte de pensamiento mágico-religioso incipiente. También se desenterró una pequeña escultura de hueso de unos siete centímetros, con forma de cabeza de perro, que pudo tener funciones rituales.

Grupos de cazadores-recolectores se establecieron también en las partes altas de Arequipa. Los restos de Pucuncho y Cuncaicha, descubiertos el año 2014, se ubican en la cuenca alta del río Ocoña, en Condesuyos, a casi 4500 msnm. Su riqueza indica la rápida adaptación del hombre andino. Protegidos por abrigos rocosos, se localizaron fragmentos óseos de animales, raíces de plantas comestibles, fogones, pinturas rupestres y más de 260 herramientas líticas de unos 12.000 años de antigüedad. Los arqueólogos sugieren que Cuncaicha fue solo un campamento de base estacional, mientras que el abrigo rocoso de Pucuncho habría tenido una ocupación más prolongada debido al gran número de instrumentos líticos que se hallaron en el lugar.

## 2. Industria lítica y arte rupestre

La industria lítica es la clave para la reconstrucción de la presencia del hombre en los albores de la humanidad, ya que las diversas técnicas para su elaboración permiten establecer "estilos compartidos", así como diferencias entre áreas y culturas líticas. En Arequipa, los hallazgos de estos instrumentos de piedra son variados, aunque sobresalen las grutas de Sumbay. Situada a más de 4000 metros, en esta cueva se encontró un verdadero almacén lítico de los cazadores del Arcaico, con más de quinientas piezas. Instrumentos similares fueron hallados en los valles interandinos y en los basurales arqueológicos de la costa. El estudio de estas herramientas, sumado a los vestigios de plantas comestibles de los campamentos de cazadores y a las pinturas rupestres de cuevas y abrigos rocosos, proporciona una buena idea de la vida material y espiritual del hombre antiguo.

Muchos de los instrumentos líticos en el Perú antiguo se elaboraban a base de obsidiana. En una época en la que buena parte del alimento provenía de la caza y la pesca, la confección de puntas de lanza y proyectiles de esta roca volcánica podía significar la supervivencia del grupo. De ahí que fuera un producto intercambiado desde épocas muy tempranas. Fácil de tallar y con bordes afilados, fue probablemente uno de los primeros objetos en recorrer largas distancias. En Arequipa existieron yacimientos de obsidiana en Chivay (valle del Colca) y Alca (valle de Cotahuasi). En los lugares donde estas fuentes no eran accesibles, las poblaciones locales recurrían a otros materiales para elaborar sus herramientas. En Sumbay, los artefactos líticos eran de basalto (retinita), mientras que en el valle de Arequipa predominaban el cuarzo y el basalto, al igual que en amplias zonas de la costa.

Al parecer, la obsidiana del yacimiento de Alca fue objeto de intercambios de larga distancia. Ubicado en la margen izquierda del río Cotahuasi (La Unión) a una altitud de 2750 metros, su explotación comenzó hace más de 11.000 años. Restos muy antiguos de obsidiana de Alca se encontraron en la quebrada de Jaguay, a más de 130 kilómetros de distancia. Más avanzado el tiempo, durante el periodo Arcaico, grandes cantidades de mineral viajaron hasta el valle del Cusco, razón por la que por un tiempo se la denominó equivocadamente como "obsidiana tipo Cusco". En el Formativo (1500-200 a. C.), las redes de intercambio llegaron hasta Chavín de Huántar; sin embargo, al desaparecer esta cultura, las dinámicas cambiaron, y por varios siglos la obsidiana sureña desapareció de los sitios arqueológicos del norte del Perú.

Por otro lado, las representaciones pictóricas son comunes a todos los grupos humanos. Los especialistas asignan a este arte primitivo significados mágico-religiosos, aunque las interpretaciones son múltiples y casi siempre polémicas. En Arequipa destacan las pinturas de Sumbay

La gruta de Pucuncho, ubicada en la provincia de Condesuyos. Probablemente funcionó como cantera para extraer obsidiana y confeccionar instrumentos líticos: punta de lanzas, raspadores y otros. *Fuente*: Kurt Rademaker.

y Pintasayoc. Los abrigos rocosos de Sumbay fueron descubiertos por el arqueólogo Máximo Neira en 1968, y se ubican por encima de los 4000 metros. Su antigüedad se data en aproximadamente 6000 años. El registro mural está compuesto por cerca de quinientas figuras, aunque no todas completamente distinguibles. Gran parte de ellas representan a animales de la fauna local. Guanacos, vicuñas y algunos ñandús aparecen de manera realista, en movimiento y en plena carrera. Sus extremidades y el cuello han sido alargados para reafirmar la sensación de desplazamiento, y algunos camélidos aparecen corriendo con la cabeza hacia atrás, como echando una mirada a sus perseguidores.

Las representaciones humanas contrastan por su menor tamaño, en comparación con los animales. Los hombres aparecen rodeando y persiguiendo a los camélidos, con sus garrotes y venablos en alto. Una de las escenas presenta a un camélido capturado con la ayuda de una cuerda, tal vez mediante una trampa. La figura más interesante es un hombre con una máscara de camélido y un bastón ceremonial en la mano, en actitud de danzar. El alto número de las figuras de la fauna local reafirma que la vida giraba en torno a la caza. Los colores predominantes son el blanco y el rojo. Al parecer los tintes se extrajeron de plantas y se mezclaron después con agua o sangre, para aplicarlos utilizando las manos o paletas de piedra.

Pintasayoc, por su parte, se sitúa en las laderas del nevado Coropuna, a 2500 metros de altura, en Condesuyos. Las pinturas rupestres tienen aquí una antigüedad de entre 5000 y 9000 años. A diferencia de Sumbay, las figuras se sitúan en el techo de la gruta y no están asociadas a instrumentos líticos, vestigios de animales o plantas. Esta ausencia podría indicar que se trababa de un lugar de reunión, quizás para realizar rituales de caza, y no de un campamento habitacional permanente.

## 3. Aspectos sociales del precerámico

Las sociedades de cazadores-recolectores se organizaban en bandas, con el liderazgo de quienes eran más hábiles para dirigir la caza. Las bandas se caracterizaban por su trashumancia, cambiando de residencia cuando los animales se trasladaban a otros lugares en busca de alimento. Una cierta especialización habría llevado progresivamente a la división del trabajo entre hombres y mujeres. Las mujeres comenzaron a concentrarse en el cuidado de los refugios y los niños, así como en la preparación de alimentos, mientras que los varones se dedicaron a la obtención de los alimentos y a la defensa del colectivo frente a otros grupos.

Las poblaciones tempranas se veían en la necesidad de ocupar toda clase de refugios naturales, así como de improvisar campamentos al aire libre cuando las condiciones del clima lo permitían. Por lo general elegían ubicaciones cercanas a fuentes de agua y alimentación. Además de rústicas viviendas semisubterráneas, tempranos residentes de la quebrada de Jaguay levantaron pequeños toldos de pieles, sostenidos por palos clavados en el suelo a manera de estacas y amarrados con cuerdas vegetales. Esta dedicación sugiere una estadía considerablemente prolongada, a diferencia de otros campamentos estacionales.

Lamentablemente, los restos humanos de épocas remotas encontrados en Arequipa son todavía poco significativos. La presencia de estos primeros pobladores solo puede determinarse por medio de vestigios líticos o pinturas. La falta de restos humanos dificulta el conocimiento de las distintas formas de enterramiento y prácticas funerarias, al contrario de lo que ocurre en sitios tempranos de otras partes del Perú, como Paiján o Lauricocha. Este último emplazamiento, situado en Huánuco, podría tener unos 10.000 años de antigüedad. En Ilo, los trabajos arqueológicos realizados en Villa del Mar han puesto al descubierto numerosos enterramientos de hace unos 8000 años, con patrones básicos, como la posición extendida del cuerpo y el amortajamiento, que pueden relacionarse con la cultura Chinchorro, del norte de Chile. Uno de los pocos casos de enterramientos datados en Arequipa corresponde al sitio Pampa Colorada (Camaná). En medio de unos conchales, los arqueólogos encontraron varios cuerpos enterrados de forma extendida, con las extremidades inferiores ligeramente dobladas, debajo de una estera de fibra vegetal. Este tipo de prácticas podría indicar un incipiente pensamiento mágico-religioso, reflejado en el cuidado especial que las poblaciones prehispánicas reservaban a sus semejantes.

## 4. La aparición de sociedades agropastoriles

La adaptación del hombre a la realidad andina tomó varios milenios. Hacia el 7000 a. C. se inició la domesticación de plantas y animales. A través de la observación de los ciclos agrícolas, la recolección cuidadosa de los frutos y la conservación de las semillas, los hombres controlaron poco a poco la reproducción de las plantas. Las evidencias indican que la calabaza se domesticó 7240 años a. C., la papa hacia 5000 años a. C.

y el zapallo aproximadamente 4500 años a. C. Al principio estos frutos complementaron la alimentación de los cazadores, pues vestigios de su consumo fueron hallados en los campamentos y abrigos rocosos. Más adelante, sin embargo, serían la base de la formación de las sociedades agropastoriles, que implicaban cambios muy notables en cuanto a organización y creencias.

En paralelo a la domesticación de plantas se produjeron las primeras experiencias con animales. Según la teoría más comúnmente aceptada por los arqueólogos y paleoantropólogos, el hombre primitivo llegó a América tras cruzar el estrecho de Bering, en busca de terrenos con condiciones óptimas de caza. Con el tiempo, la riqueza de los valles costeros arequipeños permitió la formación de aldeas permanentes articuladas en torno a la pesca, mientras que la sedentarización de los cazadores de la sierra se vincularía a la domesticación de la llama (entre el 7000 y 4000 a. C.) y del cuy (7000 a. C.). Más que un momento único, la domesticación de animales se habría producido mediante un largo proceso, que incluiría el control de los lugares de alimentación de los animales, su protección frente a los ataques de los depredadores, el amansamiento y la reproducción selectiva de ejemplares más dóciles. En el caso peruano, todo indica que la domesticación se habría iniciado con animales pequeños, que en algún momento fueron concentrados en corrales de piedra, antes de que el hombre realizara el mismo proceso con animales de mayor tamaño.

La agricultura y el pastoreo estabilizaron a los grupos humanos en un territorio determinado. Conforme el número de plantas domesticadas aumentó, la dieta de los hombres cambió y dependió menos de la carne. La agricultura y el pastoreo liberaron tiempo y energías que se dedicaron al mejoramiento de las viviendas y a la construcción de monumentos arquitectónicos con fines religiosos. Aproximadamente 3000 años a. C., se dio inicio en la costa peruana a la construcción del centro ceremonial de Caral, uno de los más antiguos del continente. Más tarde le seguirían Huaca Paraíso, en el valle del Chillón, hacia el año 3500 a. C., y el Templo de las Manos Cruzadas de Kotosh, en Huánuco, hacia el año 2500 a. C. Se trataba de un conjunto de construcciones de adobe y piedra realizadas en varias fases, relacionadas con el culto a los ancestros. Su elaboración implicaba la existencia de élites capaces de movilizar la fuerza de trabajo de grandes grupos humanos gracias a su

**La momia Juanita**

"La atención que los incas dedicaron a los paisajes sacralizados es visible en un cierto número de pequeños lugares ceremoniales situados a una altura inusitada [...]. Uno de los yacimientos mejor descritos es el nevado Ampato (Perú), excavado y reseñado por Johan Reinhard y su equipo, situado a una altura de 6300 metros. Apodada Juanita, la joven estaba adornada con ricos tejidos, incluido un vestido ceñido por un cinturón y un chal de llamativo color rojo y blanco, sujeto con prendedores de plata. Su coleta estaba atada al cinturón con un hilo de (lana) de alpaca negra, del que colgaban en otros hilos las miniaturas en madera tallada de una caja, dos copas y un perro o un zorro. Entre las otras ofrendas que la acompañaban hasta la muerte se encontraban estatuillas femeninas adornadas con tejidos muy parecidos a los que vestía la muchacha, hojas de coca en una bolsa recubierta de plumas y maíz. Lo más probable es que la muchacha caminara voluntariamente a encontrarse con la vida del más allá, lo que le ocurriría al ser golpeada en la cabeza mientras se encontraba envuelta en un sopor provocado por la bebida. Un poco más abajo, en el camino que llevaba a la cima, se encontraron los cuerpos de otros dos niños —probablemente un niño y una niña—. En estos enterramientos se hallaron cuatro estatuas, vestidas cada una de ellas con tejidos de estilo incaico, junto con un collar de *spondylus* y una estatuilla de llama en plata. La mayor parte de los objetos de ambos enterramientos aparecían por parejas. Los arqueólogos creen que ambos pueden haber sido enterrados como una pareja simbólicamente casada, de la misma manera en que los cronistas describen la ceremonia del *qhapac ucha*".

D'Altroy, Terence N. *Los Incas*.
Barcelona: Editorial Ariel, 2003, pp. 203-204.

poder para captar el excedente de la producción agrícola. La legitimidad de estas élites radicaba en la posesión de saberes relacionados con los ciclos agrarios y en su capacidad para intermediar ante las divinidades que controlaban el mundo natural.

A diferencia de otras zonas, en Arequipa no encontramos durante el periodo Arcaico grandes monumentos religiosos. La pesca y la recolección proporcionaban los recursos indispensables para subsistir. En el interior, el pastoreo de llamas en las alturas y la recolección en los valles garantizaban la reproducción del hombre altoandino. Los cambios asociados a la aparición de la agricultura solo habrían surgido de manera muy gradual.

Un asentamiento importante de este periodo es Hachas, ubicado en el valle de Acarí (Caravelí). Descubierto en 1954, consiste en los restos de una aldea de agricultores, pescadores y recolectores datada en el año 1400 a. C. Los hombres de Acarí se dedicaban al cultivo de calabaza, frijol, guayaba y algodón. Practicaban la pesca, la recolección de mariscos y la crianza de camélidos. Habitaban viviendas de planta rectangular y cuadrangular, con muros de adobe unidos con argamasa y enlucidos de barro. Algunas de estas viviendas estuvieron adornadas con figuras de camélidos. La industria local incluía también tejidos y redes de algodón, así como unas azadas de piedra que al principio fueron erróneamente identificadas como hachas de mano (de donde proviene el nombre del yacimiento). Los enterramientos se realizaban en tumbas excavadas en la arena, con sus respectivos techos. Los cadáveres se colocaban envueltos en telas, en posición dorsal, con las rodillas flexionadas y el rostro mirando hacia el norte. Junto a dos de ellos se encontró un ajuar funerario compuesto por collares de cuentas, *tupus* (prendedores) de hueso, conchas marinas y puntas de obsidiana.

Algunos kilómetros más al sur, en la provincia de Islay, se localiza el sitio conocido como Punta Islay, cuya antigüedad se remonta al año 200 a. C. Los vestigios conservados en un montículo de casi cuatro metros de altura mostraron que los pobladores de la zona, aunque vivían de manera sedentaria, poseían todavía una economía basada en la pesca, la recolección de moluscos y la caza de mamíferos, como el lobo marino.

En el valle del Colca, entre los distritos de Yanque y Coporaque, a inicios de este siglo, se descubrieron cerca de 21 asentamientos humanos ubicados a una altitud de 3500 metros. En su mayoría eran pequeñas aldeas basadas en agricultura de secano, es decir, dependientes de lluvias estacionales. El cultivo se complementaba con el pastoreo de camélidos y la caza de altura. Las aldeas incluían pequeñas chacras localizadas tanto en el fondo del valle como en las laderas. Aunque no poseían arquitectura monumental, las aldeas tenían murallas de considerable tamaño, que separaban los campos de cultivo de los cementerios. Como testimonio de sus múltiples actividades, los arqueólogos encontraron variados utensilios y herramientas de piedra, como batanes para moler granos, raspadores, puntas de proyectil y azadas de basalto.

En algunos de estos yacimientos se encontraron además los primeros restos de cerámica arequipeña. Se trata, por lo general, de una producción rústica y utilitaria. Las piezas imitan la forma de los cuencos de calabaza, sin asas ni decoraciones. Pese a haberse consolidado en este periodo importantes complejos culturales andinos, como Chavín y Cupisnique, la cerámica regional manifiesta muy poca influencia externa, caracterizada por el escaso uso de colores, más allá de los obtenidos dentro del proceso de cocción, y por una decoración poco llamativa, a base de incisiones de punzón.

# Capítulo II

## De la influencia Nasca al dominio Inca

Mientras que en gran parte del Perú prehispánico comenzaban a aparecer manifestaciones culturales complejas, en Arequipa el panorama predominante fue la continuidad de las sociedades agropastoriles con baja estratificación social. Este cuadro cambia hacia el año 200 d. C, cuando empieza a sentirse la influencia de la cultura Nasca en el valle de Acarí. Posteriormente, hacia el año 700 d. C., los pueblos de la región próximos al Altiplano fueron influenciados por culturas de ascendencia Tiwanaku y por los Wari, los de la sierra y la costa. Estas influencias externas permitieron un salto cualitativo tanto en la organización social como en el registro material de los territorios arequipeños. La cerámica se hace más compleja, las aldeas aumentan de tamaño y comienza a aparecer arquitectura monumental, en especial (aunque no exclusivamente) de carácter defensivo.

El colapso de Tiwanaku y Wari significó el retorno de la fragmentación política y cultural en la región. Esos poderosos Estados habían producido una relativa uniformización cultural de las sociedades agropastoriles predominantes en Arequipa. Con su disolución emergieron culturas locales como Churajón y Collaguas, que se valen del conocimiento adquirido para producir sus propias dinámicas sociales. Esta nueva etapa de autonomía regional se quiebra con el auge del Tawantinsuyo. Desde su base en Cusco, los incas emprendieron un proceso de unificación política y cultural de amplios segmentos de los Andes, incluyendo la región arequipeña. Vestigios de centros

Cerámica policromada de influencia Nasca, encontrada en la costa de Arequipa.
*Fuente*: Universidad de Harvard.

religioso-administrativos se encuentran por todo el territorio. Los incas ampliaron las terrazas agrícolas, construyeron ingentes redes de caminos que confluían en el Cusco y propagaron el quechua como la lengua de las élites locales. La invasión española interrumpió este proceso y mostró las debilidades y contradicciones internas del proyecto imperial inca.

## 1. Los nascas en la costa

La difusión de la cerámica ceremonial en Arequipa parece vincularse a influencias externas. Probablemente haya sido la cultura Nasca la primera en introducir en el territorio este tipo de materiales. La cerámica ceremonial se caracteriza por el esmero y calidad de los acabados y decoraciones, cuya aparición se asocia con la existencia de élites capaces organizar el trabajo de las comunidades, canalizar el excedente agrícola y mantener a grupos de artesanos especializados; por lo tanto, quedaba fuera del marco de las comunidades agropastoriles arequipeñas, que solían conformarse con cerámica de factura más modesta para la cocción de alimentos, almacenaje de granos y chicha. Por lo común, la cerámica ceremonial, utilizada en celebraciones y fiestas religiosas, era obsequiada e intercambiada en complejos rituales políticos, y también suele aparecer en las sepulturas de las familias nobles, junto a otras ofrendas.

La cultura Nasca se desarrolló entre los años 100 y 800 d. C. en la costa central del Perú, en el actual territorio del departamento de Ica. Era una cultura guerrera, conocida por su capacidad para crear obras de infraestructura que permitían aprovechar las escasas fuentes de agua del desierto costero para aumentar la producción y generar excedentes. En el plano material, sus principales realizaciones se dieron en el campo de la cerámica polícroma, que alcanzó una de sus mayores cumbres durante estos siglos. En territorio arequipeño, la influencia Nasca se dejó sentir sobre todo en las provincias de Caravelí y Camaná. Fue en esta zona donde aparecieron los primeros desarrollos culturales complejos del ámbito arequipeño. Es el caso del cementerio de "cabezas achatadas" del valle de Camaná, donde se hallaron 147 momias enfardeladas con tejidos finos. Aunque el yacimiento no contenía restos de cerámica, los arqueólogos encontraron gran número de cuencos de calabaza. La deformación craneana de los cadáveres evidenciaba un claro estilo nasquense. Aunque faltan estudios sistemáticos sobre las momias, la datación parece corresponder a los años 100 a 420 d. C.

A esta época pertenece también el yacimiento Pampa Táimara (Caravelí). Como en el caso anterior, se trata de un sitio con filiación Nasca, con restos de muros con mampostería de adobe en forma circular. Allí se encontraron fragmentos de cerámica fina, con decoraciones de trazos geométricos y polícromos. Sin embargo, parece haber sido un centro de menor importancia, ya que los restos cerámicos son escasos.

**Los caminos prehispánicos en Arequipa**

"Luego de la conquista hispana varios de los caminos fueron abandonados, desintegrándose rápidamente las instituciones del tambo y la mita con las cuales se mantenían y proveían los caminos. Vaca de Castro trató de mantener esta institución mediante la Ordenanza de Tambos (1543), posteriormente sería el virrey Toledo (1569-1581) quien permitió que los tambos fueran arrendados o vendidos, convirtiéndose en posadas, y perdieron su función y finalidad.

Situado el valle de Arequipa como eje central, del cual salían varios caminos hacia distintas partes del territorio, encontramos que una de las vías de acceso a la ciudad se efectuaba por la antigua calle "La Mar" hoy La Merced, era la salida hacia la costa. El camino hacia Tambo pasaba por Yarabamba y atravesaba la quebrada de Linga; el camino hacia Islay corría desde la caleta por la quebrada de Islay, atravesando el desierto por las pampas de La Joya, llegando finalmente hasta el valle de Congata, muy próximo a Uchumayo. Este camino era una ruta común, siendo recorrido en el siglo XIX por el viajero francés Paul Marcoy. Otro camino de mayor importancia era el de Calderas, el cual es un camino transversal que se unía con el Camino Real (*Qhapaq Ñan*) ramal de la costa. En su recorrido se encuentran numerosos petroglifos que, a manera de termómetros temporales, indican que su antigüedad trasciende al Estado Inca. Este camino prosigue del valle de Vítor al de Siguas, donde se encontró un tambo prehispánico en el lugar denominado Tambillo. Este sitio era servido en 1557 por los indios de Lucura y Cabana. Los nativos de Cabana declararon que ellos eran obligados a servir ese tambo Yunga y que en tiempos del Incario ellos servían en el tambo Cabana. El camino continuaba a través del desierto hacia el valle de Camaná y luego proseguía hacia la ciudad de los Reyes."

Cardona, Augusto. *Caminos prehispánicos de Arequipa*. Arequipa: Centro de Investigación Arqueológica de Arequipa, 2008, p. 30.

Mayores dimensiones tienen los hallazgos de la margen del río Chaviña, en el distrito de Acarí. Un muro de adobe en forma de media luna se encontró asociado a varios depósitos, que incluían 715 fragmentos de cerámica de estilo Nasca. La cerámica es fina, con decoración de trazos geométricos y polícromos. Entre la decoración, en algunos casos se distingue la figura de aves y gusanos. También se hallaron algunos mates burilados y once cráneos envueltos en tejidos de algodón, con deformaciones de tipo Nasca. Uno de ellos llevaba dos ajíes a la altura de los ojos y sus cavidades habían sido rellenadas con algodón. Probablemente dos espinas de guarango atravesaron los labios en el momento del entierro. Las ofrendas se completaban con cuyes, así como con restos de maíz y algodón. El hecho de que una de las cabezas sea de niño y que se hallara un perro igualmente envuelto en fardos parece contradecir la idea de que hayan sido trofeos humanos, aunque la evidencia sigue siendo ambigua.

Estos yacimientos muestran un nivel de complejidad superior a lo registrado en las etapas anteriores, pero aún son modestos en comparación con los desarrollos contemporáneos de otras regiones peruanas. Arequipa continuaba siendo en esta época una zona periférica del mundo andino, aunque progresivamente esta situación comenzaba a cambiar.

## 2. Las presencias Tiwanaku en Arequipa

En el caso de la sierra arequipeña, la autonomía cultural tuvo un brusco final con la expansión de la influencia Tiwanaku hacia el año 700 d. C. Esta era una cultura altiplánica caracterizada por su alto grado de desarrollo urbano, por su fuerte carga religiosa y una clara vocación de expansión territorial. La base económica de la sociedad Tiwanaku era la crianza de camélidos y la agricultura de altura (quinua, papa, principalmente). Sus promotores desarrollaron técnicas agrícolas, como terrazas y camellones, que luego se generalizarían en todos los Andes.

La presencia directa de Tiwanaku a través de colonias se documenta desde Cochabamba a Moquegua. Los especialistas consideran que este deseo de establecer colonias en otras regiones respondía a la necesidad de asegurar el suministro de productos que no se cultivaban en el Altiplano. En otros casos, como ocurre en San Pedro de Atacama, donde se han hallado textiles y cerámicas Tiwanaku, la expansión cultural parece haberse dado a través del intercambio comercial.

La influencia de Tiwanaku en Arequipa se caracterizó por la aparición de aldeas dispersas que ocupaban amplias porciones de territorio,

Kero retrato de influencia Tiwanaku. Cumplió funciones ceremoniales entre las élites locales. *Fuente*: Universidad Nacional de San Agustín.

así como por la mejora de la producción agrícola gracias a innovaciones organizativas y las tecnológicas. El arquéologo Augusto Cardona identificó varias estructuras arquitectónicas de estilo Tiwanaku a pocos kilómetros de la capital arequipeña: Sonqonata, San Ignacio, Kasapatac, Yumina y Pillo. Se trataba de pequeñas aldeas emplazadas sobre terrazas artificiales, construidas en las laderas de los cerros, en algunos casos rodeadas de una muralla defensiva. Sus habitantes se dedicaban a la agricultura de subsistencia y poseían pequeños campos de cultivo en la parte baja del valle, muy cerca al río. Las viviendas, separadas por muros de baja altura, eran de piedra canteada y se organizaban alrededor de un patio central. Mientras las unidades domésticas se ubicaban en las laderas, los espacios comunitarios o de reunión se hallaban en la parte más alta de los cerros.

Aunque no llegaron a establecer centros ceremoniales o enclaves fortificados de gran tamaño, Tiwanaku significó para las sociedades agropastoriles de la sierra arequipeña un periodo de desarrollo cultural y tecnológico. Las élites adoptaron nuevos patrones de construcción, tecnología agrícola novedosa, así como prácticas funerarias y religiosas que evidencian una influencia cultural profunda. La cerámica y los textiles adquirieron entonces un nuevo estilo de origen altiplánico. Estas dinámicas se mantuvieron hasta los años 1000 o 1100, cuando la región volvió a replegarse sobre sí misma.

## 3. La expansión Wari

La cultura Wari se desarrolló en paralelo al auge de Tiwanaku, aunque en este caso el núcleo central se asentaba en la actual región de Ayacucho. Entre ambas culturas existían similitudes religiosas y artísticas expresadas en un culto compartido al llamado "Dios de las Dos Varas", así como en el uso de los vasos y textiles ceremoniales (*keros* y *unkus*, respectivamente).

Wari se caracterizó por un notable desarrollo estatal. Mediante la fundación de ciudades y un complejo sistema de caminos, su influencia se extendió desde las actuales regiones de Lambayeque y Cajamarca, por el norte, hasta Moquegua y Cusco, por el sur. Entre los más importantes testimonios de esta grandeza se cuentan los restos de Piquillaqta en Cusco, Honqo Pampa en Áncash y Cajamarquilla en Jicamarca, Lima. Se trataba de centros administrativos de tipo celular-ortogonal, en los que un sector de los arqueólogos ve un prototipo de imperio basado en la extensión militar y el control territorial. Otros especialistas, en cambio, discuten esta propuesta y enfatizan el "poder blando" asociado a Wari, es decir, su capacidad para trasmitir paradigmas ideológicos y modelos de gestión administrativa, que habrían sido más importantes que un control militar directo.

Por ejemplo, el arqueólogo Justin Jennings sugiere que el dominio Wari en Arequipa se debió principalmente a su prestigio cultural entre

Túnica de influencia Nasca, encontrada en la costa de Acarí. Está confeccionada con fibra de camélidos y ornamentada con figuras geométricas. *Fuente*: Universidad de Harvard.

las élites locales, por lo menos para el valle de Siguas. Las relaciones de intercambio regional hicieron que de este modo Arequipa se incorporara de manera relativamente pacífica a la esfera de control ayacuchana. La inexistencia de centros administrativos estrictamente Wari en el valle de Siguas es un punto de apoyo de esta interpretación. Tampoco se registran en esta zona depósitos o colcas propiamente Wari, los que en otras regiones habrían servido para almacenar los tributos de los pueblos sometidos. En cambio, en el valle del Chili la situación parece haber sido diferente, ya que el yacimiento de Corralones representa un modelo de sitio Wari con plaza central de planta trapezoidal, muy parecido al que se encuentra en otras regiones del país. En la misma zona, a pocos kilómetros de distancia, se ubican los emplazamientos de Millo, en el valle de Vitor, que podrían haber tenido una función reguladora de los intercambios procedentes de Moquegua y otros valles costeros hacia el norte.

La presencia Wari en Arequipa se inició hacia el año 700, y se evidencia en la difusión de la arquitectura, cerámica y textiles producidos siguiendo el modelo ayacuchano. En unos pocos siglos dejó una profunda huella en el territorio, ya que significó el final del aislamiento relativo de las sociedades agropastoriles de la sierra y su conexión a nuevos flujos de intercambio. Como consecuencia de la influencia Wari, los pueblos de Arequipa experimentaron una suerte de despegue cultural. Las élites adoptaron sofisticados rituales religiosos y funerarios, mientras que la arquitectura urbanística se difundió por todo el territorio, y, gracias a una mayor riqueza material, la cerámica suntuaria se convirtió en objeto de deseo por parte de los sectores privilegiados, al tiempo que los sistemas de terrazas se hacían más complejos y eficientes.

De los numerosos sitios arquitectónicos con rasgos Wari de la sierra arequipeña destacan Achachiwa (valle del Colca), Collota (valle de Cotahuasi), La Real (valle de Majes) y Corral Redondo (valle de Ocoña). Las muestras de cerámica, tejidos finos y placas de oro y plata evidencian la opulencia de las élites que residieron en estos emplazamientos. Los 5 jarrones de estilo Wari rellenos con 96 tejidos de plumas encontrados en Corral Redondo y las 500 ruecas de hilar de La Real indican la importancia de los textiles como objetos de prestigio, así como la relevancia de este último emplazamiento como centro de producción.

En la misma línea, al oeste de la ciudad de Arequipa se encuentra Pampa de la Estrella, uno de los enclaves Wari más destacados de la región. Las ruinas comprenden un área de 600 metros de largo por 300 de ancho. La zona central incluye una plaza rodeada de recintos cuadrangulares, pasajes y espacios públicos. La zona residencial periférica está compuesta por un elevado número de estructuras domésticas de una o dos habitaciones, unidas a un patio o corral de mayor tamaño. En la mayor parte de las estructuras excavadas se encontraron bloques de sillar, material que será característico de la arquitectura arequipeña del periodo colonial.

## 4. Churajón y las culturas locales

Tras el declive de Tiwanaku y Wari, Arequipa atravesó un nuevo periodo de fragmentación social. Una serie de desarrollos culturales locales tomaron el lugar de lo que había llegado a ser un panorama cultural relativamente uniforme. Los nuevos actores retomaron y reelaboraron el legado de las grandes culturas precedentes en aspectos como la arquitectura, la cerámica, la tecnología agrícola y probablemente la organización social y la religión. Esos son los casos de las culturas locales que los arqueólogos denominan Chiribaya, Chuquibamba y Churajón.

La cultura Chiribaya se desarrolló en la parte baja del valle de Moquegua, a pocos kilómetros de la desembocadura del río Osmore, actual provincia de Ilo. Sus orígenes posiblemente se remontan a las últimas décadas del periodo Tiwanaku. Los especialistas señalan que probablemente se trataba de poblaciones costeras que nunca se mezclaron con los Tiwanaku, pero que incorporaron formas y diseños de la sociedad altiplánica. Entre los elementos Chiribaya más característicos sobresalen, precisamente, la cerámica de influencia Tiwanaku y la producción de tejidos finos asociados a rituales funerarios. Buena parte de nuestro conocimiento sobre las prácticas funerarias Chiribaya procede de los cementerios descubiertos, estudiados o profanados, en esta área. Muchos de ellos se ubican en las partes altas de los valles, y estuvieron compuestos por tumbas excavadas en el suelo, a manera de pozos de forma cuadrangular o circular, con las paredes de piedra reforzadas con argamasa.

La cultura Chuquibamba, por su parte, extendió su influencia tanto en la costa como en la sierra, especialmente al norte del río Siguas. La denominación proviene de la ciudad del mismo nombre, capital de la provincia de Condesuyos. Desde el punto de vista arqueológico, se caracteriza por una cerámica derivada de la alfarería Wari. Los arqueólogos diferencian dos estilos complementarios: Chuquibamba polícromo (negro y blanco sobre rojo) y Chuquibamba bicolor (negro sobre rojo). Con el paso del tiempo, sin embargo, esta división se ha hecho más compleja y han aparecido más modelos. Aunque el área de expansión Chuquibamba se localiza entre las cuencas de los ríos Majes y Ocoña, los arqueólogos también han encontrado vestigios similares en la propia ciudad de Arequipa, en las excavaciones del cementerio de Challapampa y del colegio Independencia Americana. Los estudiosos consideran que la cerámica Chuquibamba estuvo relacionada con el pueblo Collagua, habitantes del valle del Colca y de lengua aimara,

Pieza de cerámica Chuquibamba, cultura local que floreció en la provincia de Condesuyos. La estrella de ocho puntas de su superficie es una característica de dicha cultura. *Fuente*: Universidad Nacional de San Agustín.

quienes en algunos momentos de su historia habrían establecido colonias en el valle del Chili.

La cerámica Churajón fue descrita a principios del siglo XX, aunque el descubrimiento de su emplazamiento principal se produjo recién a inicios de la década de 1930 por obra de monseñor Leonidas Bernedo Málaga, párroco de Quequeña y Pocsi, quien la denominó "cultura Puquina". Los estudios más prologados en Churajón estuvieron a cargo de una misión peruano-polaca dirigida por Józef Szykulski y Augusto Belan, director del museo de la Universidad Católica de Santa María, en el centro ceremonial-administrativo de Polobaya, al sudeste de la ciudad de Arequipa, muy cerca al lugar Siete Toldos, en la ruta de peregrinación al santuario de Chapi. Las investigaciones establecieron que el área tuvo una larga secuencia de ocupación humana, desde el precerámico hasta inicios de la Colonia. La cultura Churajón habría sido una

El complejo arqueológico de Churajón está ubicado a 5 km del distrito de Polobaya, en la provincia de Arequipa. Consiste en numerosas construcciones de piedra: un centro ceremonial, chulpas y viviendas. Churajón fue una cultura local pero tuvo fases de influencia Wari e Inca. *Fuente*: Universidad Nacional de San Agustín.

de las etapas más destacadas de esta larga historia, y habría alcanzado su esplendor en el siglo XIV.

La cultura Churajón se extendió por gran parte del valle de Arequipa y en menor medida por los valles de Vítor, Siguas y Tambo. Durante su plenitud, la región experimentó un crecimiento demográfico que trasformó significativamente el paisaje. La superficie agrícola se amplió mediante andenes, las aldeas aumentaron su tamaño y se extendieron por la campiña arequipeña y sus áreas colindantes. En Polobaya se hallaron piezas y fragmentos de cerámica polícroma, en forma de vasijas, cuencos y jarras. También se recolectaron fragmentos de cerámica Tiwanaku e Inca (y probablemente también Wari), así como vestigios de las culturas locales como Chuquibamba. Se habría tratado, por lo tanto, de un asentamiento complejo, con superposiciones culturales, ya sea de manera simultánea o diacrónica. Con el paso del tiempo, algunas puertas o ventanas rectangulares se clausuraron y se construyeron a su lado otras de forma trapezoidal, que parecen corresponder a la época Inca. Asimismo, la adopción de *chullpas* como forma de enterramiento de los grupos dirigentes podría provenir de la influencia Tiwanaku o de los contactos con los señoríos Colla y Lupaca, del Altiplano.

## 5. Collaguas y cabanas en el Colca

Dentro del territorio arequipeño, una de las zonas con mayor personalidad y singularidad histórica es el valle del Colca. Situado al noreste del departamento, este valle fue tempranamente ocupado por el hombre, pero la consolidación de su desarrollo cultural se sitúa entre los siglos IX y XII, coincidiendo con la llegada de dos grupos étnicos que marcarían la historia local hasta la actualidad: collaguas y cabanas. Su esfuerzo convirtió las laderas de las montañas en tierras productivas mediante la construcción de impresionantes andenes y canales de regadío.

Los collaguas pensaban que su lugar de origen era el nevado Collaguata (Cusco), al que reverenciaban como pacarina y huaca principal mediante sacrificios de animales y rituales. Las ofrendas incluían pequeños bultos de oro y plata, así como grandes cantidades de chicha y comida. Como otros muchos pueblos prehispánicos, los collaguas practicaban la deformación craneana, del tipo tubular o alargada, con el fin de reproducir la forma del nevado. De acuerdo con la documentación etnográfica de inicios de la época colonial, la población estaba dividida en dos sectores: Yanque Collagua, en la parte superior del valle, y Lari Collagua, en la parte media. Cada uno de estos grupos contaba con su propio curaca o autoridad política. Para mantener la cohesión social y la homogeneidad étnico-cultural, tendían a practicar matrimonios endogámicos.

Los collaguas cultivaron papas, quinua, ollucos, calabaza y maíz, entre otros alimentos. Para contrarrestar las difíciles condiciones orográficas, maximizaron el uso del suelo y del agua mediante la construcción de terrazas agrícolas y complejos canales de irrigación. Las aguas del río Colca apenas podían aprovecharse debido a las escarpadas pendientes del valle, por lo que se canalizaron el deshielo de los nevados,

Jarrones chiribaya, cultura que floreció en la provincia de Ilo.
*Fuente*: Universidad Nacional de San Agustín.

los riachuelos y los manantiales de altura. Andenes y regadíos suponían un nivel sofisticado de cooperación y negociación entre aldeas, así como un conocimiento especializado que podría haber favorecido la segmentación social. El énfasis agrícola se complementaba con la crianza de camélidos y con el aprovechamiento de los extensos pastizales y humedales de la puna. Pese a la presencia de guanacos y vizcachas, la evidencia sugiere que solo ocasionalmente se dedicaron a la caza, y en épocas avanzadas practicaron el intercambio de productos con otros pueblos collaguas asentados en la cuenca del río Chili, en Arequipa.

El estudio de las viviendas y recintos collaguas sugiere una pronunciada estratificación social. Se ha identificado dos tipos de casas: las que tienen una sola habitación corresponden a la gente común, mientras que las casas más grandes y ornamentadas habrían estado al servicio de las élites. La arquitectura mortuoria también expresa estas desigualdades sociales. Las élites se enterraban en *chullpas* de gran tamaño, de las que se conservan unas cuarenta, ubicadas en la cima de los cerros o a manera de "tumbas colgantes" en las paredes rocosas. Los sectores bajos de la sociedad, en cambio, yacían en sencillas tumbas subterráneas. Los cuerpos de los personajes más resaltantes se enfardelaban con textiles y se colocaban en cestas de fibra vegetal, con la intención de preservar sus cuerpos.

La cerámica collagua expresa la fuerte personalidad del grupo étnico. Muchas de sus características se diferencian de otras culturas arequipeñas contemporáneas, así como de los modelos de otras regiones andinas. El elemento más característico son los platos hondos y abiertos, que contrastan con los platos planos predominantes en los pueblos aledaños. Esta singularidad se habría mantenido incluso en épocas posteriores, una vez producida la incorporación del Colca al dominio Inca.

En contraste con la fortaleza de los collaguas, los cabanas eran un grupo étnico más pequeño. Ocupaban la parte baja del valle del Colca y probablemente llegaron a la región antes que los collaguas. Como estos, desalojaron a los pobladores nativos y crearon una cultura con fuerte acento local. Los cabanas hablaban un dialecto del quechua y consideraban que su pacarina era al nevado Hualca Hualca. Como los collaguas, deformaban sus cabezas, aunque en este caso preferían formas chatas y anchas. Al estar ubicados en la parte baja, gozaron de buen clima para el cultivo del maíz. A ellos se debe probablemente el origen de la variedad que hoy se conoce como maíz cabanita.

Las relaciones políticas entre collaguas y cabanas siguen siendo objeto de debate entre los especialistas. Mientras algunas fuentes presentan la imagen de una convivencia pacífica, el notable número de recintos fortificados del valle sugiere un panorama menos idílico. Es probable que periodos de paz se alternaran con fases de conflicto, ya fuera entre los propios grupos del valle o contra posibles intentos de penetración foránea. Con el tiempo, ambos grupos fueron sometidos al dominio Inca, pero nunca llegaron a perder su identidad política y cultural.

Momia de la cultura Acarí. Por la vestimenta y las ofrendas parece que fue una mujer de la élite. *Fuente*: Universidad Nacional de San Agustín.

## 6. Arequipa bajo el dominio Inca

El Tawantinsuyo fue el mayor esfuerzo de centralización política y uniformización religiosa-cultural del mundo andino. Los incas iniciaron su expansión en el siglo XV, y en pocas décadas forjaron un imperio como no se había visto antes en esta parte del mundo. Conjugando una afilada maquinaria militar y una sofisticada administración, articularon gran parte del territorio que en la actualidad corresponde a Ecuador, Perú, Colombia, Bolivia y, en menor medida, Chile y Argentina. Para lograrlo, construyeron caminos que atravesaban los Andes y fundaron centros administrativos en las nuevas provincias. Utilizaron profusamente enlaces matrimoniales con la nobleza de otros reinos y movilizaron poblaciones de unas regiones a otras, ya fuera para desarraigar a los revoltosos o para ayudar a controlar zonas hostiles. Cuando fue posible, las anexiones se realizaron de manera pacífica, mediante la adaptación y reconfiguración de elementos culturales (como ocurrió, por ejemplo, con el templo de Pachacamac de Lima, convertido en oráculo principal, debido a su prestigio entre los cacicazgos de la costa y de la sierra). Cuando este tipo de estrategias no eran posibles o no eran suficientes, los incas no dudaron en recurrir a la guerra de conquista y a la ejecución de sus rivales.

Los incas construyeron un relato mítico de sí mismos que los presentaba como una fuerza civilizadora y benéfica. Sin embargo, su principal aporte no estuvo tanto en la invención como en el perfeccionamiento y expansión de los desarrollos tecnológicos y culturales creados a lo largo de varios siglos por quienes los antecedieron. En el plano productivo, mejoraron los andenes y los llevaron a áreas donde no se conocían previamente o donde no existía la organización social necesaria para construirlos. Para asegurar el abastecimiento de recursos a una población en crecimiento, se universalizó el llamado control vertical de los pisos ecológicos. Esto permitió que el pescado y los *spondylus* de la costa se consumieran en los rituales de las élites serranas, al igual que la coca y las plumas de ave traídas de la selva.

Los incas construyeron *colcas* o depósitos para almacenar los tributos agrícolas. Concentraron en los centros administrativos y en Cusco a los artesanos más calificados, para monopolizar la cerámica, la orfebrería y los textiles finos. Reclutaron hombres jóvenes de los cacicazgos sometidos para integrar sus ejércitos y trasladaron a familias enteras para crear colonias de mitimaes en las regiones levantiscas. Estos mecanismos, que incluían a la región arequipeña, ayudaron a crear una relativa uniformización religiosa-cultural de las sociedades locales.

Arequipa cayó bajo el control imperial en el primer tercio del siglo XV, durante el gobierno de Pachacútec. La violencia y la intimidación se conjugaron con las alianzas matrimoniales y el sometimiento voluntario. El uso de una u otra estrategia marcó las relaciones de las autoridades imperiales con cada grupo étnico. La conquista del valle de Cotahuasi fue sumamente violenta. Los incas debieron enfrentar numerosas insurrecciones, dirigidas desde Alca la Antigua, el centro político del valle. Para poner fin a la inestabilidad, los señores del Cusco decidieron construir el centro administrativo conocido como Maukallacta o Pueblo Viejo, el cual, con casi siete hectáreas, se convirtió en la sede de una casta de funcionarios cusqueños encargados de la supervisión de la provincia. En la plaza de Maukallacta se escenificaban los rituales de lealtad, que reafirmaban las alianzas entre las élites locales y los representantes cusqueños, mediante banquetes y libaciones de chicha. Cotahuasi, por su parte, proporcionaba a los incas oro, plata, cobre y obsidiana. El valle se emplazaba además en mitad de la llamada "ruta de la sal", un corredor estratégico que vinculaba a la costa con la ciudad de Cusco.

El valle del Colca tuvo un destino diferente, ya que el dominio inca se plasmó en un régimen de gobierno mixto. En las zonas bajas y medias del valle, los conquistadores introdujeron centros administrativos y ceremoniales, como Kallimarka, Antisana, Umawasi, Uyo Uyo, Chijra y Llactapampa. En la zona alta, en cambio, la arquitectura Inca fue prácticamente inexistente. Esta dicotomía parece indicar que los cusqueños se aliaron con los collaguas y los utilizaron para dominar a los cabanas. Esta alianza fue recogida en algunas crónicas del siglo XVI, bajo la forma de un supuesto matrimonio entre el inca Mayta Cápac y la princesa collagua Mama Tancaray Yacchi.

La presencia de funcionarios imperiales en el Colca creó una nueva escala de poder. Si bien las élites locales no desaparecieron, quedaron en posición subordinada. Esta política de cooptación estaba bastante difundida en los dominios incaicos. Su práctica hizo posible un rápido sometimiento de los cacicazgos, sin eliminar las identidades particulares, ni las lealtades de los *ayllus* con sus señores locales. La conquista del valle permitió a los incas acceder a una importante producción de maíz. Así, las terrazas agrícolas y los canales de regadío se ampliaron, y en las zonas altas se construyeron estanques, canales y represas a fin de incrementar los pastizales y la crianza de camélidos.

Como contrapartida, collaguas y cabanas contribuían a las arcas cusqueñas con tejidos y mitayos. Estos últimos eran jóvenes locales empleados temporalmente al servicio de las necesidades imperiales, ya fuera en la construcción de obras públicas, en el servicio de los tambos o como soldados en las campañas de conquista. Ambos grupos debieron proveer de mujeres jóvenes para el culto a las *paqariscas*, como esposas secundarias del inca o como consortes de la nobleza cusqueña.

Aríbalo inca encontrado en el centro ceremonial de Maucallacta, provincia de Condesuyos. *Fuente*: Universidad Nacional de San Agustín.

Finalmente, numerosas familias del valle fueron separadas de sus *ayllus* y trasladadas de manera temporal o permanente, convirtiéndose en mitimaes encargados de colonizar otras regiones. Como aliados imperiales, los collaguas expandieron sus dominios fuera del valle, estableciéndose en la margen derecha del río Chili (en comunidades dedicadas a la agricultura y la ganadería de camélidos), en el valle de Tambo y en la costa de Islay (donde se aplicaron a la pesca y a la recolección de mariscos y cochayuyo). Dichos productos eran deshidratados, salados y llevados en caravanas de llamas hacia las tierras altas para su intercambio. Esta práctica ancestral se mantiene hasta la actualidad, sobre todo entre los habitantes del pueblo de Sibayo (3850 msnm), en Caylloma, reconocidos en la región por su habilidad en el procesamiento y comercialización del cochayuyo.

En el valle del Chili los incas no construyeron centros administrativos. Su influencia se percibe, sin embargo, en un buen número de obras públicas dirigidas al aumento de la producción. Entre otras cosas, la administración imperial amplió los andenes de Sabandia, Quequeña, Paucarpata y Yumina. En esta última localidad se asentaba la colonia de mitimaes más importante de la región. La administración de la producción de maíz estaba a cargo de un grupo de nobles cusqueños u "orejones". Sus obligaciones incluían el culto al volcán Putina o Misti, que como producto de la conquista se había incorporado al panteón religioso Inca. Esta montaña, junto con otras elevaciones como el Ampato, el Coropuna y el Solimana, se consideraban huacas pacariscas. Los primeros testimonios de culto datan de la época de la cultura Churajón, aunque podría tratarse de prácticas más antiguas. Los especialistas señalan que en los santuarios andinos prehispánicos fue muy importante el contacto visual entre los fieles y el nevado, lago o cerro homenajeado. El culto al Misti contaba con una numerosa dotación de yanaconas, y las ceremonias incluían rituales, libaciones de chicha y sacrificios de animales.

Cuando los europeos llegaron a América, el imperio Inca todavía era una entidad política frágil. Así, en muchas regiones la incorporación a las estructuras imperiales era reciente, y subsistían recelos y deseos de autonomía local, al mismo tiempo que los vínculos de lealtad entre el Cusco y las provincias aún no estaban consolidados. Entonces, muchos jefes étnicos vieron en la crisis del poder cusqueño la oportunidad de recuperar su antiguo poder. Esto explicaría la rapidez con la que se produjo el desmoronamiento. El imperio era apenas un proyecto en ciernes, que no resistió la acometida de un pequeño ejército de invasores que habría de iniciar una radical transformación política, económica y cultural del espacio andino.

# SEGUNDA PARTE

## De la conquista a la crisis del régimen colonial, 1532-1821

Ceremonia de la fundación española de Arequipa por Manuel Garcí de Carbajal en 1540.
*Fuente*: Wikipedia (cc) (0)

La conquista del Tawantinsuyo conectó el espacio cultural andino con los procesos mundiales y, particularmente, con los circuitos del comercio internacional de Europa, Asia y África. La plata que se extrajo de los Andes se intercambió por manufacturas europeas y financió la importación de esclavos africanos y, en menor medida, el consumo de especies y sedas de la China. Por otro lado, el dominio español significó el arraigo de un conjunto de instituciones sociales y económicas (encomiendas, haciendas, audiencia y corregimientos), así como prácticas culturales y tecnologías occidentales (religión, escritura, acero, rueda y otros) que transformaron drásticamente el mundo andino.

Para la población indígena, la conquista fue un "cataclismo". El orden social fue rápidamente reemplazado por un régimen político y una organización socioeconómica que, si bien recogían elementos andinos (cacicazgos, mita, etc.), incluían muchas innovaciones a las que forzosamente los hombres andinos debieron adaptarse. Tanto el mundo material como el imaginario social se vieron trastocados. La minería y el comercio se convirtieron en el eje de la economía, mientras que la religión católica dominó el mundo de las subjetividades y representaciones culturales. La extracción de la plata articuló y dinamizó a los otros sectores de la economía (la producción agraria, los obrajes de textiles, etc.) y dio lugar a nuevas actividades, como el arrieraje para el transporte de los minerales y el abastecimiento de mercurio.

Las diversas identidades étnicas prehispánicas (incas, chancas, cañaris, chachapoyas, etc.) fueron suprimidas y sustituidas por una identidad genérica "indígena", mientras la represión de los cultos locales y la imposición de la religión católica iniciaron un proceso de cristianización del imaginario social. Aunque existieron diversas formas de sincretismo religioso, esto es, de transferencia de atributos curativos o poderes telúricos de las divinidades andinas a las imágenes católicas, lo predominante fue la evangelización del mundo andino y el arraigo de la Iglesia católica como una institución de poder dentro de la sociedad colonial. Los sacerdotes católicos no solo asumieron el monopolio de la fe, sino que también acumularon propiedades urbanas y rurales, al tiempo que se aseguraron cierto control del trabajo indígena y de los capitales crediticios.

En otro plano, la presencia europea supuso un cambio en las relaciones entre las diferentes regiones andinas. En tal sentido, Arequipa fue una de las que vio favorecido su papel. Lo que había sido un área más bien periférica en el desarrollo de las grandes culturas del periodo prehispánico y una provincia proveedora de granos en el Imperio incaico, se convirtió en la época colonial en una región próspera, especializada en la producción de vinos y aguardientes, así como en la exportación de productos agrícolas al sur andino, La Paz y Potosí. La ciudad funcionó como un eslabón en la red mercantil que importaba manufacturas de Europa, descargaba en el Callao y distribuía a los puertos menores como Arica y Quilca. Si hay algo que define a la región Arequipa en la colonia fue ese papel de nudo comercial en el sur andino.

Una particularidad de la sociedad arequipeña era el peso demográfico que adquirieron los españoles. Si bien la ciudad se levantaba alrededor de poblados indígenas, era percibida como hispana y señorial. Esto se debía, en parte, a que la arquitectura de los solares y residencias era de factura española, y en parte a que las familias arequipeñas se caracterizaban por un acendrado catolicismo que permeaba toda la vida cotidiana. Monasterios, conventos y beaterios tuvieron una decisiva influencia en la sociedad arequipeña colonial, más incluso que en otras partes de los Andes. De acuerdo con un censo de fines del siglo XVIII, la población española en la ciudad alcanzaba el 71,4%. Es probable que dicha cifra estuviera sobredimensionada, pues muchos mestizos solían declarar o promover su inclusión en los registros censales como "españoles" para elevar su estatus social. Pero aun así era una evidencia de las peculiaridades de la ciudad.

# Capítulo I

## Conquista y guerras civiles

La incorporación del Tawantinsuyo al imperio español fue un proceso largo y sangriento, que opuso a europeos y andinos, a europeos contra europeos e incluso a unos pueblos andinos contra otros. Los invasores se enfrentaron primero a los antiguos señores de la tierra, después pelearon entre ellos y finalmente debieron hacer frente a los visitadores enviados por el rey de Castilla para poner orden en sus nuevos dominios. Fueron más de dos décadas de fuego, sangre, epidemias y destrucción que cambiaron radicalmente la demografía y el mapa político de los Andes. Arequipa no iba a ser una excepción en este contexto de guerras, destrucción y cambios acelerados.

Asimismo, la presencia de los españoles en la región inició su transformación social: nuevas instituciones como la encomienda y el cabildo cambiarán las dinámicas políticas y económicas. La fundación de la ciudad y las empresas económicas que desarrollaron los españoles (nuevos cultivos agrícolas, minería y obrajes) harán lo mismo con el papel que cumplió la región bajo el Tawantinsuyo. Así, se trata de los inicios de la reconfiguración de la región como un nuevo espacio económico y social en la naciente sociedad colonial.

### 1. Los españoles en la región

Los españoles recibieron noticias de la región arequipeña cuando entraron en el Cusco, en particular de los caciques cabanas Ampire y Yanquinicho, quienes residían en la ciudad. Una de las primeras encomiendas que entregó Francisco Pizarro fue precisamente unos 1500 indios cabanas de la provincia de Condesuyo a Cristóbal Pérez y a su hijo Juan de Arbes, en agosto de 1535. Sabemos que el mismo año, españoles llegaron al valle de Chili, donde encontraron numerosos grupos étnicos, por lo que Pizarro designó una comisión de visitadores para recoger información de los recursos y la población. Tras este primer contacto, no existen muchas noticias sobre la ocupación, pero se conoce que a principios de 1537 Diego de Almagro, luego de su fallida expedición a Chile, se estableció varias semanas en Arequipa, reponiendo fuerzas en su camino a Cusco.

Después de la victoria sobre los almagristas, muchos españoles se establecieron en tierras pertenecientes a los indios yarabayas, donde levantaron viviendas y una pequeña ermita, conocida hoy como San Lázaro. Se sabe también de la existencia de españoles en el valle de Chili porque el adelantado Pedro de Valdivia firmó varios contratos en noviembre de 1539 para agenciarse caballos, esclavos y demás mercancías necesarias para la segunda expedición al reino de Chile. En febrero de 1540, la Corona española nombró dos escribanos públicos para formalizar las diversas transacciones comerciales que realizaban los españoles en el valle, por lo que debemos suponer que ya para entonces existía una intensa actividad mercantil.

Por otro lado, Pizarro nombró en 1539 una comisión integrada por Díaz Arias y Gómez de León para buscar en la actual costa de Arequipa un lugar adecuado donde fundar una ciudad que sirviera de puente entre Lima y Cusco. Para los españoles, las ciudades eran el elemento clave para afianzar el control político y militar de los territorios conquistados. En ellas se establecieron las élites mercantiles, el cuerpo militar y los pocos funcionarios reales que llegaron al Perú en los años de la conquista. Tempranamente Pizarro fundó la ciudad de Piura en 1532, y poco después le siguió la fundación de Lima y Trujillo. Dichas ciudades marcaron la pauta de la vida social e irradiaron la cultura occidental en el Nuevo Mundo.

Díaz Arias y Gómez de León recorrieron Vítor y Siguas, pero quedaron complacidos al llegar al valle de Camaná debido a su fertilidad y proximidad al mar. La ubicación resultaba estratégica, pues permitía una rápida comunicación por barco con Lima. En noviembre de 1539,

**Fundación de la Villa Hermosa de Camaná**

"Puestos de acuerdo los comisionados del marqués don Francisco Pizarro, sobre el lugar conveniente para la fundación en el valle de Camaná, se procedió a determinar el área de la plaza mayor, y en el centro se planta la pica, consistente en un grueso palo, símbolo de jurisdicción civil y criminal del pueblo naciente; se designa el solar destinado al Cabildo y en la misma plaza se planta la cruz que indica el sitio de la capilla cristiana que debía ser construida por los fundadores. Cumplidos con estos actos preliminares, se procede al ceremonial feudal de rito en la época, sentando el acta respectiva el escribano público de su Majestad, Alonso de Luque.

Presidido en acto, el Alcalde mayor Alonso de Cabrera y Garcí Manuel de Carbajal que tuvo a su cargo la ceremonia, vestido de gala, con casco y armadura metálicos deslumbrantes al Sol, avanza hacia adelante separándote del grupo con el estandarte de Castilla en la mano izquierda y en la derecha la brillante espada; blandiendo esta amenazante hacia los cuatro puntos cardinales contra quienes pretendieran interrumpir sus destinos oponiéndose a su progreso, bate los pendones de Castilla, como signo de dominio y el padre Rodrigo Bravo, primer párroco de Camaná y el P. Diego Manso, se encargan de la ceremonia bautismal, bendiciendo a los solares designados para los establecimiento públicos y religiosos, arrojando agua bendita, mientras que pronuncian los latinajos litúrgicos para tales actos. Y así quedó consumada la fundación de la primitiva Villa Hermosa del valle de Camaná, en un paisaje hermoso."

Morante, José María. *Monografía de la provincia de Camaná*. Arequipa: Universidad Nacional de San Agustín, 1965, p. 85.

Garcí Manuel de Carbajal fundó la Villa Hermosa del Valle de Camaná, en un lugar denominado Huacapuy, donde existía un pueblo indígena. Los primeros vecinos de la Villa de Camaná fueron 35 españoles, a quienes se les repartió solares y tierras. Al establecerse el cabildo, resultaron elegidos Alonso de Cabrera como alcalde mayor y García Manuel de Carbajal y Pedro Barroso como alcaldes ordinarios. Como escribano se nombró a Alonso de Luque.

Sin embargo, la villa de Camaná fue abandonada poco después debido a que las condiciones climáticas del valle facilitaron la propagación del paludismo. Los vecinos solicitaron a Pizarro trasladar la ciudad al valle de Chili, donde varios de ellos tenían encomiendas. Incluso antes de obtener permiso para el traslado, muchos estaban abandonando Camaná, y de nada sirvió que el cabildo impusiera una multa de cien pesos de oro a los desertores. La situación se sinceró el 20 de julio de 1540, cuando los vecinos votaron, con autorización de Pizarro, una consulta en favor del ansiado traslado. Conocido el resultado, el cabildo dio un plazo de veinte días para llevarlo a cabo. Algunos vecinos conservaron sus propiedades y los servicios personales de los indios, por lo cual posteriormente el virrey Marqués de Cañete ordenó fundar nuevamente la villa de Camaná (1557), esta vez en el emplazamiento que actualmente ocupa la ciudad.

Arequipa, por su parte, fue fundada el 15 de agosto de 1540 por Garcí Manuel de Carbajal con el nombre de Villa Hermosa del Valle de Arequipa, en una ceremonia a la que concurrieron cerca de noventa vecinos, buena parte de ellos provenientes de la frustrada villa de Camaná. Siguiendo la tradición castellana, se plantó una picota en el lugar destinado a convertirse en la plaza mayor, y los dominicos Bartolomé de Ojeda y Diego Manso, y el cura Rodrigo Bravo colocaron una cruz de madera en el sitio donde se levantaría la iglesia catedral. El trazo de la ciudad tuvo la forma de un damero. Se dividió en 49 manzanas, cada una de ellas a su vez dividida en dos, cuatro u ocho solares, que se repartieron entre los nuevos vecinos, según sus hazañas en la conquista, la afinidad con el bando pizarrista y su condición social.

Por mandato de Pizarro, Garcí Manuel de Carbajal repartió tierras de sembrío a los vecinos y residentes de la nueva villa. Se trató de las tierras de los alrededores, anteriormente destinadas al culto del sol y del inca, así como las pertenecientes a las poblaciones indígenas, siempre y cuando "no las hayan labrado de tres años a esta parte". Dichas tierras sumaron cerca de 4302 topos, equivalentes a 496 fanegadas (una fanegada equivalía a 1,6 hectáreas), divididas entre 67 vecinos. Las tierras de cada colono eran de diversa extensión: lotes pequeños (3 a 5 fanegadas) correspondieron a artesanos como Diego Martín (carpintero) y Francisco Sánchez (herrero), mientras que los lotes más grandes (12 a

Plaza principal de Arequipa, anónimo, c 1855. *Fuente*: Wikipedia 

14 fanegadas) fueron a parar a manos de autoridades del cabildo y capitanes. Este reparto incluyó, pese a estar ausentes, a Hernando y Gonzalo Pizarro (12 fanegadas), al obispo de Cusco (14 fanegadas) y al propio Francisco Pizarro (24 fanegadas).

## 2. El régimen de encomiendas

La encomienda es una institución de origen colonial que fue utilizada durante el periodo de conquista en los Andes para recompensar a los soldados victoriosos e incentivar su instalación en los territorios recién ocupados. La calidad de la encomienda dependía de las hazañas realizadas en la captura de Cajamarca, de los antecedentes sociales en España y de la acción militar en las batallas contra los indios. La encomienda no consistía en el reparto de tierras, sino de indios tributarios de una circunscripción territorial a un determinado beneficiario. Este encomendero recibía de la población un tributo en moneda o especie, así como servicios personales en trabajo. El encomendero debía procurar la evangelización de los indios bajo su jurisdicción, pero esto casi nunca se cumplió, pues el pago de los servicios religiosos de los curas fue desatendido y porque los propios curas preferían beneficiarse del trabajo indígena. Aunque la encomienda contaba con una larga presencia en México, en el Caribe y en Centroamérica, la tasa del tributo no estaba adecuadamente regulada, ni tampoco el carácter de los servicios personales.

En Arequipa, Pizarro, aparte de la mencionada encomienda a Cristóbal Pérez, repartió numerosas encomiendas: entre otros, destinó a los cabanas de la cota a Juan Ramírez, a los pueblos de Chiguata y Socabaya a Diego Hernández, Characato a Pedro Godínez y Paucarpata a los dominicos (enero de 1540). El valle de Acarí pasó a manos de Pedro Melgar y Caravelí a las de Pedro Álvarez Carmona. El propio Pizarro se reservó una encomienda de seiscientos indios en el valle del Colca, en la zona conocida como Lari Urinsaya, y a su hermano Gonzalo le asignó una encomienda de indios collagua en la parte alta del Colca. Los encomenderos usaron sus derechos sobre la mano de obra indígena para fomentar la explotación de minas, la producción textil en obrajes, la construcción de casas, el cuidado de los animales, la siembra y cosecha de chacras, etc. Los españoles solían administrar sus encomiendas a través de un mayordomo y criados asalariados, por lo común otros españoles menos afortunados, quienes se encargaban de movilizar la fuerza de trabajo, procurar el aumento de la producción y trasladar el producto del tributo a los mercados para su venta.

Los españoles al servicio de los encomenderos habían llegado a América con la expectativa de obtener tierras y mercedes, pero la riqueza de los Andes no era suficiente para satisfacer a todos. En busca de mejor fortuna, una parte de ellos se sumaron a las expediciones a la selva y a Chile. Otros se enrolaron como personal de los encomenderos para administrar sus heredades. Este fue el caso de Juan Gallego, quien

**Lucas Martínez Vegazo**

"Nació en Trujillo, Extremadura, en 1512; llegó con Pizarro al Perú en su tercer viaje. Participó en la captura del Inca en Cajamarca y la toma de la ciudad del Cusco en 1533. Fue vecino de Camaná y Arequipa, recibiendo encomiendas en Arequipa, Carumas, Ilo, Arica y Tarapacá. Iniciada la rebelión de Gonzalo Pizarro, Martínez Vegazo se manifestó abiertamente en contra de la autoridad real y por ello fue elegido en 1544 como representante de Pizarro en Arequipa. En octubre de ese año, marchó a Lima con un grupo de soldados custodiando cerca de 100.000 ducados pertenecientes a Gonzalo, los cuales fueron muy bien recibidos. En 1546, Martínez Vegazo participó en la batalla de Iñaquito donde perdió la vida el virrey Núñez de Vela. De regreso al sur fue nombrado Teniente Gobernador y Capitán General de Arequipa por Pizarro y Alférez Real por el cabildo de la ciudad. En posesión de tales cargos se dedicó durante meses a combatir a los enemigos de la rebelión.

Cuando en 1547 llegó el pacificador La Gasca, Gonzalo Pizarro le ordenó reunir toda su gente, armas y dinero para ser trasladado a Lima, misión que Martínez Vegazo decidió cumplir de manera inflexible pasando por encima de reclamos y protestas de los vecinos y amigos; provocando como era de esperar, un levantamiento del vecindario arequipeño a favor de la Corona, su apresamiento y posterior traslado al Cusco, para ser entregado al capitán Diego Centeno, quien había tomado dicha ciudad en nombre del rey. En octubre de ese año aparece como parte del ejército de Centeno en la batalla de Huarina, donde fueron derrotados por el temible Francisco de Carvajal, llamado "el demonio de los Andes". Terminada la batalla, Martínez Vegazo se alineó otra vez con la facción rebelde. En abril de 1548, estuvo presente en la batalla de Jaquijahuana contra las fuerzas dirigidas por el propio pacificador La Gasca que, como bien sabemos, más que una batalla fue una deserción general del ejército rebelde. Fue Martínez Vegazo uno de los primeros en pasarse al otro bando. Esta conversión de último minuto le valió para salvar la vida, aunque no para conservar encomienda. Debido a sus antecedentes pizarristas, un juez lo declaró culpable de traición y lo condenó a la pena de destierro perpetuo de América. Además, fue despojado también de la totalidad de sus encomiendas y la mitad de sus bienes fueron embargados."

Barriga, Víctor M. *Arequipa y sus blasones.*
Arequipa: Editorial La Colmena, 1940, p. 13.

en 1541 fue contratado por Garcí Manuel de Carbajal para trabajar con los indios de su encomienda de Camaná en la crianza de pollos y cerdos, la extracción de peces, la siembra de trigo y el recojo de leña. El contrato comprendía un año de trabajo, y Gallego debía pagar una multa en caso de incumplimiento. Los encomenderos residían en la ciudad de Arequipa, y desde allí realizaban viajes ocasionales para supervisar la situación de sus encomiendas y el desarrollo de trabajos de canalización o la introducción de nuevos cultivos, como el trigo o la vid.

Los indios "encomendados" mayores de 18 años entregaban un tributo en especie, cuyo monto dependía de las prácticas heredadas del Tawantinsuyo o del criterio de los encomenderos. Esta discrecionalidad generó desde el principio abusos y atropellos que obligaron a las autoridades a realizar "visitas" periódicas a las provincias, con el fin de establecer tasas acordes con las posibilidades de los indios. En 1549, se designó para visitar las encomiendas del sur del Perú a los vecinos de Arequipa Garcí Manuel de Carbajal y Hernán Rodríguez de Huelva para el valle de Machaguay (Condesuyos), y a Miguel Rodríguez de Cantalapiedra y Martín López para los valles de Arequipa y el Colca. Los visitadores empadronaron a los varones adultos que podían trabajar y fijaron una tasa para el tributo, aunque sin rebajarlo significativamente.

Los problemas persistieron hasta la llegada del virrey Toledo (1570-1575), cuando una nueva visita general de las encomiendas de Arequipa impuso tasas más acordes con la capacidad de los tributarios. Los visitadores especificaron los productos que debían entregarse y señalaron a los beneficiarios de cada tributo: religiosos, jueces, caciques o encomenderos. Para evitar abusos, se establecieron castigos y multas a los malos encomenderos. Los artículos entregados por los indios eran, entre otros, maíz, coca, piezas de ropa y aparejos para animales. Estos tributos se llevaban posteriormente a las ciudades o a los centros mineros como Potosí. Una parte no desdeñable era vendida a otros encomenderos, sacerdotes y artesanos, quienes a su vez los revendían a sus propios tributarios, creando así un circuito económico que beneficiaba a los europeos.

En esta etapa el encomendero más célebre fue Lucas Martínez Vegazo, quien disponía de tributarios en Tarapacá, Arica, Ilo y Carumas, localidades todas ellas que por entonces estaban bajo la jurisdicción de

Arequipa. Vegazo poseía en 1555 alrededor de 1800 tributarios, que le entregaban anualmente 240 piezas de ropa, 2000 fanegas de maíz (cada fanega equivalía a aproximadamente 42 kilogramos) y 912 fanegas de trigo. Solo estos tres productos le generaban un ingreso de casi 9000 pesos, lo que lo convertía en uno de los hombres más ricos de la región.

## 3. Las guerras civiles

El ocaso de los encomenderos como grupo social tiene que ver con los propios conflictos internos de los conquistadores. La disputa por el control de Cusco resquebrajó la sociedad entre Pizarro y Almagro. En un primer momento, el conflicto se aplazó por la expedición de Almagro a Chile, donde esperaba encontrar un reino de similar riqueza a las del Perú, pero acabó por estallar cuando a su retorno Almagro ocupó la antigua capital inca, arrebatándosela a su antiguo aliado. La respuesta de Pizarro condujo a la batalla de Salinas, donde Almagro fue derrotado y poco después ejecutado por orden de Hernando Pizarro (1538). En venganza, los almagristas asesinaron al propio Francisco Pizarro, al tiempo que nombraron a Diego de Almagro, "El Mozo", como gobernador del Perú, con la intención de hacerse del poder y proceder a una nueva distribución de encomiendas (1541).

Su éxito sería, sin embargo, igual de breve que el de Pizarro. Almagro El Mozo fue derrotado en Chupas por las fuerzas de Cristóbal Vaca de Castro, enviado por el rey para investigar las causas de la guerra entre las distintas facciones de conquistadores (1542). El saldo de estas luchas fratricidas fue el debilitamiento del grupo conquistador y su vulnerabilidad ante los acontecimientos que iban a precipitarse con la aprobación ese mismo año de las denominadas Leyes Nuevas. Esta norma limitaba las encomiendas a una sola vida, y con ella la Corona quería evitar el surgimiento de una aristocracia encomendera que pudiera poner en peligro su control del territorio americano. El encargado de aplicar este giro de la política colonial fue el virrey Blasco Núñez de Vela, quien llegó a Lima acompañado de los oidores de la recién creada Real Audiencia de Lima. Apenas desembarcaron, los emisarios reales recibieron el rechazo de los encomenderos, quienes liderados por

Gonzalo Pizarro, el único de los Pizarro que quedaba con vida en el Perú, se aprestaron a organizar una resistencia armada.

La rebelión de los encomenderos puso de manifiesto dos formas de llevar a cabo la colonización del Perú: de un lado, la voluntad de control político y económico de los encomenderos; y de otro, la decisión de la Corona de instaurar su autoridad y a sus funcionarios sobre el poder de los conquistadores. El grueso de españoles se alineó con Gonzalo Pizarro, incluido Lucas Martínez Vegazo, quien había sido cercano de su hermano Francisco y había permanecido a su lado en las guerras civiles. A Martínez Vegazo se le designó como representante de los rebeldes en Arequipa, y en octubre de 1544 marchó a Lima custodiando cerca de 100.000 ducados pertenecientes a Gonzalo. También participó de la batalla de Iñaquito (actual Ecuador), ocurrida en enero de 1546, en la que los rebeldes derrotaron y decapitaron a Núñez de Vela. De regreso al sur fue nombrado teniente gobernador y capitán general de Arequipa por Pizarro y alférez real por el cabildo de la ciudad. En posesión de tales cargos se dedicó durante meses a combatir a los enemigos de la rebelión.

En respuesta a la derrota de Iñaquito, la Corona nombró en 1546 al licenciado Pedro de La Gasca como nuevo presidente de la Real Audiencia de Lima y le otorgó amplios poderes para someter a los rebeldes. En su trayecto al Perú, La Gasca envió emisarios y ofreció recompensas a los españoles que se le unieran. Esto atrajo a numerosos peninsulares sin encomiendas y a quienes habían sido rivales de Pizarro. Todos ellos engrosaron el ejército de La Gasca. Mientras tanto, en Arequipa, Martínez Vegazo, siguiendo órdenes de Gonzalo Pizarro, reunió gente, armas y dinero para llevarlos a Lima. En los siguientes meses su trayectoria sería emblemática de los continuos cambios de suerte de la contienda. Tratando de obtener el mayor beneficio posible, Vegazo saltó de un bando a otro. Su primera deserción se produjo cuando, debido a las protestas de vecinos y amigos que no querían involucrarse en una rebelión contra el rey, fue apresado, trasladado a Cusco y entregado al capitán Diego Centeno, quien había tomado la ciudad en nombre del rey. Una vez allí, en lugar de ser ejecutado, Vegazo se unió a las filas del ejército real, con quienes fue derrotado en la batalla de Huarina en octubre de 1547, a manos del célebre Francisco de Carvajal, "el Demonio de los Andes". Prestamente, Vegazo pasó nuevamente a la facción rebelde, y

Grabado de la catedral de Arequipa. *Fuente*: *Atlas Geográfico del Perú* de Mariano Felipe Paz Soldán (1865).

en abril de 1548 estuvo en la batalla de Jaquijahuana, enfrentado ahora contra las fuerzas de La Gasca. Sin embargo, apenas iniciadas las hostilidades volvió a desertar, abandonando a Pizarro. Esta conversión de último minuto le valió para salvar su vida, aunque no para conservar su encomienda. Un juez declaró a Vegazo culpable de traición y lo condenó a la pena de destierro perpetuo de América. Fue despojado de sus encomiendas y la mitad de sus bienes fueron embargados.

La rebelión de Gonzalo Pizarro fue el último intento de contener el avance de la autoridad real, y su derrota marcó el declive de los encomenderos. Fue el final de los esfuerzos por estructurar el Nuevo Mundo de acuerdo con los criterios señoriales heredados del mundo medieval. Las guerras civiles diezmaron a la generación de conquistadores y aceleraron su desaparición como grupo social. El reparto dispuesto por La Gasca, pese a algunos descontentos, estabilizó a las fuerzas españolas y consolidó su lealtad al rey. Cuando en 1555 se rebeló Francisco Hernández Girón, careció del arraigo de Pizarro o de Almagro El Mozo. En Arequipa, el grueso de los vecinos se puso al servicio del ejército organizado por la Audiencia, que derrotó a Hernández en la batalla de Pucará. El último defensor de los conquistadores encomenderos fue capturado y ejecutado poco después. El camino para la supremacía de la autoridad real y la constitución del orden colonial, al margen de las aspiraciones de los conquistadores, estaba allanado.

# Capítulo II

## La constitución del orden colonial

Aplacada la resistencia de los encomenderos, la Corona española trasladó y designó un pequeño ejército de funcionarios (virrey, oidores, corregidores, visitadores, jueces, etc.) que aplicaron los edictos reales, elaboraron informes sobre los territorios conquistados y regularon el funcionamiento de las instituciones de gobierno y de las actividades económicas en todo el continente. Por otro lado, mediante las mercedes y composiciones de tierras, se entregaron fundos y chacras a numerosos españoles que aprovecharon la despoblación de los Andes para hacerse con terrenos que dieron origen al régimen de haciendas. Asimismo, se aprovecharon las minas explotadas por los incas, a las que se unieron otras nuevas, mientras el descubrimiento del Cerro Rico de Potosí (1545) abrió un periodo de auge económico en el Perú. Así, mientras que a los funcionarios les correspondió dar forma a la institucionalidad y aplicar las Leyes de Indias, a los comerciantes, agricultores y mineros les tocó reorganizar la producción y levantar un nuevo orden económico.

Muchas instituciones políticas y económicas andinas fueron incorporadas al orden colonial. Los caciques conservaron sus privilegios, y hasta es posible que en los primeros años obtuvieran mayor poder que bajo el Tawantinsuyo, una vez que se vieron libres del yugo cusqueño. Ellos fueron un engranaje clave en la recaudación del tributo y en la movilización de la fuerza de trabajo indígena. Lo mismo ocurrió con la mita, el sistema que obligaba a los adultos a trabajar un periodo de tiempo en las obras del Tawantinsuyo, que en el Perú colonial fue utilizado para proveer de mano de obra a los centros mineros, obrajes y haciendas de españoles. Arequipa fue parte de estos cambios, y se consolidó como una de las principales ciudades del imperio colonial español en los Andes, y tanto la ciudad como el conjunto de la región alcanzaron una relevancia política y económica que no había tenido en las épocas anteriores.

## 1. La organización virreinal

Además de la instauración del virrey y de la Audiencia, el virreinato del Perú se dividió en corregimientos, unidades político-administrativas que regían en el reino de Castilla y que se trasladaron a América. Se establecieron siete corregimientos: Piura, Trujillo, Cajamarca, Huamanga, Huancavelica, Cusco y Arequipa. Pedro de La Gasca nombró a Alonso Herrera de la Cerda como corregidor de Arequipa en 1549. La jurisdicción a su cargo comprendería un vasto territorio, desde el valle de Acarí en el norte hasta el desierto de Tarapacá en el sur. En tanto "corregidor de españoles", presidía las sesiones del cabildo de la ciudad y estaba dotado de funciones judiciales, de gobierno y de policía.

Debido a los abusos de los encomenderos y curacas contra la población nativa, también se nombraron "corregidores de indios" para vigilar el cumplimiento de las normas que protegían a los naturales. En 1565, Lope García de Castro, quien asumió el gobierno ante la muerte del virrey Conde de Nieva, dividió el virreinato en 56 provincias, cada una a cargo de un corregidor de indios investido de funciones políticas, administrativas, judiciales y militares. El corregidor recaudaba los tributos, administraba justicia y estaba a cargo de la defensa de la provincia. En Arequipa, se crearon los corregimientos de Characato y Vítor, Collaguas, Condesuyos, Moquegua y Arica. Este último comprendía las actuales regiones de Moquegua, Tacna y las actuales provincias chilenas de Arica y Tarapacá.

Aunque inicialmente los corregidores de indios contuvieron los abusos de encomenderos, caciques y curas, con el tiempo reprodujeron las injusticias que habían dado lugar a su creación. Los corregidores se hicieron odiosos por el llamado reparto de mercancías, es decir, la imposición a los indios de la compra obligatoria de productos a precios exorbitantes: telas, velas, espejos, papel, coca y otros. La situación empeoró cuando en 1670 el cargo de corregidor se remató al mejor postor. Lo que pagaban los postulantes era ampliamente superior a los salarios que se obtenían por su cargo, pero la diferencia se compensaba aumentando la cantidad de mercancías repartidas a los indios. Por ejemplo, los corregimientos de Larecaja y Azángaro se vendían en 60.000 pesos, lo que equivalía a casi diez veces el sueldo de un corregidor durante los cinco años que desempeñaba el cargo. Evidentemente, el retorno de esta inversión, más las ganancias del corregidor, se extraían del trabajo de los indios.

En la organización del espacio andino colonial jugó un papel decisivo el célebre virrey Francisco de Toledo (1569-1581), a quien la Corona le encargó un paquete de reformas administrativas para optimizar y regular la extracción de recursos. Toledo realizó una visita general a las provincias del virreinato para recoger información sobre la situación económica, tributaria, social y demográfica. Colaboraron en esta tarea varias personalidades que dejaron escritos importantes sobre el Perú: el licenciado Juan de Matienzo, el padre Cristóbal de Molina, el cosmógrafo Pedro Sarmiento de Gamboa, el jurista Juan Polo de Ondegardo y el padre José de Acosta. La visita duró cerca de cinco años y abarcó Jauja, Huamanga, Cusco, Charcas, La Paz, Potosí, La Plata y Arequipa.

Una de las medidas más trascendentes de Toledo fue la "reducción" de indios, es decir, su concentración en pueblos a la manera española para superar la dispersión poblacional derivada del colapso demográfico de la conquista. Las reducciones, ubicadas preferentemente lejos de las huacas y con acceso a fuentes de agua y pastos, permitieron el control político de la población y de los caciques, así como un mejor aprovechamiento de la fuerza de trabajo. Se organizaban en torno a una plaza o espacio central y contaban con un cabildo, alcaldes y regidores elegidos por un año. La visita de Toledo estimó que existían en el ámbito andino 1.067.697 habitantes, divididos en 71 corregimientos, 614 repartimientos y 712 doctrinas. La población de Arequipa era de 101.223 habitantes, distribuidos en 7 corregimientos, 35 repartimientos y 74 reducciones o pueblos de indios. En el corregimiento del Cercado se establecieron dos reducciones, San Juan Bautista de Yanahuara o la Chimba, y Tiabaya, con una población de 8039 habitantes.

Toledo también reguló la tasa de los tributos de acuerdo con la capacidad de pago de los indios y no al albedrío de los encomenderos. Se fijaron cuotas desde los veinte reales hasta los diez pesos anuales. El tributo se pagaba en dos plazos, en junio y en diciembre, una parte en dinero y otra en productos agrícolas, ganaderos o manufacturados. En los siete corregimientos de Arequipa se empadronaron 23.380 tributarios, quienes debían pagar un total de 119.264 pesos al año. De esta cantidad, 21.977 pesos correspondían al pago de los doctrineros, 14.889 se destinaban a salarios de los corregidores y defensores de naturales, 4775 para abonar a caciques y principales y 850 pesos para financiar los gastos de hospitales de indígenas. Los restantes 77.623 pesos se repartían entre los encomenderos y la Corona. Simbólicamente, a Toledo le correspondió apagar el último foco de la resistencia inca que hasta entonces había perdurado en Vilcabamba, con la ejecución de Túpac Amaru I en la plaza de armas de Cusco.

## 2. Presencia de la Iglesia

La evangelización del Nuevo Mundo fue uno de los pilares de la colonización. La presencia de religiosos en el Perú se inicia con los viajes de Pizarro, cuando tres indios capturados cerca de las costas del actual Ecuador fueron instruidos en el idioma español por curas dominicos para servir de guías. Luego de la fundación española de la ciudad de Cusco (1534), Pizarro solicitó a las autoridades eclesiásticas el establecimiento de un obispado, a fin de proceder a la evangelización. Como resultado, en enero de 1536 se creó el primer obispado del Perú con sede en la antigua capital incaica. Su jurisdicción incluía Arequipa y, hasta 1541, comprendía territorios del Ecuador, por el norte, y parte de Chile por el sur. Quedó a cargo del sacerdote dominico fray Vicente de Valverde.

A la Corona española le interesó la difusión de la religión católica por razones espirituales y porque a través de ella se instruía a los indios en la obediencia a la autoridad. Gracias al "patronato regio" concedido por el Papa, la Corona podría intervenir directamente en la organización de la Iglesia. El monarca tenía así poder de veto en el nombramiento de obispos, arzobispos y otros cargos eclesiásticos, autorizaba la construcción de iglesias, catedrales y conventos, y, en general, supervisaba el

Iglesia de la compañía de Jesús, construida en el siglo XVII.
*Fuente*: Archivo Regional de FArequipa.

desarrollo de la vida religiosa. Es probable que los primeros eclesiásticos se instalaran en Arequipa en 1537, junto con los restos de la expedición que retornó de Chile con Diego de Almagro. Se sabe que por entonces un grupo de religiosos construyó en el actual barrio de San Lázaro una ermita bajo la advocación de ese santo.

Con certeza en 1539 el dominico Pedro de Ulloa se encontraba predicando a los indios del valle de Arequipa y a las poblaciones de Yanahuara, Paucarpata, Cayma, Tiabaya y Chiguata. Por su parte, a los franciscanos se les asignó la cristianización de los collaguas del valle del Colca. Juan Monzón fue uno de los primeros franciscanos en llegar a la zona hacia 1540. Se le conoció como un "santo vagabundo" que iba predicando de provincia en provincia, convirtiendo indios y quemando algunas huacas. Tiempo después Monzón murió asesinado en el África. Su reemplazante en el Colca, el fraile Juan de Chaves, se hizo célebre por bautizar a miles de indios.

En la fundación de Arequipa estuvieron presentes los frailes dominicos Bartolomé de Ojeda y Diego Manso, y el cura Rodrigo Bravo, quienes colocaron una cruz de madera en el lugar donde se levantaría la iglesia catedral. Estos eclesiásticos organizaron los primeros servicios religiosos en la ciudad. Paralelamente se creó la primera parroquia de españoles bajo la protección de san Pedro, cuyo párroco fue Rodrigo Bravo. Esta parroquia dependió de la prelatura de Cusco, por lo menos hasta la primera década del siglo XVII, cuando Arequipa se separó para conformar un nuevo obispado.

Formalmente, la orden de los dominicos fue la primera en establecerse en la ciudad (1541). Le siguieron los mercedarios (1548), los franciscanos (1551), la orden de san Agustín (1572) y la Compañía de Jesús (1573). Estas congregaciones levantaron iglesias y monasterios, destacando el célebre convento de Santa Catalina de Siena, fundado en 1579 gracias a la provisión expedida por el virrey Toledo. La primera residente y priora fue María de Guzmán, donante de uno de los solares que comprende el convento. Sus instalaciones superan los 20.000 metros cuadrados y aparenta ser una pequeña ciudadela, que incluye una iglesia, claustros, celdas, calles, huertas y cementerio propio. Santa Catalina se remodeló en varias ocasiones debido a los terremotos que asolaron la región. En sus inicios, recibía criollas (muchas de las cuales llegaban acompañadas de criadas para su servicio personal), mestizas

## La erupción del volcán Huaynaputina

La historia de Arequipa está marcada por los sismos y las erupciones volcánicas. En 1582 la ciudad fue sacudida por un terremoto. En 1600 se registró la erupción del Huaynaputina y en 1604 nuevamente un terremoto dejó a la ciudad en escombros. En el transcurso del periodo colonial, la región tuvo que soportar los sismos de 1687, 1715, 1725, 1784 y 1821. La frecuencia con la que se presentaron estos fenómenos naturales influyó en la estructura arquitectónica de la ciudad, particularmente en el grosor de las paredes y la bóveda de los techos. Asimismo, la economía regional, basada en la producción de vinos y aguardientes, se vio paralizada en varias ocasiones debido a la destrucción de viñedos, obstrucción de canales de regadío y la contaminación de los suelos con cenizas de origen volcánico. Los sismos también tuvieron influencia en la mentalidad de la población, la que afianzó su carácter religioso y la devoción a santa Marta, patrona de los terremotos, y san Jenaro, patrón de las erupciones volcánicas. Un caso particular fue la erupción del Huaynaputina, la cual fue relatada por diversos testigos de la época.

En febrero del año 1600 un terremoto de grado IX en la escala de Mercalli conmocionó a la región. Su origen estuvo en la erupción del volcán Huaynaputina (o Quinistaquillas), ubicado a unos ochenta kilómetros al este de la ciudad. Según el testimonio del soldado Pedro de Vivar, el viernes 18 de febrero empezaron los temblores, por lo cual los vecinos sacaron en procesión a santa Marta, "abogada de los temblores". Al día siguiente el cielo fue cubierto con una densa nube de polvo y ceniza; el estruendo de las erupciones hizo seguramente cundir el pánico entre la población. En la tarde del domingo, apenas el cielo se aclaró un poco, sacaron en procesión al Santísimo Sacramento. En los días siguientes abundaron misas, oraciones y procesiones. En las viviendas se colocaron imágenes y pequeños altares religiosos. De acuerdo con los relatos de la época, el cielo se despejó totalmente muchas semanas después.

Este cataclismo destruyó edificios importantes de la ciudad y paralizó la pujante economía regional. La nube de polvo y ceniza volcánica cubrió los campos y contaminó sus aguas. Cosechas enteras de frutas y olivos se perdieron, incluyendo los viñedos de Vítor, Siguas y Majes. La producción de vinos, que en años anteriores había sobrepasado las 200.000 botijas, y se exportaron a Lima, Panamá y el Alto Perú, se contrajo a las 10.000 botijas. Cuando la economía local intentaba recomponerse, un nuevo terremoto, esta vez de grado XI, castigó a la región el 24 de noviembre de 1604. Otra vez la Ciudad Blanca se vio en escombros.

y algunas hijas de curacas. En el siglo XVIII, surgieron en Arequipa dos conventos más: Santa Teresa y Santa Rosa.

Conforme se consolidaba la presencia española en la región y florecía la economía de exportación, se planteó la creación de un obispado propio en Arequipa. En 1609, el cabildo, en representación de los propietarios y comerciantes de la ciudad, elevó al virrey la petición correspondiente. Este, a su vez, la cursó al rey Felipe III, quien hizo lo propio con el papa Paulo V. El 20 de julio de 1609, una bula papal autorizó la creación del obispado arequipeño. Su jurisdicción abarcó los 7 corregimientos de la región y se establecieron 58 doctrinas, 40 de ellas a cargo de sacerdotes seculares y el resto de regulares. En 1617, luego de las fallidas designaciones de Cristóbal Rodríguez y Juan de las Cabezas Altamirano, se designó para el cargo a fray Pedro de Perea, de la orden de San Agustín, quien asumió sus funciones en agosto de 1619. A él se deben las fundaciones del seminario de San Jerónimo y de la parroquia de indios de Santa Marta, el inicio de la construcción de la iglesia mayor y la erección del primer palacio arzobispal de la ciudad, ubicado en la actual calle del Palacio Viejo.

La conversión al cristianismo de los grupos étnicos de Arequipa fue una tarea compleja. Los españoles desconocían las lenguas aborígenes, el número de religiosos era insuficiente, la dispersión de los pueblos demandaba largas horas de viaje y lo arraigado de las religiones locales parecía un muro infranqueable. Inicialmente la tarea recayó en los encomenderos, quienes pagaban al doctrinero de su propio peculio. Pero conforme las órdenes religiosas obtenían tierras y otros beneficios, se autonomizaron de los encomenderos. El protagonismo de las órdenes creció a partir del Concilio de Trento (1545-1563), cuando se les encargó la erradicación de las "idolatrías". Cada pueblo de indios se adscribió así a una "doctrina", es decir, a una jurisdicción territorial a cargo de un grupo religioso concreto, para efectos de su evangelización. Las primeras doctrinas de Arequipa fueron las de San Juan Bautista de Yanahuara, la Chimba, Cayma, Chiguata, Characato, Paucarpata y Sabandía; y en el siglo XVIII se crearon las de Tío y Tiabaya. Estas doctrinas estuvieron a cargo de dominicos y mercedarios, y contaban con rentas propias.

Arequipa registró pocas denuncias de idolatrías, al parecer porque los curas no deseaban enemistarse con los pueblos que les brindaban servicios personales y contribuciones económicas. La explotación

Plaza de armas de Arequipa, cuando funcionaba como mercado, siglo XIX.
*Fuente*: Archivo Regional de Arequipa.

de los indios estaba tan extendida en la región que el obispo Pedro de Villagómez, en su primera visita pastoral a la diócesis, señaló que los frailes franciscanos creaban parroquias sin autorización con el único propósito de obligar "a los nativos a servir en ellas". Asimismo, observó que los indios conservaban clandestinamente sus prácticas y cultos religiosos, como el que realizaban los naturales de Caravelí a sus cerca de tres mil momias ancestrales, "que aún recibían ofrendas de sus comunidades". Así, la difusión de la religión católica no desplazó completamente a los cultos andinos, y en el largo plazo se extendió el sincretismo religioso, y a los santos católicos se le asignaron atributos o poderes de las divinidades andinas, como el control de los terremotos. Un caso de retorno al culto de las huacas ocurrió con ocasión de la erupción del volcán Huaynaputina en 1600, cuando los indios de La Chimba, creyendo que el Misti también podría hacer erupción, realizaron sacrificios de animales y ruegos al volcán para aplacarlo.

El caso más sonado de idolatría ocurrió a mediados del siglo XVIII en la localidad de Andagua, corregimiento de Condesuyos. El descubrimiento se produjo por casualidad, cuando las autoridades apresaron a Gregorio Taco, el líder indio de una revuelta contra el corregidor Joseph Arana, que protestaba por el incremento de los impuestos. En las investigaciones se descubrió que Taco era el cabecilla de una red de culto clandestino, que se reunía en el interior de una cueva cercana. En el lugar se encontró una momia de mujer, conocida como Cuyag Mama, a la que los naturales consideraban como una "madre amorosa que todo lo provee". Los curas retiraron las momias y procedieron a exorcizar la cueva. Luego llevaron las momias a la plaza de Andagua, donde fueron quemadas ante los lamentos de los indios, sobre todo cuando el cuerpo de Cuyag Mama fue arrojado a las llamas. Aunque Taco admitió su responsabilidad y fue encarcelado, las investigaciones se detuvieron en medio de conflictos jurisdiccionales entre las autoridades civiles y religiosas. Poco tiempo después algunos de los involucrados salieron libres y otros fugaron de la cárcel. En 1752, Taco estaba residiendo en la ciudad de Camaná.

## 3. La educación colonial

Entre los primeros habitantes de Arequipa se encontraba un grupo de españoles letrados, compuesto por eclesiásticos, funcionarios reales, escribanos, comerciantes, constructores y artesanos. Entre estas familias la educación era una preocupación, pues permitía mantener la posición o escalar en la estratificación social. Las de más altos ingresos contrataban a un maestro particular para la educación de sus hijos a cambio de un salario, casa y comida. Para las familias de menores ingresos, el cabildo contrató preceptores de primeras letras y abrió una escuela. En 1559, el maestro Alfonso López ejerció esta función por un año, con un salario de 150 pesos. Ante la ausencia de una universidad local, las familias criollas y peninsulares enviaban a sus hijos a España o a Lima. En el siglo XVII, las universidades de San Francisco Xavier de Chuquisaca y San Antonio Abad de Cusco eran destinos alternativos.

En el siglo XVIII, existían en Arequipa hasta cinco escuelas de carácter público: una fundada y sostenida por el obispo Antonio León, la del convento de Santa Catalina para niñas pobres y tres escuelas solventadas con fondos del cabildo, en donde estudiaban menores de bajos recursos. En estas escuelas se enseñaba doctrina cristiana, aritmética básica, lectura y escritura. Los métodos de estudio eran memorísticos, y no estaban ausentes los castigos y la palmeta. Las órdenes religiosas (mercedarios, franciscanos, dominicos, agustinos y jesuitas) también establecieron escuelas dentro de sus claustros y conventos. Estas instituciones buscaban atraer a los jóvenes de las familias notables a la vida religiosa, pues esto les significaba rentas regulares y donaciones.

A lo largo de los tres siglos de gobierno colonial, Arequipa no pudo hacer realidad el sueño de tener una universidad o una institución secular de educación superior, como un colegio mayor. No obstante, contó con el seminario de San Jerónimo, que desempeñaba la labor de formar a los jóvenes arequipeños con inclinaciones al sacerdocio. Este seminario fue fundado por el obispo Pedro Perea, de la Orden de San Agustín en 1619, aunque recién funcionó en 1622 en la calle San Francisco, hoy Palacio Arzobispal. El programa de estudios incluía latín, filosofía y teología. El seminario se caracterizaba por su escasa población estudiantil. A fines del siglo XVIII, contaba con un rector, un vicerrector y dos catedráticos (uno de lógica y otro de latín) y apenas una veintena de alumnos. Los mejores estudiantes se trasladaban al Cusco para continuar sus estudios y el resto se desempeñaba como monaguillos en la catedral. Este fue el panorama que observó en 1788 el obispo de Arequipa, Pedro José Chávez de la Rosa Galván y Amado, a su arribo a la ciudad.

Chávez de la Rosa realizó entre 1788 y 1804 una serie de reformas que convirtieron el seminario de San Jerónimo en una institución de renombre en el virreinato. Las obras incluyeron la refacción completa de las instalaciones, el incremento de las rentas regulares, la formación de un selecto cuerpo de profesores, la convocatoria a un alumnado seglar y religioso, nuevos métodos de estudios y cursos actualizados, y un nuevo reglamento, ajustado al Convictorio de San Carlos de Lima. Asimismo, se introdujeron nuevas asignaturas, como la aritmética, trigonometría, derecho canónico y lenguas orientales (hebreo, griego y árabe). La biblioteca se renovó con libros de la Compañía de Jesús, expulsada del imperio español en 1767, y de la propia biblioteca de Chávez de la Rosa,

Retrato del obispo Chávez de la Rosa. Llegó a Arequipa en 1788 e inició la reforma del Seminario de San Jerónimo. *Fuente*: Fundación de Estudios Universitarios "Francisco Maldonado" [Antigua Universidad de Osuna].

que comprendía cientos de volúmenes que llegaron del puerto de Cádiz en 52 cajones.

Los estudios en el seminario duraban seis años, y al terminarlos los egresados podían doctorarse en las universidades de Lima, Cusco, Huamanga o Chuquisaca. Asimismo, podían obtener el título de abogados, "previas prácticas forenses, en las Reales Audiencias". Durante el gobierno episcopal de Chávez de la Rosa, cerca de medio millar de estudiantes pasaron por las aulas del seminario, entre ellos futuros personajes de la historia política y cultural de Arequipa y del Perú, como Francisco Xavier de Luna Pizarro, Francisco de Paula González Vigil, Mariano José de Arce, Mariano Melgar, Hipólito Unanue, José María Corbacho, Benito Laso, Evaristo Gómez Sánchez y Francisco Quiros. Buena parte de ellos destacaría durante el proceso de independencia; por ello, se considera al seminario de San Jerónimo como un semillero de ideólogos liberales y republicanos.

Después del retiro de Chávez de la Rosa, el obispo Luis Gonzaga de la Encina cerró el seminario, pues lo consideraba una mala influencia para los jóvenes de la ciudad. Se restringió así el ingreso solo a los "mejor calificados", tras una minuciosa investigación de sus antecedentes familiares y sociales. El local de estudios continuó en el siglo XIX en la plazoleta de San Francisco, y en la segunda mitad del siglo XX se trasladó al distrito de Umacollo, donde permanece hasta la actualidad.

**El terremoto de 1784**

El 13 de mayo de 1784, cerca a las 7 de la mañana, Arequipa fue sacudida por un sismo en grado XI en la escala de Mercalli. La ciudad fue destruida y se calculó la muerte de medio centenar de personas y casi 500 heridos; los daños materiales sobrepasaron los 2 millones de pesos. El sismo tuvo un radio de acción de más de 100 kilómetros y fue antecedido por dos movimientos de regular intensidad. Una carta enviada por el cabildo al virrey Teodoro de la Croix al día siguiente señalaba que había durado unos cuatro minutos. Horas después se pudo comprobar la dimensión de los daños. Los edificios de la ciudad, particularmente la catedral, la iglesia de San Agustín, Santo Domingo, la Compañía de Jesús, La Merced, San Antonio y los conventos de Santa Catalina, Santa Teresa y Santa Rosa sufrieron daños considerables. También fueron afectadas las iglesias de los pueblos de los alrededores: Tiabaya, Cayma, Yanahuara, Paucarpata, Characato, Mollebaya, Quequeña, Chiguata y Pocsi; los viñedos de Vítor y el de Tambo quedaron prácticamente devastados.

Las viviendas de la ciudad sufrieron rajaduras severas, las que se agravaron por las réplicas. Por ello, los sobrevivientes optaron por ocupar temporalmente plazas, calles y huertas alojándose en carpas, toldos y barracas. Algunos vecinos abandonaron la ciudad buscando refugio en los campos, donde tuvieron que convivir con animales silvestres. A fin de dar tranquilidad espiritual a los feligreses, se levantaron tres altares en la plaza para celebrar misas. Los sacerdotes fueron urgidos a confesar y absolver a los fieles. Gran parte de la población formalizó sus relaciones de convivencia. Cerca de 460 personas "de toda clase y calidades" contrajeron matrimonio en esos días. Todo ello fue acompañado de solemnes procesiones como de la Soberana Esperanza, Nuestra Señora del Consuelo y otros santos patronos. Muchos años después, entre la población se siguió hablando y recordando el sismo de 1784.

# Capítulo III

## La economía

### 1. La producción de vinos y aguardientes

El papel económico-comercial que adquirió Arequipa en el sur andino es la clave de su diferenciación respecto a otras regiones de ese entorno. Arequipa no tuvo grandes minas como Potosí o ricos yacimientos de mercurio, como Huancavelica, por lo que fue la producción de vinos y aguardiente lo que le confirió prosperidad económica. Esta actividad se plasmaba en una mediana e incluso pequeña propiedad relativamente extendida, que distinguió a la región de otras partes de la colonia, donde predominaban las grandes plantaciones. La tradición vitivinícola se inició muy temprano. Los primeros encomenderos plantaron uvas y produjeron vino en pequeñas cantidades. Existen registros de viñedos para 1550, en los valles de Socabaya y Tiabaya, cuya producción se restringía al mercado local.

El auge productivo se vio favorecido por la explotación de las minas de Potosí en la segunda mitad del siglo XVI; ello obligó a conformar un circuito comercial destinado al abastecimiento de mineros y trabajadores. Potosí abrió de esta manera grandes posibilidades de negocios para los encomenderos relacionados con la incipiente producción de vinos y, posteriormente, aguardientes. Se sabe que ya en 1557 el cabildo de Arequipa comisionó a Hernando Álvarez Carmona para indagar acerca de la factibilidad de otorgar tierras en el valle de Vítor para la siembra de viñedos. En julio de ese año se midieron los terrenos y se repartieron

Recua de mulas transportando aguardiente en Arequipa, principal actividad mercantil de la época colonial. *Fuente*: Biblioteca de la Sociedad Geográfica Estadounidense, Bibliotecas de la Universidad de Wisconsin-Milwaukee.

entre los vecinos principales. Aunque se trataba de pequeñas y medianas propiedades, la tierra era buena y el clima adecuado para iniciar la siembra de la viña. A mediados de 1570, gran parte del valle estaba cubierto de vides y para 1580 el cultivo de uva y la elaboración de vinos se habían expandido a los valles de Siguas, Majes y Tambo.

La expansión de la agricultura comercial consolidó la especialización de los valles de la costa en la producción de vinos, desplazando a la producción andina, que había caracterizado al periodo prehispánico. Dada la concentración de la población española en los valles que producían vides y en la campiña arequipeña, donde se cultivaban productos de panllevar, muchos españoles trabajaban la tierra en calidad de "propietarios, arrendatarios o incluso jornaleros". En Camaná, donde se producía azúcar, olivares y productos de panllevar, los españoles eran en el siglo XVIII el 51% de los 10.032 habitantes locales. Las castas libres sumaban el 17%, los indios el 12%, los mestizos 10% y los esclavos el 9%. Esta distribución, nos dice Buller, revelaría la importancia del trabajo libre en la región, situación que contrastaba con las provincias de altura, como Condesuyos y Caylloma, donde la población india era mayoritaria y la agricultura predominantemente andina, que rendía papa, maíz, olluco y habas.

Los cultivos de origen español fueron la clave en las exportaciones de la región en un contexto de relativa prosperidad. La producción, que inicialmente no había pasado de unas decenas de botijas de vino al año, se elevó hasta alcanzar en la década de 1590 las 200.000 botijas, con un valor de un millón y medio de pesos por año. Estos vinos se exportaban a Cusco, Potosí, Lima, Trujillo e inclusive a Panamá. Según Keith Davies, "a finales del siglo XVI, los arequipeños disfrutaron de uno de sus más prósperos periodos". Comerciantes, arrieros y acopiadores pululaban por los valles para llevar cargas de vino a los puertos. Otros seguían los caminos que conducían a Cusco y a Puno. Se ha dicho muchas veces que Potosí incentivó y articuló la producción agraria, pero no es menos cierto que sin estas economías regionales habría sido poco viable la manutención de los más de 100.000 habitantes que llegó a tener el gran centro minero.

Lejos de ser un paisaje idílico, el cultivo de vides enfrentó también algunos reveses ocasionados por los desastres naturales, como el sismo del 19 de febrero de 1600, originado por la erupción del volcán Huaynaputina, ubicado a unos ochenta kilómetros de la ciudad. El movimiento telúrico destruyó Arequipa y paralizó la economía local. Se perdieron cosechas enteras de fruta, olivos y uvas debido a la densa ceniza que cayó sobre los campos. Vítor, Siguas y Majes estuvieron entre los valles más afectados. Poco después, en 1604, otro terremoto con epicentro en las costas de Arica volvió a castigar a la región. La ciudad se cubrió de escombros y hubo severos daños en los viñedos, aunque sin la terrible ceniza volcánica de 1600. Estos desastres interrumpieron el abastecimiento de vinos a los mercados de Lima y Trujillo. Para cuando la viticultura arequipeña se recuperó, Ica y Pisco se habían convertido en los proveedores de los mercados del centro y norte del Perú. No obstante, en las primeras décadas del siglo XVII, la población urbana creció y la demanda de vinos tendió al alza. Entre los años 1626 y 1631, el valle de Vítor alcanzó una producción de 80.000 botijas por año. Si a esto le

Grabado del puerto de Islay. *Fuente*: *Atlas Geográfico del Perú* de Mariano Felipe Paz Soldán (1865).

agregamos la producción de Siguas y del valle de Moquegua (por entonces bajo jurisdicción de Arequipa), la región volvió a sobrepasar las 200.000 botijas anuales.

A fines del siglo XVIII, la producción en los valles se había incrementado hasta las 500.000 botijas de vino anuales. Solo el valle de Moquegua, el más productivo, sumaba entre 250.000 y 300.000 botijas. Además, el comercio de vinos alentó el arrieraje, una actividad lucrativa y especializada que vinculaba la región con el norte argentino, Córdoba y Tucumán, de donde provenían buena parte de las mulas. Para realizar su tarea, los indios arrieros usaban odres de piel de cabra, por ser más adecuados para el lomo de las bestias que los antiguos cántaros de cerámica. El costo por carga de Arequipa a Puno era de 6 pesos y a Potosí se pagaba 24 pesos. En el valle de Vítor, la producción de vinos y aguardiente oscilaba entre las 80.000 y 120.000 botijas. Tres cuartas partes del aguardiente se enviaban a la ciudad de Arequipa, la sierra de Puno y La Paz. El mercado paceño compraba en 1791 cerca de 275.000 pesos en vinos y aguardientes arequipeños, de los que 60.000 correspondían al valle de Vítor. Pese a su limitada extensión y a contar solo con 107 haciendas (frente a las 480 de Majes y las 240 de Moquegua), Vítor gozaba de la gran fertilidad de sus suelos. Debido a su cercanía a la Ciudad Blanca, allí se hallaban las propiedades de familias importantes, como los Goyeneche, los Cossío, los Gamio, los De la Fuente, los Masías, los Bustamante, los Barreda y los Benavides. Estas familias dominaban el gobierno de la ciudad, hasta el punto de que en 1773 todos los regidores del cabildo poseían viñedos en el valle de Vítor.

En 1784, la producción de vinos en Vítor alcanzó las 110.000 botijas. El valor de la agricultura de Arequipa se estimaba en la *Guía de forasteros* de 1796 en casi dos millones de pesos, y en las dos décadas previas a la independencia, la región superó todos los registros de producción anteriores. En 1810, los tres valles llegaron a producir 600.000 botijas de vino y en 1816 alcanzaron las 643.715. Esta tendencia creciente se mantuvo hasta la década 1830, cuando la producción de vinos empezó a decaer y fue reemplazada por la lana de oveja como eje de la economía regional.

## 2. Las importaciones y el comercio regional

La ciudad de Arequipa fue sede de un nutrido grupo de comerciantes que importaba bienes manufacturados de Europa para el mercado local, así como para su distribución en el sur andino y en los mercados de La Paz y Potosí. Casas mercantiles, recuas de mulas cargadas de mercancías, comerciantes y vendedores al detalle dinamizaron la sociedad regional, compuesta inicialmente por encomenderos, propietarios de solares, religiosos, funcionarios reales, artesanos e indios. El comercio de mercancías importadas (denominadas “efectos de Castilla”) dependió de los grandes almacenistas limeños, agrupados en el Tribunal del Consulado. Los comerciantes de Arequipa, por lo general, no

Pancho Fierro, *El que trae aguardiente de Ica,* 1820.
*Fuente*: Pinacoteca Municipal Ignacio Merino, Municipalidad de Lima.

participaban del gran comercio internacional, sino del circuito del sur andino y del Alto Perú. Eran los "agentes regionales" de la red mercantil que enlazaba los Andes con el comercio internacional.

Algunos historiadores señalan que en el siglo XVII la economía colonial se había desarrollado a tal punto que los mercados regionales, independientemente de los centros mineros, generaban una demanda importante de mercancías importadas y productos locales. Esta tendencia se consolidó en el siglo XVIII. En el caso de Arequipa, John Wibel señala que por entonces la ciudad era "el mayor depósito para el comercio entre Lima y el Alto Perú". Los artículos importados eran principalmente tejidos de lana, seda y algodón, que provenían de Inglaterra. En menor medida, se introducían paños de Segovia y linos y encajes de Barcelona. Igualmente se importaba hierro de Vizcaya y mercurio de Almadén (Córdoba). Efectos de menor importancia eran espejos, porcelana, papel, sombreros y peines. Este animado comercio se debía sobre todo a la demanda de la numerosa población española y mestiza de la Ciudad Blanca.

El comercio de la región se conectaba con Lima mediante un sistema de cabotaje, que partía del Callao y terminaba en los desembarcaderos, caletas o puertos menores de la costa arequipeña: Iquique, Arica, Ilo, Mollendo y Quilca. Arica tenía las mejores condiciones portuarias, y era el punto de ingreso de mercancías y de salida de la plata de Potosí. Las rutas comerciales continuaban, por vía terrestre, a cargo de arrieros que conducían sus cargas a las provincias de la sierra y a algunos valles de la costa, como Caravelí, Camaná y Vítor. El transporte de mulas era una actividad lucrativa para los indios y los mestizos que se dedicaban a ella. De Arequipa a La Paz se pagaban de 10 a 12 pesos por mula, lo mismo que a Tacna y Arica, mientras que la tarifa a Potosí era de 24 a 25 pesos.

En la segunda mitad del siglo XVIII, la actividad mercantil se vio impulsada con la llegada de un grupo de inmigrantes vascos y navarros que se dedicaron al comercio. Otro factor fue el libre comercio decretado en 1778 por las autoridades españolas, que abrió el tráfico comercial entre los puertos de la Península y sus colonias. Gracias a esta medida, Arica inició el comercio directo con Sevilla. En Arequipa había 112 personas dedicadas al comercio en 1785. Teniendo en cuenta que la ciudad tenía 22.000 habitantes, había un comerciante por cada 200 personas. Muchos de estos comerciantes eran lo que se conoce como vendedores al detalle o minoristas. De acuerdo con los registros de aduanas, la mayoría de las importaciones estaba por debajo de 1000 pesos, y solo en raras ocasiones los montos superaban los 20.000 pesos.

Obispo Martínez de Compañon, *Elaboración de chicha*.
*Fuente*: Códex Trujillo, siglo XVIII.

Este comercio a larga distancia se complementaba con la compra y venta de productos locales, como azúcar, carne, coca, lana, madera y cuero. Este circuito tenía como eje la ciudad de Arequipa, e integraba la producción de maíz y trigo de los valles de Tambo, Camaná, Caravelí, Quilca, Caylloma y Cotahuasi. En 1780, la ciudad consumía alrededor de 40.000 fanegas de trigo, que abastecían a 15 molinos y 94 panaderías. Asimismo, 90.000 fanegas de maíz se utilizaban principalmente para la fabricación de chicha. Según el cronista Ventura Trabada y Córdova, en

1752, existían cerca de 3000 chicherías en la ciudad y su entorno. Esta demanda de trigo y maíz se cubría mediante la producción local, y un pequeño excedente se vendía además en Moquegua y Puno. Por lo demás, estos datos indican la tendencia al alza de la economía regional de las últimas décadas del periodo colonial.

## 3. La actividad minera

La minería de plata o argentífera fue uno de los ejes de la economía colonial. En torno a su explotación se articularon gran número de actividades económicas, como el comercio de provisiones para los centros poblados, el arrieraje de mulas para el transporte de la plata, la producción agropecuaria para el consumo de los trabajadores, y la explotación y el transporte del mercurio de las minas de Huancavelica. En Arequipa, la actividad minera fue secundaria en comparación con la producción de Potosí o Cerro de Pasco, y el valor de su producción fue muy inferior a los rendimientos de los vinos y aguardientes. La extracción básicamente se limitó a Caylloma y Huantajaya, donde llegaron a explotar 53 pequeñas minas de plata y una de oro, en las que trabajaban únicamente 84 mineros y 649 operarios.

Las minas de Caylloma estaban ubicadas a más de 4000 metros de altura. Descubiertas en 1620, debido a su pureza se pensó inicialmente que podían convertirse en un "nuevo Potosí". En 1630, la Corona ordenó establecer una caja real y diez años después el virrey Álvarez de Toledo asignó una mita de 800 indígenas. Sin embargo, en las postrimerías del siglo XVIII la producción de plata llegó a sus niveles más bajos. Al iniciarse la rebelión de Túpac Amaru en 1780, las autoridades suspendieron la explotación para evitar que la plata cayera en manos de los insurgentes y cerraron la caja real; luego, trasladaron los depósitos de mercurio a la ciudad de Arequipa.

Entre los problemas que explican esta baja producción estaban la carencia de capitales, la escasa mano de obra disponible en la zona cercana a las minas y el agotamiento del mercurio de las minas de Huancavelica. Debido a esto último, tuvo que importarse el mercurio de Almadén, en España, que era mucho más caro que el mineral huancavelicano. Para revertir la decadencia minera, en 1786 se creó la

## El mito de la "ciudad blanca"

Porcentualmente el número de españoles en la ciudad pudo haber sido el más alto del virreinato peruano y de Hispanoamérica. Sin embargo, lo español era una categoría social, y ello se puede comprobar con los testimonios de viajeros de las primeras décadas del siglo XIX, como el alemán Heinrich Witt o los franceses Eugene de Sartiges y Flora Tristán.

Heinrich Witt, alemán que visitó Arequipa en noviembre de 1824 y terminó radicando en nuestro país hasta su muerte, acaecida en 1892, escribió un testimonio del Perú durante el siglo XIX. Refiriéndose a Arequipa señaló que al llegar: "Se me dijo que la población de Arequipa llegaba alrededor de 30.000 personas, dentro de la cual la proporción de gente realmente blanca es muy pequeña". Flora Tristán, célebre feminista francesa, quien visitó la ciudad algunos meses de 1834 y se alojó en casa de su tío Juan Pío Tristán y Moscoso, señala en sus *Peregrinaciones de una paria*: "La población de Arequipa, comprendiendo la de los arrabales, se eleva a 30 o 40.000 almas, se puede considerar que se compone poco más o menos de una cuarta parte de blancos, otro tanto de negros o mestizos y la mitad de indios". Eugene de Sartiges, noble francés, que al igual que su compatriota Flora Tristán coincidió en la ciudad de Arequipa en 1834, decía de las mujeres de la ciudad que tienen "la carne morena, pero de buen color y los ojos negros".

Nicolás Sánchez-Albornoz señala que inicialmente la población indígena de Arequipa fue importante, pero disminuyó a causa de las enfermedades que vinieron con los españoles, los terremotos y las fugas masivas. Para contrarrestar la disminución de mano de obra, las autoridades trajeron grupos indígenas de otras regiones en calidad de "indios forasteros", y que, a diferencia de los mitayos o de los indios de repartimiento, se dedicaron a ocupaciones libres como el artesanado y el comercio callejero. Estas actividades resultaron atractivas en una ciudad donde la "tradición artesanal era aún débil" pero necesaria, dadas las continuas reconstrucciones que se hicieron a causa de los violentos terremotos (1582, 1600 y 1604). Las actividades artesanales-mercantiles confirieron a los indios libertad de movimiento e interacción fluida con los otros sectores sociales que acortaron las distancias sociales. En palabras de Sánchez-Albornoz:

"Arequipa se blanqueó, sobre todo mentalmente, al desistir de mantener a los forasteros aparte".
Esta situación era muy particular, pues, en el imaginario de la época, el indio estaba asociado con las actividades agrícolas y era fácilmente reconocido por aparecer en los padrones de los contribuyentes del tributo indígena. En cambio, los indios de la ciudad, al dedicarse a actividades no agrícolas, acumular cierto respaldo económico y adquirir "costumbres urbanas", podían reclamar ser incluidos en la categoría de españoles. Esto es lo que parece que sucedió al momento de ser censados; de ahí el excepcional porcentaje de españoles en el censo ordenado por el virrey Francisco Gil de Taboada y Lemos (1790-1796). En efecto, el fenómeno de "blanqueamiento mental" al que alude Sánchez-Abornoz se experimentó en el resto de ciudades hispanoamericanas, pero en ninguna alcanzó la magnitud que tuvo en Arequipa, donde el 71,4% de la población urbana fue registrada como española. Aunque para los arequipeños de la época colonial dicha categoría tuvo connotaciones sociales, con el tiempo un fuerte sentimiento de orgullo local lo elevará a cualidad racial, dando lugar al mito moderno de "ciudad blanca".

Diputación Minera de Caylloma, que, junto a las otras siete diputaciones del virreinato (Hualgayoc, Huarochirí, Cerro de Pasco, Curahuasi, Lucanas, Castrovirreyna y Huantajaya), integraba el Tribunal de Minería de Lima. Para 1799 había en Caylloma 12 asientos mineros en producción, trabajados por unos 3 mineros y 114 operarios, mayormente indígenas. Aun así, en 1802 la caja real de Arequipa agotó sus existencias de mercurio y el trabajo se detuvo durante algún tiempo.

Las minas de San Agustín de Huantajaya, Santa Rosa y Carmen, por su parte, se ubicaban en el desierto costero de Tarapacá, una zona que por entonces estaba bajo la jurisdicción de Arequipa. Huantajaya, según la tradición, fue redescubierta en 1680 por el minero tarapaqueño Juan de Loayza y Valdés, y fue explotada desde 1718 por su hijo Bartolomé. A finales del siglo XVIII, llegó a rendir hasta 5000 marcos de plata por cajón de mineral. En 1765, el visitador de minas de Tarapacá, Antonio O'Brien, afirmaba que sus vetas eran "de plata maciza, que se cortaba a cincel, de modo que verdaderamente merecía el nombre de Mina de Plata". Esta riqueza fue, sin embargo, efímera. A inicios del siglo XIX, la producción de plata decayó como consecuencia del agotamiento de las vetas. También jugaba en contra de las minas el hecho de situarse en medio de uno de los desiertos más áridos del mundo. Además, los costos de producción eran muy elevados, pues había que transportar todo lo necesario para el trabajo minero y la mantención de los trabajadores: agua, alimentos, combustible y herramientas.

En las últimas décadas del siglo XVIII, Caylloma y Huantajaya producían en promedio unos 70.000 marcos de plata al año, equivalentes a 600.000 pesos, mientras que la producción agrícola superaba largamente los dos millones de pesos. Debido a que la producción de plata era irregular y a que predominaban las pequeñas empresas, no fue una actividad que enriqueciera en gran manera a sus promotores.

## 4. Los obrajes y la producción de textiles

A la llegada de los españoles, la sociedad andina contaba con una larga experiencia en la producción de tejidos, ya fueran finos para la nobleza o rústicos para el pueblo. Estos tejidos eran parte de las contribuciones que los señores locales realizaban al inca para su política de redistribución. Por esa razón fueron incorporados como parte de los tributos que los indios debían entregar al encomendero. En los registros coloniales son comunes las listas de entrega de ropa de avasca (corriente) y de cumbi (fina). Por ejemplo, se sabe que en 1565 el encomendero Lucas Martínez Vegazo recibió 360 piezas de ropa como parte del tributo, que fueron llevadas a Potosí y vendidas a un precio de cuatro pesos cada una. Por la misma época, Gómez Hernández estableció un obraje en La Chimba, muy cerca de la actual iglesia de Yanahuara, donde producía cordellates, paños, sayales, frazadas y tocuyos, para lo cual contrató al maestro español Francisco Muñoz, experto en la confección de paños y frazadas. En estos obrajes se realizaba el tundido, el urdido y el hilado de las lanas. La fuerza de trabajo estaba conformada por españoles, indígenas y esclavos. La mano de obra indígena era voluntaria y forzada, esta última captada a través del sistema de la mita. En 1575, sesenta mitayos producían 7600 varas de tejidos rústicos, que se vendían en Potosí a precios que oscilaban entre un peso la vara de sayal y dos pesos la de bayeta.

Aunque desde el siglo XVI existían obrajes en los alrededores de la ciudad, propiedad de particulares y de órdenes religiosas, así como obrajillos de comunidades en Chuquibamba, Viraco o Machaguay, la industria obrajera de Arequipa no llegó a las dimensiones de la existente en ciudades como Cusco o Huamanga. Una de las razones de esta relativa pobreza de la producción local era que la población española de Arequipa, componente principal de la ciudad, consumía paños y sedas importados de la Península. Así, los 68 telares que funcionaban a fines del siglo XVIII producían tejidos rústicos (tocuyos, frazadas, pellones y alfombras) para el mercado altoandino y para uso de la población indígena y popular de la región.

# TERCERA PARTE

## Arequipa republicana, siglo XIX

La toma de la ciudad de Arequipa del 7 de marzo de 1858. De autor Anónimo.
Resguardado en el Museo Nacional de Historia. *Fuente*: Wikipedia 

El siglo XIX es un periodo fundamental en la formación del Perú contemporáneo; un proceso complejo y de tendencias no siempre claras, en el cual se edificaron las instituciones que rigen la sociedad y la política nacional. En medio de disputas políticas sin fin, Arequipa pugnó por constituirse como un polo sociopolítico capaz de contrarrestar el creciente poder de Lima. Destacan así dos momentos: el ciclo político revolucionario de 1834 a 1868, en el que la Ciudad Blanca juega un papel protagónico en las sublevaciones caudillistas, y la controvertida actuación arequipeña en la guerra con Chile, cuando el ejército asentado en la ciudad, dirigido por el presidente provisional Lizardo Montero, no llegó a batirse con las fuerzas chilenas, disolviéndose en un torbellino de contradicciones y reproches.

En el aspecto económico, la Arequipa del siglo XIX se caracterizó por el dinamismo del llamado "ciclo de la lana", que se extendería aproximadamente entre 1830 y 1930. A diferencia de las economías de Lima y la costa norte, estimuladas por los ingresos de la exportación del guano, el factor clave de la economía del sur andino fue la demanda de lanas del mercado internacional, particularmente de las manufacturas inglesas. Con la apertura de casas comerciales nacionales y extranjeras en la ciudad, Arequipa se integró a una compleja red comercial, que empezaba en las haciendas y comunidades de las alturas, pasaba por el acopio de los almacenes y el transporte marítimo, y terminaba en las hilanderías inglesas. Existieron además otras formas de articulación de las economías rurales de la región: las haciendas y comunidades indígenas que producían para el autoconsumo y para un mercado local que se recuperaba tras la independencia. Asimismo, a finales del siglo XIX la actividad minera reapareció y estimuló el comercio y la producción agropecuaria y artesanal.

El siglo XIX también trajo cambios sociales y culturales. La independencia instaló las nociones de igualdad y modernidad en una sociedad altamente jerarquizada y religiosa. La educación se convirtió en una aspiración general y las élites modernizadoras se movilizaron para promoverla. Algunas costumbres coloniales cayeron en desuso o fueron desplazadas por nuevas conductas, en parte influenciadas por la cultura europea occidental. Valores sociales como el honor, que en la época colonial estaban asociados a las familias de alcurnia, pasaron a formar parte del lenguaje de los grupos populares, que reclamaron que el trabajo y la responsabilidad familiar eran también atributos de honorabilidad. Incluso la propia ciudad se transformó, sobre todo a partir del sismo de 1868, que dio paso a un proceso de intensa reconstrucción que afectó al paisaje físico y la vida social arequipeña.

# Capítulo I

## La independencia y el inicio de la República, 1821-1830

El complejo y contradictorio proceso de independencia del Perú solo se entiende en el contexto de la crisis política desencadenada en la Península Ibérica con la captura de los monarcas españoles Carlos IV y su hijo Fernando VII, en 1808, por las tropas de Napoleón Bonaparte. La ausencia de los soberanos desencadenó la resistencia popular en España, al tiempo que resurgían planteamientos de origen medieval que señalaban que, en ausencia del monarca, la soberanía retornaba a los pueblos y comunidades del imperio español. Para dar respuesta a la crisis, las provincias españolas se organizaron en juntas de gobierno, integradas por vecinos notables, que tomaban para sí las funciones gubernamentales, dejando de lado a los funcionarios de la Corona. Estas juntas tomaron las armas para resistir a los franceses, convirtiéndose de hecho en órganos de poder. Una actitud similar, aunque sin ocupación francesa, sucedió en las principales ciudades de Hispanoamérica, con excepción de Lima, donde no se organizó ninguna junta de gobierno porque allí se hallaba el principal centro del poder virreinal. De ahí que las guerras de independencia tuvieran en nuestro país características especiales, marcadas por las intervenciones de fuerzas procedentes de otras regiones del antiguo imperio español y por la resistencia a ultranza de los partidarios del orden colonial. En este escenario contradictorio, Arequipa se convirtió en un importante espacio de apoyo político y militar a la Corona española. La ciudad del Misti pasó a ser, junto con Cusco y Ayacucho, el eje principal de la resistencia de las fuerzas militares realistas en el Perú.

## 1. Ciudad fidelista y liberal, 1821-1824

En 1821, luego de varios meses sitiado por el ejército de San Martín, el virrey La Serna abandonó Lima y se desplazó hacia Ayacucho y posteriormente a Cusco, donde instaló su base político-militar. Este movimiento significaba para el bando realista priorizar el control de las grandes ciudades andinas, Arequipa incluida, y de las áreas rurales que aseguraban el abastecimiento de sus tropas y el reclutamiento de soldados. Así, el sur andino, que había sido escenario de rebeliones como la de Túpac Amaru (1780) y la de los hermanos Ángulo (1814), pasaba a convertirse en el corazón de la resistencia realista. Desde la antigua capital inca, La Serna estructuró una red de autoridades que garantizara el cobro de impuestos, la administración de justicia y la reorganización de su ejército. Un puntal de apoyo importante para el gobierno virreinal era la Iglesia católica de Arequipa, dirigida por José Sebastián de Goyeneche, un prelado fidelista, miembro de una encumbrada familia aristocrática de la región y personaje fundamental en el doble tránsito de la Colonia a la República en Arequipa y de la Iglesia colonial a la Iglesia republicana en el Perú.

Pese a las limitaciones de una situación de guerra, Arequipa siguió desempeñando su papel de ciudad comercial. Bajo la administración del brigadier Juan Bautista de Lavalle y Sagasti, miembro de una familia noble de Lima, se procedió a liberalizar el comercio debido al apremio por obtener ingresos fiscales antes que por un convencimiento de las bondades de la medida. Dado el control del Callao por las fuerzas de lord Cochrane, aliado de los rebeldes, Arequipa se convirtió en el centro de operaciones de los comerciantes españoles y extranjeros, quienes se beneficiaron de la apertura mercantil y apoyaban al régimen colonial. Otro elemento que otorgó rasgos liberales al gobierno de La Serna fue la aplicación de la Constitución de Cádiz, restaurada en España con la revolución del general Rafael Riego. Durante el denominado "trienio liberal" (1820-1823), se fortalecieron los cabildos constitucionales dentro de un ambiente general de fidelismo que no cuestionó la dependencia política de España. Esta experiencia liberal previa a la independencia explica que, luego de la capitulación de Ayacucho, Arequipa transitara sin grandes sobresaltos al régimen republicano.

Retrato de José Sebastián de Goyeneche y Barreda, Obispo de Arequipa en el tránsito de la Colonia a la República.
*Fuente*: Wikipedia 

La participación militar de Arequipa en el bando español tuvo importantes repercusiones en el desarrollo estratégico de la guerra. La ubicación de sus puertos (Iquique, Arica e Ilo), sus conexiones con el sur y con el Alto Perú, su densidad demográfica, unida en muchos casos a la fidelidad indígena a la Corona, así como la producción y exportación de plata y vinos constituían por sí solos una fuente segura de recursos que sostuvieron la prolongada resistencia militar del último reducto español en América del Sur. El fracaso de desembarcos patriotas en las Campañas de Intermedios, uno en Iquique y Arica en enero de 1823 y otro solo en Arica en junio de ese año, demostraron la importancia que esta región tenía para la causa monárquica. Las operaciones no solo desarmaron un ejército patriota de 5000 soldados, conformado por porteños, chilenos y peruanos, sino que los tempranos reveses de la primera campaña alimentaron en el bando independentista el Motín de Balconcillo (febrero de 1823), el primer golpe de Estado perpetrado en el Perú contra la Junta de Gobierno que había reemplazado a José de San Martín.

La ocupación de Lima entre junio y julio de 1823 por José de Canterac, general francés al servicio de la Corona española, profundizó la crisis entre los congresistas, por lo que incluso algunos se pasaron al campo realista. Para evitar la derrota independentista, el Parlamento decidió convocar a Simón Bolívar para que asuma la conducción de la guerra en el Perú. Esta medida supuso doblegar a Riva-Agüero, quien terminó exiliado del país. En este contexto, Antonio José de Sucre, general de Bolívar, marchó para ocupar Arequipa el 31 agosto de 1823, y al poco tiempo impuso contribuciones y préstamos forzosos a la ciudad, hecho que provocó gran malestar en la opinión pública. Los sectores altos, medios y bajos de la población debían contribuir con el avituallamiento del ejército si no querían soportar las requisas del ejército libertador y la ocupación forzosa de sus hogares. Sin embargo, el fracaso de la campaña militar de intermedios obligó a Sucre a evacuar la ciudad el 1 de octubre. El brigadier Valentín Ferraz atacó a los soldados patriotas que aún permanecían en la ciudad, y por unas horas las calles de Arequipa fueron escenario del enfrentamiento entre ambos bandos, pero sin mayores consecuencias para definir el curso de los acontecimientos bélicos.

Las derrotas de Sucre y la recuperación de la ciudad por el ejército realista restauraron el clima fidelista de la región. Arequipa, que se había ganado el título de "fidelísima" en 1805 por su defensa del régimen colonial frente a la sublevación de Túpac Amaru, comenzaba a mostrar el espíritu particular que caracterizaría sus relaciones con el resto del país durante los siguientes dos siglos.

## 2. De la adhesión a la independencia y el signo de Bolívar

La batalla de Ayacucho del 9 de diciembre de 1824 y la capitulación del virrey La Serna terminaron con cualquier posibilidad de restauración realista en el Perú. Ante lo irreversible de la independencia, las ciudades ocupadas por las autoridades españolas comenzaron a manifestar su adhesión a la República. Hay que tener en cuenta, sin embargo, que el apoyo de Arequipa a la causa realista no había sido completo. Ya los generales Jerónimo Valdez y José Carratalá habían manifestado su malestar por la pobre disposición de la ciudad para brindar un apoyo efectivo en cuanto a logística y materiales.

En el bando contrario, Sucre experimentó la misma sensación en los 39 días que estuvo en Arequipa. En ambos casos, los arequipeños habían mostrado una disposición a defender sus propios intereses regionales por encima de bandos e ideologías. Desde la historiografía tradicional, la actitud arequipeña durante las guerras de independencia se ha caracterizado como oportunismo pragmático. Sin embargo, estudios más recientes muestran que esta es una perspectiva centralista de la historia peruana, que olvida que en Arequipa existió una importante identidad regional desde la época colonial. Durante las guerras de independencia, la actitud de los arequipeños se explicaría por la defensa de sus intereses y por la existencia de proyectos regionales propios, y no por una presunta carencia de identidad nacional.

El mariscal de campo arequipeño Pío Tristán, nombrado como virrey del Perú por la Audiencia del Cusco en diciembre de 1824 renunció a su cargo el 30 de diciembre. En su lugar se instaló la República con un régimen de organización prefectural, siendo designado primer prefecto del departamento, Francisco de Paula Otero, por lo cual le correspondió organizar la transición de la antigua intendencia al nuevo régimen republicano. El cabildo en pleno, los alcaldes y las principales autoridades eclesiásticas, junto a los jefes militares independentistas, en buena parte colombianos, venezolanos y argentinos, reunidos en la plaza mayor de la ciudad, manifestaron su adhesión a la República el 6 de febrero de 1825. El mismo ritual se repetiría una semana después en los pueblos del interior de la antigua intendencia.

Simón Bolívar llegó a Arequipa en mayo de 1825. Este viaje tenía como propósito suavizar la oposición de las regiones y de los sectores que habían sostenido al ejército realista, cuya adhesión a la República era aún precaria. Durante su permanencia en Arequipa, las élites locales no perdieron la oportunidad de agasajar al caudillo con fiestas y celebraciones. Las galas se prolongaron hasta que los invitados partieron poco más de una semana después al Cusco y a Puno. El Libertador no se fiaba de la repentina adhesión de los arequipeños a la República. Le preocupaba que el coronel Francisco Paula Otero, incumpliera sus

Grabado de la ciudad y valle de Arequipa.
*Fuente*: Paul Marcoy, 1840.

obligaciones de recaudar impuestos y asegurar la obediencia de los vecinos de la ciudad, muchos de ellos de origen español, al nuevo régimen. Cabe señalar que esta situación era común a las élites nobiliarias y políticas del resto del país. Acechado por las resistencias de las familias notables de Lima y de las ciudades del sur, Bolívar tuvo que llevar a cabo una intensa campaña de intimidación y persuasión para que estos sectores sociales mantuvieran su lealtad a la República.

Bolívar también desconfiaba del obispo Goyeneche, profundamente identificado con las posiciones regalistas de la Corona española y crítico de la facultad del Gobierno para el nombramiento de prelados y el destino que debía darse a los bienes de la Iglesia en la construcción del nuevo regimen. Estas tensiones explican la temprana oposición al gobierno de Bolívar, tensión que no impidió, sin embargo, que a la larga se llegara a una coexistencia pacífica entre la Iglesia y el nuevo Estado republicano. La Iglesia, al ser la única institución organizada sobreviviente del antiguo régimen, era un soporte necesario para la nueva república.

En la percepción del Libertador, la inestabilidad peruana amenazaba la independencia de toda región, más aún cuando no era descartable una reagrupación realista apoyada por la Santa Alianza (Austria, Prusia y Rusia) contra las nuevas repúblicas. La Santa Alianza había logrado la restauración en España del absolutismo en 1823 y se proponía recuperar los dominios españoles en América. Para Bolívar era necesario unificar a las emergentes naciones americanas en un modelo político federativo, capaz de cohesionarlas bajo su mando contra las amenazas restauradoras de España y de la Santa Alianza.

En Arequipa, Bolívar convocó a la elección de nuevos representantes para el Congreso que redactaría la nueva Constitución. La fórmula deseada por Bolívar combinaba elementos federales y monárquicos. La Asamblea Constituyente se reunió entre marzo y abril de 1826, y se caracterizó por los continuos conflictos entre el gobierno bolivariano y la minoritaria representación liberal del Congreso, entre quienes destacaban los arequipeños Francisco Javier de Luna Pizarro, Evaristo Gómez Sánchez y Francisco de Paula González Vigil. Temerosos de que Bolívar implantase una dictadura perpetua, los liberales se oponían a las restricciones impuestas por el Gobierno a las personas electas en cada departamento para la redacción de la Constitución. La respuesta del Libertador fue destituir a la representación liberal y suspendió la elección de nuevos representantes. Con estos problemas, la constitución vitalicia bolivariana se promulgó en diciembre de 1826, aunque apenas tuvo poco más de un mes y medio de vigencia.

Más allá de estos conflictos políticos, las dificultades de Arequipa para contribuir a la causa libertadora eran reales. La ruina de la caja fiscal y de las finanzas, la falta de personal para el cobro de tributos e impuestos y la caída de la producción agrícola hacían difícil que la ciudad se involucrara plenamente en la construcción del nuevo Estado.

## 3. La independencia y la sociedad arequipeña

Arequipa se caracterizaba por la centralidad de la Iglesia católica en la vida social, marcada por las fiestas y ritos religiosos. La ciudad y los pueblos relucían de templos, iglesias y monasterios. La afirmación de la unidad familiar y la obediencia a la autoridad masculina eran los ejes de la conducta de los miembros de un hogar. Arequipa presumía de ser la "Roma de América". El sacerdote ocupaba el primer plano de la consideración social y al obispo se le saludaba postrándose de rodillas y besándole el anillo. No era inusual, pese a la prohibición del obispo Chávez de La Rosa, la flagelación pública. Inclusive avanzado el siglo XIX se mantenía este tipo de prácticas, ya desaparecidas en otras partes del Perú.

En la vida social, la institución del mayorazgo era plenamente vigente para garantizar el derecho del hijo primogénito a heredar el conjunto de los bienes familiares. Este era un mecanismo de origen medieval que evitaba la división del patrimonio familiar y concentraba la autoridad en el padre, quien destinaba una dote a las hijas sea para contraer matrimonio o decidir su reclusión en un convento. Por lo general, las familias notables conservaban el prestigio de sus apellidos fundando capellanías que ofrecieran misas en honor de la memoria y el alma de los difuntos. Estas capellanías expresaban el espíritu religioso de la sociedad arequipeña, pero su proliferación afectaba a la economía, ya que retiraban de la circulación capitales que podían emplearse en actividades productivas. Debido a ello eran mal vistas por las autoridades políticas, y fueron abolidas a mediados del siglo XIX.

Aunque la Iglesia católica fue una institución bastante conservadora, desde su seno también se difundieron las nuevas corrientes ideológicas y doctrinarias. Ya antes de la independencia, el obispo José Chávez de la Rosa había introducido el pensamiento ilustrado. De las instituciones educativas religiosas, entre las que destacaron el Seminario Conciliar de San Jerónimo (fundado en 1619) y el Colegio San Francisco de Asís (fundado en 1830), emergió una élite liberal que cumplió un papel importante en los debates ideológicos de la independencia y en los procesos políticos de la temprana República. De las aulas del Seminario Conciliar egresaron Mariano Melgar, clérigos que se pronunciaron por

**Colegio de Educandas**

Aunque muchas mujeres recibían formación básica en sus hogares o en las escuelas de los monasterios o del cabildo, Arequipa no tuvo una institución exclusiva para la educación de mujeres hasta principios del siglo XIX. La iniciativa fue del presbítero Jorge Antonio del Fierro y Velarde, quien gestionó ante la Corona española el establecimiento de una escuela para niñas pobres de la ciudad. Concedida la autorización real, el Colegio de Educandas empezó a funcionar en 1813 con el rectorado del canónigo Fernando Arce y Fierro, en un amplio local de casi 3000 metros cuadrados. Dicho local está ubicado en la plazoleta de la iglesia San Francisco (hoy Fundo del Fierro), y contó con una capilla, aulas de estudio, salas de recibo, salón de música, 22 aposentos principales, una enfermería, despensa, depósito, huerta y un pozo de agua.

En este colegió estudió más de un centenar de niñas pobres, expósitas o huérfanas, quienes recibían instrucción, alimentación y vestido. Los estudios duraban seis años y comprendían lectura, escritura, gramática, matemáticas, doctrina cristiana, manualidades y repostería. El sostenimiento del colegio provenía de las rentas de numerosas propiedades urbanas y rurales donadas por el propio Jorge del Fierro y Velarde, cuyo valor sobrepasaba los 120.000 pesos. Aunque en sus inicios tuvo una gran aceptación, para la segunda mitad del siglo XIX y como consecuencia de la muerte de Fernando Arce y Fierro, el Colegio entró en un proceso de decadencia, hasta que en 1878 fue reemplazado por el Colegio de los Sagrados Corazones.

la independencia y defendieron el régimen republicano, como Francisco Javier de Luna Pizarro, Mariano José de Arce, Francisco González Vigil y juristas como Benito Lazo y Evaristo Gómez Sánchez.

La institución laica que sobresalió como difusora del liberalismo fue la Academia Lauretana de Ciencias y Artes, inaugurada por el síndico Evaristo Gómez Sánchez durante el Trienio Liberal (1820-1823) bajo el gobierno de La Serna. Contó con el apoyo de vecinos notables de la ciudad, como el mencionado Juan Gualberto Valdivia, Manuel Amat y León, Manuel Ezequiel Rey de Castro y el propio Evaristo Gómez Sánchez. La Academia funcionó entre 1821 y 1827 en dos ambientes de la casa consistorial, e introdujo los debates liberales desde la filosofía política. Con el tiempo se sumó a este esfuerzo el Colegio Nacional de Artes y Ciencias Independencia Americana (1827) y la Universidad de San Agustín (1828), que dinamizaron el panorama educativo, social y político de la Arequipa republicana del siglo XIX. Estas instituciones ayudaron a afirmar el derecho liberal y republicano, aunque con no pocos contenidos sociales conservadores. Allí desarrollaron sus convicciones la primera generación liberal arequipeña, que, además de los mencionados, estuvo integrada por Benito Laso, José María Corbacho, Mariano Alejo Álvarez, Manuel Ascencio y Francisco de Paula González Vigil.

# Capítulo II

## El primer ciclo revolucionario

Tras la independencia de España y la apertura comercial de los nacientes Estados latinoamericanos al comercio mundial, la economía arequipeña se transformó radicalmente. Con el declive de las antiguas redes mercantiles centradas en el vino y el aguardiente, Arequipa y el sur andino se volcaron hacia la producción de lana de oveja y fibra de alpaca y llama. Estos productos estaban destinados al mercado internacional a través de los puertos de Quilca e Islay, a los que se sumó luego Mollendo. El resultado fue una economía regional poderosa, que se vinculaba a los mercados europeos más estrechamente que a la economía nacional peruana.

Como contraparte de las exportaciones llegaron a Arequipa y al sur andino mercancías europeas y de los Estados Unidos, parte de las cuales se reexportaban a Cusco, Puno e incluso Bolivia y el norte argentino, a través de una red de ferias rurales mucho más activa que en otras regiones del país. Paradójicamente, Arequipa también comenzó a importar vinos y aguardiente, que anteriormente había producido en abundancia.

En el plano político, este periodo coincide con el primer ciclo revolucionario arequipeño (1834-1868). Fueron décadas de turbulencias políticas en los Andes. Eran frecuentes entonces rebeliones, asonadas y sangrientas guerras civiles que podían incluso involucrar a los países vecinos. La formación de la nación no fue una tarea sencilla. Aun así, la región consolidó su vínculo con el país tras la experiencia confederada peruano-boliviana y se afirmó como un bastión de oposición a la capital.

## 1. Desde el sur andino: la apertura comercial

Concluido el proceso de independencia, la producción de vinos y aguardientes se recuperó, así como la de productos agrícolas tradicionales. Sin embargo, la innovación principal fue el denominado largo ciclo de la lana (1830-1940), el cual generó una nueva geografía económica, que abarcó las actuales regiones de Arequipa, Moquegua, Tacna, Cusco y Puno, en Perú; los departamentos de La Paz, Oruro y Cochabamba, en Bolivia; y las provincias de Tucumán, Salta y Jujuy, de la Argentina. Expresiones de esta rearticulación eran las renovadas ferias andinas de Rosaspata, Cojata, Tungasuca, Pucará y, especialmente, Vilque. Por Vilque y por el lago Titicaca, según el viajero francés Botmiliau, fluían en determinadas épocas del año campesinos, hacendados, mestizos, comerciantes y arrieros vinculados a casas exportadoras de lanas y fibras, además de comerciantes distribuidores de productos de consumo e importaciones europeas.

El comercio de lanas vinculó entre sí las regiones del sur andino peruano, particularmente Puno y Arequipa. La capital del Misti disponía de capitales y casas comerciales, muchas de ellas de origen extranjero, que facilitaban el crédito a los compradores, intermediarios y proveedores de la materia prima. El endeudamiento funcionaba como un mecanismo efectivo de aseguramiento y dependencia económica de las provincias respecto a la ciudad. Las deudas podían saldarse en las ferias y también era habitual aceptar moneda de plata boliviana como medio común de pago.

En este escenario de rearticulación regional jugaron un papel importante los comerciantes, muchos de ellos inmigrantes de origen nacional (limeños) o extranjero (chilenos, ingleses, franceses y alemanes). Varios llegaron desde las casas comerciales de Arica y Valparaíso, bajo las banderas del libre comercio. En poco tiempo, inundaron el pequeño mercado arequipeño, produciendo una disminución de precios y la quiebra de los comerciantes locales. En esta primera época aparecieron

La familia de Francisco Bolognesi se trasladó a Arequipa cuando este tenía ocho años. En esta ciudad terminó sus estudios escolares, se inició en las actividades mercantiles y en la carrera militar.
*Fuente*: Wikipedia 

firmas que se convertirían en típicamente arequipeñas, como Le Bris-Bertheaume, Gibbs Crawley, Jack Hermanos y Marco del Pont. En 1847, se contaban 619 comerciantes entre almaceneros, comerciantes y tenderos; de ellos, el 4% eran extranjeros. Sus negocios suponían dos terceras partes de los impuestos de la región.

La primera firma extranjera instalada en Arequipa en 1821 estuvo a cargo de los comerciantes franceses Santiago Le Bris y Juan Bautista Bertheaume. Según el historiador Víctor Condori, Le Bris se dedicó a importar productos de consumo europeo a través de los puertos de Quilca e Islay. Su firma compartía espacio con el comerciante escocés Juan Jack y su colega alemán Cristóbal Guillermo Schute. Especialmente este último destacaba por su visión empresarial. Además de importar productos europeos, tenía inversiones en agricultura, minería y el comercio de lanas, así como en la construcción de tuberías para la provisión de agua del puerto de Islay. Con el tiempo llegaría a convertirse en un importante consignatario de guano para los mercados alemán, sueco, noruego, danés y ruso, antes de regresar a su patria a finales de la década de 1860.

Le Bris tenía empleados extranjeros y peruanos, entre ellos a Francisco Bolognesi Cervantes, futuro héroe de la batalla de Arica. Flora Tristán, que lo conoció personalmente, decía que era el más acaudalado y generoso de los comerciantes extranjeros, al extremo de ser la envidia de sus propios compatriotas. Le Bris procuraba llevar sus negocios con lealtad y compromiso con el Tesoro Público, en manos de diferentes Gobiernos y facciones que se enfrentaban entre sí. Proveía a las autoridades de préstamos y donaciones, y con ello aseguraba sus buenas relaciones. La devolución de estos "préstamos" casi nunca era en efectivo, sino que se producía mediante la dispensa de derechos de exportación e internación de mercancías a través de los puertos peruanos. Con el tiempo, la sociedad de Bertheaume y Le Bris se disolvió, pasando la firma al control exclusivo de este último. En 1838, también él dejó el negocio, que quedó a cargo de su asistente, el suizo Juan Andrés Viollier, quien expandió las operaciones por toda la región. Siete años después traspasó la firma a su compatriota Luis Braillard, quien le puso su propio nombre. Braillard y Compañía diversificaría sus intereses en el comercio de la lana, cascarilla, caucho, castaña e incursionaría en la venta de electrodomésticos y automóviles en el siglo XX.

Los sucesivos avatares de la firma fundada por Bertheaume y Le Bris son emblemáticos de la edad de oro de las casas extranjeras dedicadas al comercio arequipeño. En los años buenos, sus ganancias podían llegar al 25%. Asimismo, muchos de los dueños y encargados de origen extranjero terminaban arraigándose en la ciudad, pasando a formar parte de la élite local, y sus intereses se identificaban con los de sus nuevos conciudadanos. Desde Arequipa, promovían políticas de libre comercio y no dudaban en enfrentarse con sus pares de Lima y de otras ciudades con mayor solera histórica, como Cusco o Trujillo, que pugnaban por mantener cerrados los puertos a los productos importados del extranjero. Como en otros países latinoamericanos, esta polémica entre proteccionismo y librecambismo atravesó todo el siglo XIX.

## Islay y su comercio según el cónsul interino Sr. Cocks, 1862

"Islay, el puerto de Arequipa, está situado a 17° de latitud Sur, y a 72°10'15" de longitud Oeste.

Puesto que cada capitán de barco que llega aquí se supone que tiene en su poder "Direcciones de navegación para Sud América" del capitán Fitzroy (en el cual se puede encontrar todo aquello que es necesario conocer en relación con este puerto), debo referirme a aquel libro para la información en cuanto al anclaje, vientos dominantes, capacidad marítima de puerto, etc.

Sin embargo, expondré tan solo, que el anclaje usual es bueno; el fondo arenoso, promediando una profundidad de agua entre 12 y 13 brazas. No hay bancos de arena en la bahía, ni ningún lugar de poco calado. La subida y bajada, entre la marea menguante y la creciente, es alrededor de 4 pies. Los barcos por lo general atracan con una sola ancla, con el anclote de popa, tendidos en una bahía abierta, distante aproximadamente dos cables de largo desde la orilla. Mientras está anclado no hay temor de peligro en cuanto a vientos o corrientes, o cualquier otra eventualidad.

Enrumbando hacia la bahía, el curso correcto desde la roca blanca, es E N E magnético. No hay necesidad de un piloto. En caso de daño o accidente los barcos no pueden ser reparados aquí y deben, por ende, recurrir al Callao.

El puerto de Islay tiene 400 casas, construidas principalmente de madera, con una población aproximada de 1554 habitantes (de acuerdo con el último censo); pero sin duda la población es mayor. Ha crecido mucho en estos pocos años, y está creciendo diariamente. Tiene una iglesia, dos colegios de instrucción primaria y una oficina de correo. Es importante por ser el puerto principal de las ciudades de Arequipa, Puno y Cusco, y sus provincias.

Aquí reside un subprefecto, quien es el magistrado principal del lugar, y quien tiene el control supremo sobre el puerto.

El administrador o superintendente de la aduana regula los asuntos comerciales. Tiene sus oficinas en la aduana, situadas al lado del muelle. Es asistido por un cuerpo considerable de funcionarios de la aduana.

Se dice que Islay es el lugar más sano de la costa, y es muy frecuentado en los meses de septiembre y noviembre por los habitantes de Arequipa, con el fin de tomar baños de mar. Sin embargo, la gran distancia entre los diversos pueblos y el mal estado de los caminos tiende a impedir que muchos se beneficien de esta fuente de salud.

Ha habido una mejora considerable en el muelle, el cual se halla ahora terminado. Se le ha ampliado mucho, se han hecho escaleras para el desembarco de pasajeros, se han erigido grúas (brazos de soporte) para izar las mercancías, y se han ubicado linternas (faroles) en lugares visibles como una guía nocturna para los barcos."

Extraído de Bonilla, Heraclio (comp.).
*Gran Bretaña y el Perú. Informes de los cónsules británicos*,
vol. IV. Lima: Instituto de Estudios Peruanos, Fondo del libro
del Banco Industrial del Perú, 1976, pp. 121-122.

## 2. La guerra civil de 1834 y la Confederación Perú-Boliviana

Las primeras décadas de vida republicana se caracterizaron por los conflictos entre caudillos militares, quienes también representaban determinadas políticas económicas y comerciales. Por lo general, las élites arequipeñas apoyaron a los caudillos que promovieron el libre comercio, pues estaban mejor articuladas con los mercados de Potosí y de La Paz que con otras regiones del país. Por ello, se opusieron a las políticas proteccionistas de figuras como Pedro Bermúdez y Agustín Gamarra. Muchos de los defensores arequipeños del libre comercio revestían sus argumentos con proclamas en favor de la autonomía regional y contra el centralismo limeño. Por su parte, los caudillos militares identificados con el proteccionismo tendían a apoyarse en la capital y en las élites de la costa norte, que se beneficiaban del intercambio comercial con Chile, país del que recibían trigo y harina.

El periodo más intenso de la pugna entre proteccionistas y librecambistas se desarrolló entre 1834 y 1839. El conflicto se inició cuando los generales conservadores Pedro Bermúdez y Agustín Gamarra se sublevaron en Lima contra el presidente Luis José de Orbegoso. Cuando

Deán Juan Gualberto Valdivia, influyente personaje en la vida política del siglo XIX.
*Fuente*: Wikipedia 

esto ocurrió el general Domingo Nieto, quien estaba en Arequipa, se pronunció a favor de Orbegoso y organizó sus fuerzas para defender la ciudad. Por su parte, el general Miguel San Román, al mando de un ejército acantonado en Puno, era gamarrista, y se dirigió a tomar Arequipa, ciudad importante para controlar el sur andino. La primera batalla enfrentó a ambos generales en las afueras de la ciudad, en la pampa de Miraflores. La victoria favoreció a Nieto, pero en una segunda batalla, en Cangallo, fue derrotado y tuvo que escapar a Arica por el puerto de Islay. Arequipa cayó así en manos de San Román.

Sin embargo, el equilibrio de la guerra se inclinó a favor de Orbegoso cuando se produjo el "abrazo de Muquinhuayo", cerca de Jauja. Así se llamó a la actitud del mayor Rufino Echenique, quien decidió deponer a Bermúdez y convenció al resto de oficiales de reconocer a Orbegoso y acabar con la guerra (24 de abril). Esto prácticamente dejó sin ejército a Bermúdez, a quien se le permitió retirarse del lugar. Cuando en

Retrato de Domingo Nieto, el defensor de la ciudad de Arequipa en la guerra civil de 1834. Resguardado en el museo del Real Felipe.

Arequipa se supo la noticia se produjo un levantamiento popular el 18 de mayo que expulsó a los gamarristas, los cuales saquearon las casas de quienes habían apoyado el golpe. La resistencia arequipeña puso en evidencia que la causa de Orbegoso tenía un fuerte apoyo en la ciudad, y la calma retornó brevemente.

Al año siguiente, febrero de 1835, se produjo un nuevo levantamiento contra el gobierno de Orbegoso, esta vez a cargo del general Felipe Santiago Salaverry, un joven oficial ambicioso que estuvo en el "abrazo de Maquinhuayo" en el bando orbegosista, y fue recompensado con el grado de general de brigada. Orbegoso obtuvo un apoyo decidido de las élites comerciales arequipeñas, y la ciudad se ganó los títulos de "departamento de la ley" y "heroica ciudad de los libres". La defensa del régimen constitucional de Orbegoso exigía, sin embargo, esfuerzos superiores a los que podían aportar los arequipeños. Apenas un préstamo de la ciudad equivalente a 10.000 pesos resultó suficiente para garantizar la mantención del ejército mas no su movilización. Tampoco bastó el apoyo de la población, especialmente indígena y campesina, que realizó contribuciones directas y aceptó el reclutamiento.

Los arequipeños también apoyaron mediante la venta de bienes y predios del Estado, de las órdenes religiosas e inclusive de la universidad, propiedades que se vendieron muchas veces sin autorización de las autoridades eclesiásticas o de los propietarios civiles. Se trataba de "donaciones forzosas" a la causa democrática, práctica que si bien atentaba contra la economía local, era más tolerada por la población que soportar la victoria de Salaverry. Contra este envió Orbegoso al general Francisco Valle Riestra, quien fue capturado en Pisco, y sus fuerzas pasaron a engrosar el ejército de Salaverry. Poco después Salaverry derrotó a Domingo Nieto y avanzó hacia el sur, tomando Islay y Arica. Solo Arequipa continuó apoyando a Orbegoso, quien ante la evidencia de su aislamiento solicitó la ayuda del general Andrés de Santa Cruz, presidente de Bolivia.

## 3. Andrés de Santa Cruz y la Confederación

Andrés de Santa Cruz (1792-1865), mariscal de los ejércitos del Perú y Bolivia, y presidente de ambos países en diferentes momentos de la historia, nació en La Paz y se educó en Cusco, donde conoció a su aliado y luego rival, Agustín Gamarra (1785-1841). Ambos estudiaron y sirvieron juntos en los ejércitos realistas. Conversos patriotas de última hora, combatieron contra las fuerzas del virrey La Serna. Tras la independencia, se aliaron circunstancialmente para terminar enfrentándose por el futuro de la Confederación Perú-Boliviana, un experimento de reunificación territorial de dos países divididos por Bolívar en 1825 para restar poder a las élites peruanas.

Las élites sureñas y paceñas encontraron en Santa Cruz al defensor natural de un proyecto político de reconstitución nacional. Como Bolívar, Santa Cruz pensó en crear un Estado Sud-Peruano con los departamentos de Arequipa, Cusco, Ayacucho y Puno, el que tendría como capital a la ciudad de Tacna. Santa Cruz captó la simpatía de un sector importante de arequipeños, especialmente los identificados con el bando liberal, encabezados por el deán Juan Gualberto Valdivia.

Periódicos favorables a los confederales, como *El Republicano* y *El Yanacocha*, desplegaban una propaganda activa a favor de la reunificación. Otros personajes encumbrados, no liberales sino conservadores, como Pío Tristán, Domingo Tristán y el obispo José Sebastián de Goyeneche, también veían con simpatías el proyecto, que debía dar estabilidad interna y externa a las repúblicas andinas.

La oposición al proyecto confederal provino de varios flancos. Las élites del norte y los sectores conservadores del Lima veían a Santa Cruz —tildado de "indio jetón"— como un invasor extranjero que hacía peligrar, con sus medidas librecambistas, su control del comercio de importaciones. También se oponían al caudillo boliviano sectores y regiones que, aun simpatizando con la confederación, recelaban acerca de quiénes debían conducir el proceso: Santa Cruz representando a La Paz o Gamarra al Cusco. En Lima y en sectores del norte peruano, de donde era originario Orbegoso, el proyecto confederativo no era mal visto por quienes consideraban que el Alto Perú debía seguir unido a los destinos del Perú, como en los casi trescientos años de dominio colonial. Era el caso de José de la Riva-Agüero y sus seguidores, quienes apoyaban la confederación en tanto se asegurase el predominio del Perú, representado por Lima, o de los partidarios de Gamarra, que veían el proyecto como una oportunidad para asegurar la hegemonía de Cusco sobre Bolivia, al tiempo que se reducía la influencia arequipeña en la política nacional.

El conflicto llegó a involucrar a países vecinos, como Chile y Argentina, que percibían el renacimiento del viejo poder andino como un peligro para el equilibrio de las nuevas y precarias naciones sudamericanas. Por su parte, la habilidad de los confederados consistía en impulsar desde la identidad local un proyecto de resistencia al incipiente centralismo limeño. Este perfil autonomista se reflejó en el apoyo que Santa Cruz recibió en la asamblea de Sicuani para formar la confederación (1835). El conflicto confederal puede entenderse, por lo tanto, como una reacción frente a la pretensión de las viejas capitales virreinales o coloniales de centralizar el poder. Ambos aspectos, centralismo y autonomismo, surgieron con las reformas borbónicas, que afirmaban el centralismo administrativo, y con la Constitución de Cádiz, que reconocía el derecho de autogobierno de los pueblos. Muchas provincias

Óleo anónimo de Andrés de Santa Cruz (c 1830), líder de la confederación Perú-boliviana. Cortesía colección Mesa-Gisbert, La Paz.

mantuvieron vivos estos preceptos autonomistas después de las guerras de independencia, participando en diferentes partes del continente hispanoamericano en las luchas políticas por la construcción de los nuevos Estados nacionales. Las alianzas con uno u otro caudillo variaban en la medida que se les garantizara su autonomía, sus derechos y sus privilegios.

Los pueblos del Perú, al igual que Bolivia y cualquier otra república recién constituida, aún no habían desarrollado un sentido de pertenencia nacional, pero poseían fuertes sentimientos localistas. La nacionalidad apenas se estaba formando en medio de los conflictos y luchas entre caudillos. En la ciudad de Arequipa estos deseos se habían manifestado desde 1826, un año después de su adhesión a la nueva república peruana, en publicaciones como *El Zancudo*, *El Zancudo Preguntón*, *El Compadre del Zancudo*, *El Federal* y *El Gobierno y los Pueblos*. Esta última abogó incluso por la rebelión del prefecto de Arequipa, general Gutiérrez de la Fuente, apoyado por otros militares y civiles de la región contra el poder de la capital.

Entre marzo y agosto de 1836, las asambleas que constituyeron los Estados Nor-Peruano y Sur-Peruano confirieron a Santa Cruz el título de Supremo Protector e Invicto Pacificador, colocándose su retrato en oficinas públicas, medallas, paseos y arcos triunfales. Las bases de la Confederación debían fijarse en un congreso de plenipotenciarios para someterse al Congreso constituyente de cada Estado. El Estado Nor-Peruano se dividió en cinco departamentos, mientras que el Estado Sur-Peruano estaría integrado por cuatro: Arequipa, Ayacucho, Cusco y Puno. La Confederación de tres Estados, Nor-Peruano, Sur-Peruano y el boliviano, se instaló oficialmente el 28 de octubre de 1836. Un congreso reunido en Tacna fijó las bases. Cada Estado tendría su propia capital, tribunales y símbolos patrios. La enorme tarea del Protector consistía en consolidar una confederación construida sobre la fragilidad económica y política de estados apenas cohesionados entre sí. Las diferentes regiones y localidades debían aprender a identificarse con el Estado confederal en medio de continuas guerras internas y externas. Los enemigos se encontraban tanto dentro como fuera de la propia Confederación.

Escena de mujeres transportando productos del campo para abastecer a la ciudad de Arequipa. Pintura mural de 1954. *Fuente*: Biblioteca de la Sociedad Geográfica Estadounidense, Bibliotecas de la Universidad de Wisconsin-Milwaukee.

Los arequipeños apoyaron entusiastamente a la Confederación, incluso cuando sufrieron la llamada Guerra de Secesión del Sur y los efectos de su política autoritaria. El Pacto de Tacna del 1 de mayo de 1837 desposeyó a la Iglesia arequipeña de buena parte de sus bienes, al tiempo que el control del alto clero pasó a manos del Estado. El Congreso también dividió el departamento de Arequipa al crear, en 1837, el departamento de Litoral, integrado por las provincias de Tarapacá, Tacna y Moquegua. Aun así Arequipa tuvo un papel relevante en la defensa de la Confederación, apoyando las expediciones de Santa Cruz en las batallas de Yanacocha y Socabaya, que terminaron con el exilio de Gamarra y la muerte de Salaverry, junto con un tercio de su ejército.

La ineficacia de Gamarra y Salaverry para derrotar a la Confederación condujo finalmente a la intervención de Chile. El llamado Ejército Restaurador, compuesto por militares chilenos y unos pocos exiliados peruanos, desembarcó en Islay en septiembre de 1837 y ocupó dos semanas después la ciudad de Arequipa, aunque tuvo que afrontar la hostilidad de la población y una plaga de viruela. Santa Cruz optó por sitiar al ejército ocupante y negociar. Sin llegar a un enfrentamiento armado, obligó al jefe de la expedición, el almirante Blanco Encalada, a reconocer a la Confederación mediante el tratado de Paucarpata. La renuencia de Santa Cruz de acabar con el ejército chileno es aún hoy objeto de debate entre los historiadores. Para Jorge Basadre, fue un error político de Santa Cruz, que perdió una ventaja militar que le habría permitido asegurar la Confederación. También el historiador arequipeño Francisco Mostajo considera que la actitud de Santa Cruz a la larga produjo la ruina del Estado que había fundado. Su política conciliadora no logró evitar que Chile organizara una segunda campaña a mediados de 1838. Esta vez el Ejército Restaurador contaba con el apoyo de Agustín Gamarra, Ramón Castilla y Manuel Ignacio de Vivanco, quienes, junto a otros peruanos desafectos a la Confederación, lograron derrotar a los partidarios de Santa Cruz en la sangrienta batalla de Yungay, en enero de 1839.

La Confederación Perú-Boliviana puede verse como una vía de experimentación en el drama de la construcción nacional. Son muchos los factores con los que se ha intentado explicar su fracaso: la inmadurez política de los pueblos andinos, la debilidad de las clases dirigentes, el enfrentamiento entre la costa y la sierra, la rivalidad entre redes de poder caudillista, la enemistad de los países vecinos y la intensidad del sentimiento regional antes que el nacional. Además, un factor que no puede pasarse por alto es el costo de la guerra, basada en ejércitos mantenidos con impuestos y soldados proporcionados por pueblos como Arequipa. El continuo drenaje de recursos agudizó así la animadversión y el malestar ante la realidad de la guerra, y derrumbó cualquier certidumbre racional o emocional. El impacto de la derrota de Santa Cruz en la batalla de Yungay terminó con la precaria existencia de la Confederación, que apenas había empezado a funcionar. Cuando Santa Cruz retornó de su desastrosa campaña del norte a Arequipa, tuvo que salir de la Ciudad Blanca bajo la protección del cónsul inglés para embarcarse al exilio en Islay.

## 4. Arequipa, el caudillo colectivo

Con el fin de la Confederación y la caída de Santa Cruz, Arequipa admitió temporalmente la supremacía de Lima. Gamarra, presidente "restaurador" del Perú, nombró como prefecto del departamento al más aristócrata de sus oficiales, Manuel Ignacio de Vivanco, natural de Lima, pero avecindado en Majes, quien sin embargo habría de protagonizar una sublevación contra Gamarra. Arequipa era la ciudad más importante del Perú después de Lima y Callao. Con la decadencia de Cusco y Huamanga, otrora prósperas ciudades coloniales, ocupaba el primer lugar en la región sur; su población estaba en ligero crecimiento y contaba con cuadros letrados que afirmaban su voluntad autonomista.

Tras la caída de Santa Cruz, la ciudad buscó un líder que la representara en las disputas contra el poder limeño. Vivanco se convirtió en su voz política y en su lanza militar entre los años 1841 y 1844. Su sublevación, a la que denominó "revolución regeneradora", abrió un nuevo periodo de inestabilidad política en el país. Para someter a Vivanco, Gamarra envió a Castilla, quien logró hacerlo huir a Bolivia. Al parecer retornaba la calma, pero casi seguidamente Gamarra declaró la guerra a Bolivia y dirigió personalmente la campaña militar. En la batalla de Ingavi, cuando Gamarra trataba de levantar el ánimo de sus tropas, colocándose a la cabeza del ataque, fue muerto por los disparos de las tropas bolivianas (18 de noviembre de 1841).

La muerte de Gamarra reabrió las disputas por el poder. Vivanco retornó al país y se puso a la cabeza de un levantamiento de generales de varios departamentos del sur, autonombrándose Supremo Director de la República. Vivanco estableció así un gobierno precario entre 1843 y 1844. Los generales Nieto y Castilla se sublevaron desde Tacna y organizaron un movimiento "constitucionalista" que tuvo sus bases en los departamentos del sur. Vivanco marchó a someter a los sublevados, pero fue derrotado en la batalla de Carmen Alto (22 de julio de 1844), en las cercanías de Arequipa, la ciudad desde la cual él mismo se había levantado contra Gamarra.

Arequipa sufrió las consecuencias de dichas disputas. La ciudad fue ocupada por los enemigos de Vivanco en 1841 y nuevamente en 1844, tras 16 días de asedio después de la batalla de Carmen Alto, en Cayma.

En ambas derrotas se destacó el enemigo de Vivanco, Ramón Castilla. Las guerras postraron a la ciudad. El comercio se detuvo y la agricultura pudo mantenerse solo en las pequeñas y medianas propiedades de la campiña. La escasez de mano de obra impidió el desarrollo de industrias, mientras que la manufactura artesanal atravesaba una profunda crisis, producto de las guerras y del reclutamiento de los ejércitos y guardias nacionales.

## 5. La vida social y cultural del sur andino

Estabilizada la paz con el gobierno de Castilla, la vida cultural retomó sus actividades. La Academia Lauretana, bajo la dirección del deán Valdivia, se fusionó con la Universidad de San Agustín. También se destinaron recursos propios para el Colegio Independencia Americana y el Colegio San Francisco pasó al poder del Estado. En estos claustros se debatió sobre filosofía, derecho y política, al tiempo que se producían animadas polémicas sobre el Código Civil, la esclavitud, el centralismo, la subsistencia de los fueros privativos en la administración de justicia y los atrasos culturales de la sociedad peruana. Destacados estudiosos de las matemáticas fueron Mateo Paz Soldán en trigonometría plana y esférica, Hipólito Sánchez en cálculos de eventos lunares y Miguel Garaycochea en cálculo binomial.

La apertura a las novedades científicas, intelectuales y políticas de Europa se mezclaba con una intensa devoción religiosa, expresada en la defensa de los intereses eclesiásticos y en prácticas cotidianas como procesiones y cultos a vírgenes y santos. Un caso emblemático corresponde a Dominga Gutiérrez. Perteneciente a una familia aristócrata arequipeña, destinada al convento, esta joven arequipeña, en un acto de rebeldía, escapó y planteó así un enfrentamiento entre las jurisdicciones de la Iglesia y del Estado sobre la protección de las libertades y los derechos de las personas. El caso llegó hasta la Corte Suprema y el Vaticano, antes de concluir con una fórmula de conciliación: la Iglesia daba su libertad a Gutiérrez a condición de que esta se comprometiera a mantener sus votos de castidad.

La vida cotidiana y las costumbres en la ciudad seguían marcadas por un intenso espíritu religioso, entre extremaunciones y misas de salud. Estos sacramentos también eran eventos para socializar. La asistencia a misa, junto con las procesiones periódicas de santos e imágenes, abría espacios para la socialización pública de una población culturalmente mestiza que aprovechaba estas ocasiones para distenderse y festejar desde las vísperas con música, pirotecnia, comida y bebida en improvisados mercadillos en plazas y calles de la ciudad y de los pueblos en las provincias.

Las advocaciones más populares fueron las de la Virgen de la Candelaria de Cayma y Characato, la Virgen de la Asunción de la ciudad de Arequipa, la Virgen del Chapi y el Jesús Nazareno de Tiabaya y de la Amargura de Paucarpata. La ausencia de espectáculos de calidad, como el teatro, facilitó la pervivencia de las fiestas tradicionales, como corridas de toros, peleas de gallos y el carnaval. No faltaban en estas festividades bailes como el son de diablos y gigantes, que con sus movimientos irreverentes y contorsiones sexualizadas generaban escándalo en la Iglesia. La secularización del Estado dio algunos pasos, con medidas como la prohibición de inhumar cadáveres en los monasterios (con excepción del Convento de Santa Catalina, que obtuvo una dispensa especial del Gobierno) y la creación del cementerio de La Apacheta en 1825. Inaugurado con el entierro del poeta Mariano Melgar, este camposanto se convertiría en el principal de la ciudad, junto con el de Yanahuara (o Cayma).

# Capítulo III

## Entre el leviatán guanero y el poder regional, 1850-1879

En el Perú de la segunda mitad del siglo XIX existieron cuatro ejes regionales económicos: el circuito del guano (costa central y norte), el circuito de la minería de plata de Pasco (sierra central), el circuito ganadero-lanar (Arequipa y el sur andino), el circuito del aguardiente de caña y, en menor medida, el del café (laderas de los valles selváticos orientales). Con menor articulación, un quinto circuito lo constituía la economía de frontera amazónica, muy poco o nada integrada con el resto del país hasta el auge del caucho a inicios del siglo XX. La relativa autonomía de cada uno de estos circuitos regionales se mantuvo hasta después de la guerra con Chile, cuando se inicia la expansión de la inversión extranjera en la gran minería y la adquisición de tierras para ampliar dichas actividades.

Esta división interna de la economía tuvo efectos importantes en la formación de la sociedad peruana y, particularmente, en la configuración de intereses regionales divergentes que marcaron la política hasta la posguerra del Pacífico. Esto no quiere decir, sin embargo, que no existieran nexos compartidos entre las diferentes élites regionales. El Estado nacional republicano estuvo dominado por los intereses comerciales, financieros y políticos del guano, vinculados a Lima y la costa central y norte, pero las familias de alta alcurnia arequipeña participaban de esta etapa de la vida nacional en calidad de consignatarios (los Goyeneche), compradores de deuda pública (los Tristán y los Saco) o en la propia administración pública (los Piérola).

Para Arequipa, esta fue una etapa de relativa prosperidad. La nueva economía poscolonial, articulada en torno a las lanas, se consolidó y alcanzó su punto de mayor prosperidad. En el ámbito político, sin embargo, continuaron las tensiones. La revolución de 1854 puso fin al ciclo de los caudillos que habían emergido durante las guerras de independencia y abrió una nueva época para la política peruana, marcada por un incipiente liberalismo que pugnaba por surgir en medio de una fuerte resistencia conservadora y eclesiástica.

## 1. El comercio y la era de las lanas y fibras

La conexión entre haciendas y estancias controladas por terratenientes dedicados a la crianza de ovejas y comunidades indígenas campesinas dedicadas a la crianza de llamas y alpacas favoreció el comercio de lanas y fibras, lo que permitió articular las ciudades y el mundo rural del sur andino. Esta integración mercantil fue posible gracias a decenas de casas mercantiles, grandes y pequeñas, que actuaban como agentes del comercio ultramarino. Hacia la década de 1850, eran cuatro las casas comerciales extranjeras dedicadas a la comercialización de lana: Gibbs & Company, Jack Brothers, Braillard et Compagnie y Guillermo Hamsem y Compañía. También destacaban comerciantes laneros peruanos, como el arequipeño José María Peña y José Mariano Escobedo, este último hacendado azangarino residente en Arequipa. Socio de la casa Hamsem, Escobedo era al mismo tiempo propietario de minas de oro en Carabaya y socio de comerciantes bolivianos para el aprovisionamiento de lana, chinchona y otras mercancías del país altiplánico.

La lana articulaba un amplio territorio, que iba desde Desaguadero hasta Abancay, de Huancané a Camaná y a Quillabamba. El papel de los agentes comerciales era crucial en el contacto con los productores locales. Buenos conocedores del mundo andino, estos intermediarios organizaban las transacciones y el transporte de producto en caravanas de mulas, desde el interior de las haciendas, estancias y comunidades en Huancané, Lampa y Azángaro, a las ferias de Pucará, Yunguyo y Vilque, en Puno. Las recuas continuaban a Arequipa, que funcionaba como centro de acopio, oficina comercial y nudo financiero del comercio transnacional, especialmente británico. Los principales puertos de

Acopio de lanas en un almacén de Arequipa, las que luego eran exportadas al mercado inglés. *Fuente*: Biblioteca de la Sociedad Geográfica Estadounidense, Bibliotecas de la Universidad de Wisconsin-Milwaukee.

salida eran Arica, Islay y Moquegua. En 1870, la construcción del ferrocarril permitió el auge de Mollendo y potenció la salida de productos complementarios, como quinina, coca, caucho y bórax, así como plata y oro procedente de los yacimientos de Caylloma, Lampa, Carabaya y Sandia, en Puno. Islay, por su parte, terminó en el abandono tras la epidemia de fiebre amarilla de 1875.

La cara oculta de este auge era un debilitamiento del comercio interno. Buena parte de las tierras se destinaban al forraje de animales en los valles de Vitor, Siguas, Majes y Arequipa. El cultivo de vides estaba en retroceso y era limitada la extensión dedicada a caña de azúcar, algodón y productos de autoconsumo. El problema no era tanto la falta de tierra, como el escaso capital y la poca mano de obra disponible para la agricultura. Gran parte de la población arequipeña pertenecía a comunidades campesinas en las provincias de Caylloma, Castilla, La Unión

Puente colgante Inca sobre el río Vítor. *Fuente*: Biblioteca de la Sociedad Geográfica Estadounidense, Bibliotecas de la Universidad de Wisconsin-Milwaukee.

y Condesuyos, y tenía poca movilidad. Para hacer frente a esta carencia, se potenció el enganche de campesinos de regiones aledañas, así como la incorporación de la mano de obra femenina. También se trató de atraer a campesinos asiáticos o culís. Sin embargo, el censo de 1876 muestra que Arequipa solo tenía el 2% de población proveniente de esa parte del mundo, una emigración asiática mucho más baja que en otras regiones del Perú.

Otro problema acuciante era la escasa moneda circulante de alto valor, debido en parte a que la moneda de calidad se exportaba, legal e ilegalmente, fuera del país. La contrapartida era la infiltración de moneda feble o “arañas” bolivianas, que se usaban en las transacciones comerciales cotidianas. Esta moneda era de baja calidad y perjudicaba la capacidad de ahorro y acumulación de la población, que aun así la prefería por la desconfianza que suscitaban los billetes emitidos en Lima.

La pérdida de ingresos de los trabajadores urbanos, la fuga de monedas de alto valor y la importación de alimentos a bajo precio afectaron al cultivo del trigo hasta hacerlo casi desaparecer. Todos estos factores profundizaron el descontento y multiplicaron los levantamientos armados contra las políticas comerciales y financieras de Lima. Estos hechos se juntaron con el deseo de las élites arequipeñas de reclamar su cuota de poder ante un Estado centralizado por el poder financiero del guano, y fueron el detonante de un conjunto de revoluciones que estallaron en la Ciudad Blanca a partir de 1854.

## 2. La revolución de 1854

Ramón Castilla fue presidente del Perú en dos periodos (1845-1851 y 1855-1862), marcados por guerras civiles, revoluciones y sucesivas constituciones. Como vimos, Arequipa apoyó a Vivanco en su sublevación, pero Castilla derrotó a Vivanco en la batalla de Carmen Alto, en Arequipa, el 22 de julio de 1844. Poco después Castilla fue electo presidente, y gracias a los ingresos del guano, que ya empezaban a ser significativos para el Tesoro nacional, pudo licenciar a oficiales y tropas, logrando reducir los focos rebeldes en el ejército. Aunque no faltaron sublevaciones militares, Castilla pudo culminar su gobierno y convocó a elecciones en 1850. En dichos comicios, un sector de la élite arequipeña apoyó la candidatura de Vivanco, quien había retornado al país gracias a una amnistía del gobierno. Vivanco fue derrotado por Rufino Echenique, antiguo aliado suyo, ahora en el bando de Castilla.

Como Castilla, Echenique (1851-1855) gobernó bajo los auspicios del auge guanero, que le permitió mantener la paz a cambio de prebendas públicas. Esto no impedía, sin embargo, que tuviera enemigos. Hacia fines de 1853, Domingo Elías, un hacendado de la costa central, fundador del Partido Club Progresista, de tendencia liberal, fue expulsado del país por haber denunciado malos manejos en las operaciones de consolidación de la deuda interna. Sin embargo, antes de partir se levantó en Ica y contactó con su antiguo adversario, Castilla, quien se había ofrecido como mediador entre el gobierno y sus enemigos. Ante el temor de que la revuelta se extendiese, Echenique maniobró contra el expresidente, obligando a Castilla a refugiarse en Arequipa, donde

Hombres cargando productos agrícolas para el mercado de Arequipa.
*Fuente*: Biblioteca de la Sociedad Geográfica Estadounidense,
Bibliotecas de la Universidad de Wisconsin-Milwaukee.

fue recibido por los jefes del vivanquismo, disconformes con la gestión de Echenique. Los vivanquistas nombraron a Castilla jefe del Ejército Regenerador y dieron así inicio a la revolución de 1854. La ciudad había encontrado a un general sin ejército y Castilla había encontrado a un ejército sin general. Aunque hasta entonces enemigos, vivanquistas y castillistas estaban ahora unidos contra Echenique.

Para justificar su animadversión contra el Gobierno central, las élites arequipeñas alegaban convicciones liberales, pero sus motivos iban más allá de las diferencias ideológicas. Arequipa era la cabecera del sur andino y buscaba demarcar su propio espacio de poder frente a Lima. Por ello era proclive a aceptar liderazgos como los de Santa Cruz, Vivanco y Castilla, más allá de sus ideologías personales, pues lo primordial eran las banderas contra el centralismo limeño. Esta era la causa de las continuas rebeliones que se promovían desde la ciudad. Los arequipeños defendían así su estatus de poder regional y rechazaban el centralismo limeño apoyándose sin problemas en caudillos liberales y conservadores.

Las diferentes facciones opuestas al régimen de Echenique, tanto liberales como conservadoras, se plegaron al liderazgo de Castilla. El movimiento insurgente en el sur fue creciendo rápidamente, mientras se negociaba acerca del nuevo orden que debía surgir de la revolución. Los sublevados acordaron convocar a una Asamblea Constituyente para discutir una nueva Constitución, al tiempo que creaban juntas consultivas departamentales que debían informar al Gobierno de las demandas de las regiones. En el contexto del auge fiscal guanero, esta era una manera de limitar los poderes del Gobierno, al que se acusaba de patrimonialista, corrupto y autoritario. Para Arequipa, específicamente, este acuerdo significaba la abolición del impuesto municipal a los molinos y la creación de una provincia en el valle de Majes, con el nombre de Castilla.

En 1854 e inicios de 1855, Castilla continuó aplicando un programa liberal que incluía la abolición del tributo indígena y la manumisión de los esclavos. Estas medidas tuvieron un alto impacto público, aunque se tomaban en un momento en que ambas instituciones estaba en declive. Los esclavos eran una pequeña minoría en la provincia de Arequipa, ya que eran caros y difíciles de mantener. También el tributo indígena estaba en crisis, dado que la población prefería denominarse como mestiza para reducir sus obligaciones fiscales. La suerte del levantamiento en el sur se definió tras 15 horas de combate con la derrota del Gobierno y la huida de Vivanco, herido por la ciudad a la que decía amar. En un nuevo giro político, Vivanco se había pasado a las filas oficialistas al ver que Castilla confiaba el mando de la plaza a Elías.

La guerra civil duró poco más de un año y costó 4000 vidas, no solo en los campos de batalla, sino también fuera de ella. Uno de los capítulos más controvertidos lo protagonizó el general José Trinidad Morán, un héroe de las guerras de independencia de origen venezolano arraigado en el Perú por su matrimonio con una dama arequipeña. Morán simpatizó al principio con los rebeldes y apoyó a Elías en su insurrección. Tras entrevistarse en Lima con Echenique, cambió de bando para recuperar el grado de general con el que había sido dado de baja años antes por apoyar a la Confederación. En su nuevo cargo, Morán marchó contra Castilla, al lado de Vivanco, al mando de un batallón. Derrotada la expedición, fue capturado y fusilado inmisericordemente en la plaza de armas el 1 de diciembre de 1854. Treinta años atrás Morán se había batido contra el ejército realista para proteger al ejército patriota antes de la decisiva batalla de Ayacucho.

Casos como el de Morán evidencian ajusticiamientos y venganzas más allá de los principios básicos de la justicia. En los primeros días de 1855, tras la batalla de La Palma, Castilla tomó posesión de Lima. Para cumplir sus promesas, convocó a una Convención Nacional y puso en puestos claves del gobierno provisional a liberales encargados de preparar la reforma constitucional. Para asegurar la mayoría liberal en la Convención, retiró el derecho de voto a los adversarios de la revolución triunfante. Con esta restricción, se debatió una nueva Constitución y se hicieron reformas como el derecho del voto universal masculino, la reinstalación de juntas departamentales, la autonomía de los gobiernos municipales, la tolerancia de cultos y la limitación al presidencialismo. Esto último afectaba la candidatura de Castilla para las siguientes elecciones, aunque luego este acápite y la tolerancia de cultos no se aprobaron. Castilla objetó algunos aspectos de la nueva Constitución, pero juró defenderla el 18 de octubre de 1856.

## 3. El signo conservador de la revolución, 1856-1858

La revolución conducida por Castilla es un ejemplo del tipo de liberalismo que existía en el Perú a mediados del siglo XIX. Muchos de los impulsores de la independencia, decididos a cambiar el antiguo régimen colonial por los principios de libertad e igualdad ante la ley, se toparon con los límites de una realidad marcada por las guerras, las crisis y la pobreza de un Estado que apenas podía sostenerse con sus propios medios. Lo urgente era conservar el poder, y con él todos los recursos económicos, políticos, sociales, ideológicos y militares que implicaba su ejercicio.

Aunque Castilla y Arequipa hubieran deseado ser consecuentes con su pretendido liberalismo, no hubieran podido hacerlo. Castilla tuvo la suerte de encontrar recursos fiscales generados por el guano, que hacían posible cohesionar mínimamente al Estado, si bien no con

**Arequipa según un viajero francés**

Hacia la década de 1840, un viajero francés llamado Laurent Sain Criq recorrió varias regiones del Perú y Sudamérica, llegando a describir a Arequipa como una ciudad que impresiona a los viajeros por su buen talante comercial, situación que desmiente por los trastornos políticos y la crisis que la ha llevado a debilitarse económicamente. En su obra *Viaje a través de América del Sur. Del océano Pacífico al océano Atlántico* (1869) escribe lo siguiente sobre la ciudad:

"Arequipa, a la que los viajeros modernos, por amor del lugar común, siguen presentando al público europeo como una ciudad floreciente, animada por el comercio y la industria, las diversiones de todo tipo, la vivacidad y la alegría de sus moradores ya no es, a este respecto, hay que confesarlo, más que la sombra de sí misma. Los trastornos políticos y las quiebras comerciales, al despojarla poco a poco de sus riquezas, han enfriado singularmente esa chispa y jovialidad que se le atribuye. La ciudad que por largo tiempo rivalizó en fasto y esplendor con Lima, Ciudad de los Reyes, no es más que una crisálida encerrada en su concha obscura, en espera de la transformación que le traerá el porvenir. Sus bailes, sus reuniones, sus cabalgatas, tan elogiados, sus locas orgías en el valle de los Perales solo existen por tradición. Antaño todo era pretexto para diversión y gasto; hoy se requiere nada menos que un acontecimiento mayor, una gran solemnidad, para decidirla a desatar los cordones de su bolsa. El espíritu de ahorro le ha llegado con la pobreza. Nos sería fácil probar con cifras lo que decimos, pero ello sería atropellar los derechos de la estadística. Limitémonos, pues, a constatar de paso el estado de la decadencia en que se encuentra Arequipa, astro poniente que viajeros optimistas o mal informados han tomado por un astro en el cenit".

Sain Criq, Laurent. *Viaje a través de América del Sur. Del océano Pacífico al océano Atlántico,* vol. I. Lima: IFEA, PUCP, BCR, CAAAP, 2001, pp. 116.

los principios liberales, sí con un patrimonialismo más acorde con el carácter histórico y social del Perú de ese momento. En lugar de afianzar el orden liberal como guía de organización nacional, Castilla buscó el respaldo de ideólogos conservadores y élites dispuestas a secundar ese patrimonialismo. Así llegó al lugar que la historia hoy le reconoce como

Escena de la campiña arequipeña, espacio rural que abastecía a la ciudad y servía de lugar de esparcimiento. *Fuente*: Universidad de Harvard.

organizador de la nación. En Arequipa, ciudad impregnada intelectualmente de liberalismo, las élites se encontraban en la paradoja de tener que buscar respaldo militar de caudillos más bien conservadores en la medida que aseguraran cierta protección contra el centralismo limeño. El resultado fue una relativa decepción de la construcción del Estado nacional y un creciente interés por defender su estatus de poder regional ante una avasallante capital favorecida por los ingresos del guano.

Tras la revolución que elevó a Castilla al poder, los liberales, envalentonados con las revoluciones europeas de 1848, impusieron una Carta magna que iba contra algunos privilegios de la Iglesia, como el cobro de diezmos, obvenciones y primicias, la supresión de fueros personales y las vinculaciones de capellanías. No se impuso en cambio la tolerancia

Antigua calle de Mercaderes, en el centro de la ciudad de Arequipa (siglo XIX).
*Fuente*: Derechos reservados.

de cultos, permaneciendo imbatible la defensa de la religión y la Iglesia católica por parte del Estado nacional. El giro liberal laico que se predicaba desde Lima no comulgaba con los sentimientos religiosos de las clases altas y de los sectores populares arequipeños. A pesar de ser liberales, los arequipeños eran intensamente religiosos, y existía una estrecha asociación entre catolicismo e identidad local. Cuando se percibía una amenaza externa, la defensa de la religión era capaz de cohesionar a toda la sociedad por encima de sus divisiones sociales.

La contraofensiva católica buscó apoyarse en regiones que, como Arequipa, se oponían al centralismo. Este malestar se acentuó al restringirse la circulación de moneda feble, reduciendo las posibilidades económicas de las provincias pobres sureñas. El resultado fue una alianza más sólida entre la Iglesia y los poderes locales. Este apoyo mutuo ayudó a las élites arequipeñas a defenderse contra lo que consideraban el ataque de un Estado que, gracias a la economía guanera, se tornaba cada vez más patrimonialista, excluyente y corrupto. Fue en este crisol de regionalismo, liberalismo conservador y sinergias con la Iglesia católica donde se forjó la identidad arequipeña revolucionaria.

Una nueva revolución estalló así en Arequipa el 31 de octubre de 1856. Los protagonistas eran ahora los partidarios de Vivanco, que exigían derogar la Constitución y el regreso de su líder. Su manifiesto buscaba apuntalar el edificio social que presuntamente se derrumbaba por efecto de la Constitución y del gobierno de Castilla. El malestar era general, y la rebelión se extendió a Moquegua, Piura y Ayacucho. Se plegaron a la revuelta naves de la marina y los vivanquistas tomaron control de las islas guaneras, dando un duro golpe al Gobierno. Una expedición militar organizada desde Arequipa bajo las órdenes directas de Vivanco puso rumbo hacia el norte. Los resultados no fueron, sin embargo, los esperados, ya que el Gobierno se mantuvo en el poder.

Los errores de Vivanco, la habilidad política y militar de Castilla y la injerencia de navíos de la marina británica a favor del Gobierno constitucional dieron al traste con la expedición conservadora sureña, que regresó a Arequipa derrotada. En junio de 1857, y tras infructuosas negociaciones para una toma pacífica de la ciudad, el pueblo arequipeño se dispuso a resistir el asedio del ejército de Castilla. Durante diez meses la ciudad se parapetó en trincheras y fortines que rememoraban la resistencia de la península de Crimea, que pocos años antes había conmovido el espíritu de los europeos. A tenor de los tiroteos que se registraban casi a diario y del espíritu belicista encarnado por el poeta Benito Bonifaz, cuyas coplas quedarían para la posteridad, la lucha fue encarnizada. Los arequipeños formaron milicias con un cuerpo distinguido de trescientos artesanos vistosamente armados, los llamados "Inmortales", dispuestos a resistir contra toda negociación que implicara una rendición.

En la medianoche del 5 al 6 de marzo de 1858, las tropas de Castilla atacaron el fuerte Sebastopol, en los altos de San Pedro. Poco después ocuparon Caja de Agua y el fuerte Malakoff, donde cayeron gran parte de los defensores, incluyendo el mentado Bonifaz. A medianoche, por demanda de los vecinos notables, Vivanco solicitó el cese de las hostilidades, pero el requerimiento no fue atendido por los sitiadores, quienes reiniciaron el ataque al último reducto ubicado en las trincheras y

María Nieves y Bustamante, escritora arequipeña, autora de la novela *Jorge o el hijo del pueblo*. *Fuente*: Blog arequltura.blogspot.pe de Hélard Fuentes.

muros de las torres de Santa Rosa. En la madrugada del día siguiente cayeron los Inmortales y, con ellos, la ciudad un día después. Vivanco, una vez más, escapó a Chile, dejando atrás 16 meses de rebelión, 9 meses de sitio, 30 horas de combate y una ciudad sometida. El asedio había costado entre 3000 y 5000 muertos, fuera de los heridos y la humillación. Arequipa fue degradada a la categoría de provincia por dos meses.

Más que una revolución, la embestida de Vivanco fue una guerra civil, la más larga y sangrienta que había tenido el Perú republicano hasta entonces, cuyos efectos se hicieron sentir entre los derrotados incluso una generación después, al punto de que la escritora María Nieves y Bustamante (1871-1947) escribió una célebre novela histórica llamada *Jorge o el hijo del pueblo*, donde relataba la trágica historia de amor de Jorge, plebeyo él, y la aristócrata Elena, en medio de los fragores de la guerra. Entre los vencedores, la guerra también causó un fuerte impacto. Castilla atendió la demanda de los vencidos para no aplicar la Constitución liberal, se separó de la Convención, que terminó disuelta por serias discrepancias, y convocó a una Asamblea Constituyente. La nueva Constitución de 1860 conservaba varias reformas, entre ellas la anulación de los fueros militar y religioso, pero también reafirmaba la primacía de la religión católica. Contra todo pronóstico, iba ser una de las constituciones más longevas del Perú republicano, pues se mantuvo en vigor hasta 1920.

## 4. La modernización urbana

La "gentil pastora", como llamaba Bolívar a Arequipa en honor de sus campiñas, era a finales de la colonia una ciudad católica, que gozaba de una arquitectura religiosa ornada de boato y esplendor. Durante las primeras décadas de independencia, presidentes y caudillos se encargaron de desvestir a las iglesias de sus bienes de valor en medio de las interminables guerras civiles que azotaron a la ciudad. La salubridad, la higiene y el aseo de la ciudad dejaban mucho que desear. La suciedad se manifestaba en las acequias, hechas de piedra y canto rodado, que se asentaban al lado de las veredas, conduciendo el agua al interior de los domicilios. La plaza de armas estaba rodeada de covachas y arcos pintados de azul y blanco, y aún no había adquirido la uniformidad que tiene en la actualidad.

La infraestructura de servicios de salud y educación era pésima. Los hospitales de San Juan de Dios y San Francisco eran calamitosos. Sustraídos del servicio para la población por las guerras civiles, se encontraban en abandono. Las escuelas y la universidad aprovechaban la infraestructura de los conventos, lo que remediaba en parte la carencia de locales. En medio de este panorama negativo, se observaban algunos cambios positivos. En los primeros años de la República, se introdujo un nuevo gusto constructivo en la ciudad, basado en la sencillez, claridad y ligereza del estilo de edificación europeo. Los arquitectos renunciaron a la subjetividad del adorno sin sentido y apostaron por la funcionalidad de los edificios y por trazados amplios y abiertos de cuadras y avenidas. El objetivo era crear parques, plazas y bulevares que diesen vida a espacios públicos donde los vecinos pudieran interactuar.

En 1828, se construyó el primer teatro de la ciudad, en el antiguo Hospicio de Huérfanos del Colegio de Jesuitas. Aunque desapareció en 1852, las veladas de nuevo gusto burgués se mantuvieron en medio del fervor por las procesiones, los rituales y la sacralización de los espacios públicos. Ese año también se mejoraron las redes de agua y acequias. Faroles nuevos que funcionaban con gas complementaron el alumbrado que daban las iglesias.

Desde muy pronto existieron proyectos para canalizar el río Chili mediante una represa y canales en Vincocaya y Charcani. La obra debía ser al mismo tiempo un proyecto ilustrado de regeneración urbana y un buen negocio, que proveería de agua a más de mil topos de tierra. Sin embargo, la canalización resultó más complicada de lo esperado. Los derrumbes cegaron los canales y se esfumó el entusiasmo de técnicos, trabajadores e inversionistas. No se retomaría la iniciativa hasta el siguiente siglo.

La mayoría de los arequipeños vivían en el interior del casco urbano, por lo que la campiña circundante tenía todavía un aspecto eminentemente rural. La ciudad cubría 75 manzanas de extensión, algo menos que unas décadas antes, debido al despoblamiento causado por las constantes guerras que azotaban la provincia. Aun así, se comenzaron a desarrollar nuevos sectores, como Miraflores y La Chimba, que modificaron el trazo antiguo de la ciudad. Dejando atrás la irregularidad de sus calles, estas se volvieron más estrechas y cortas, en forma de manzanas. El enlosado de piedra sillar sustituyó a la piedra granítica. Las fachadas de las casas aristocráticas se volvieron más austeras, al pasar de moda la ornamentación barroca y los dobles guardapolvos. Los edificios eran más altos y las calles se poblaron de banderas que demarcaban los sitios destinados para el consumo y la venta de abastos. Las plantas bajas y patios de casas solían incluir comercios y tiendas. Otros eran talleres, donde los artesanos trabajaban y exhibían sus productos. A medida que la República se consolidaba, la nueva administración estatal requería más oficinas, por lo que muchos de los edificios más destacados del centro pasaron a tener esta función. El correo funcionaba desde 1842 en la calle La Merced y los cuarteles militares se instalaron en los conventos cercanos. La catedral, por su parte, sufrió los embates de un incendio en 1844 y fue reconstruida por una junta liderada por el maestro alarife Lucas Poblete.

Templo de San Camilo luego del terremoto que destruyó la ciudad, en 1868.
*Fuente*: Archivo Regional de Arequipa.

Mayores cambios se produjeron en los servicios médicos y en la higiene urbana gracias a la fundación de la Sociedad de Beneficencia Pública en 1848, institución encargada de socorrer a hospitales, orfanatos y cementerios. Para su sostén era clave el apoyo de la Iglesia católica, sobre todo en las provincias del interior, donde las autoridades públicas tenían poca presencia. Este era otro aspecto de la alianza entre Iglesia y élites locales que caracterizó esta etapa de la historia arequipeña.

## 5. La pistola que apunta al corazón de Lima, 1865-1868

Durante los años centrales del siglo XIX, Arequipa desarrolló una relación ambivalente con el conjunto del Perú. Aunque la región participó activamente en la política nacional, era también un baluarte de resistencia e inestabilidad. El fuerte regionalismo, la existencia de intereses diferenciados en el plano económico y la presencia de individuos con ambiciones personalistas hicieron que la relación con Lima fuera muy tensa. La principal consecuencia fue la constante insurgencia de una ciudad que era vista como una pistola que apuntaba al corazón de Lima.

El 1 de marzo de 1865, Arequipa se levantó, con acta municipal en la mano, contra las concesiones del gobierno de Juan Antonio Pezet al gobierno español. El tratado Vivanco-Pareja reconocía reclamos sobre propiedades y deudas defendidos por los españoles desde los tiempos de la independencia. La debilidad del gobierno de Pezet derivó en concesiones que los arequipeños consideraron humillantes y contrarias a la soberanía del país. Un ejemplo era el reconocimiento de deudas atrasadas bajo amenaza de ocupación de las islas guaneras. Estos hechos condujeron a que el prefecto de la ciudad, Mariano Ignacio Prado, se sublevara contra el Gobierno, apoyado simultáneamente por un levantamiento cívico. Ambos alzamientos decían defender el honor nacional y el respeto a la Constitución.

Aunque de origen huanuqueño, Prado estaba casado con una dama arequipeña. Quizás por ello, como Vivanco y Castilla, iba a tener durante toda su vida una complicada relación de amor y odio con la ciudad. Aprovechando la situación, otro arequipeño prominente, el general y vicepresidente de la nación, Pedro Diez Canseco, decidió levantar sus propias banderas contra Pezet y contra Prado. Para aumentar la confusión, Domingo Gamio, nombrado prefecto de la ciudad por el movimiento vecinal, no estaba de acuerdo ni con uno ni con otro. Consideraba que Prado no tenía la primacía de la revolución y que Diez Canseco, aunque seguía siendo legítimo vicepresidente, desviaba el propósito original de la rebelión, por lo que las milicias arequipeñas no debían participar de las batallas que se avecinaban por la conquista de palacio de gobierno. La victoria militar de los varios grupos y facciones rebeldes sobre Pezet ungió finalmente a Prado como dictador gracias

Pedro Diez Canseco Corbacho (1815-1893) fue Presidente interino del Perú en tres ocasiones, sucediendo a Castilla, a Pezet y a Francisco Diez Canseco. *Fuente*: Museo Nacional de Arqueología, Antropología e Historia.

al apoyo de los liberales y de los sectores populares de Lima y Callao. Diez Canseco fue destituido de su cargo de vicepresidente y Gamio debió huir de la ciudad.

La desconfianza de las élites arequipeñas hacia las nuevas autoridades se convirtió en una masiva oposición en 1867, cuando Prado promulgó una nueva constitución liberal. El espectro de una nueva guerra civil recorrió el país. La imposición de una Constitución liberal por un gobierno que no se sentía ideológicamente liberal estuvo acompañada de levantamientos e insurrecciones de quienes se oponían a las reformas que limitaban los privilegios eclesiásticos tradicionales. El contexto económico y social era aún más crítico que en la década anterior. Los intentos de reforma ensayados por ministros liberales como Manuel Pardo para evitar el desastre fiscal, obligaban a impopulares ajustes presupuestarios. Entre otras medidas, se pretendía incrementar las obligaciones tributarias de los indígenas, imponer tributos a los pequeños propietarios y establecer un mínimo de contribuciones en cada localidad del país. Esto último suponía transferir el peso de la recaudación a las autoridades locales, con las consiguientes tensiones.

La respuesta no se hizo esperar. El clero y la Iglesia, al ver disminuidos sus privilegios fiscales, amenazaron con abandonar sus obligaciones en el campo de la educación. Tampoco ayudó la actitud del ministro del interior José María Quimper, que había dispuesto un mayor control del toque de campanas y el reconocimiento de la libertad de prensa. A escala local, el descontento era mayor por el desinterés del gobierno de Prado respecto a la construcción del ferrocarril sureño, un proyecto largamente esperado en Arequipa, que había impulsado el vicepresidente Diez Canseco durante su corta gestión. Las condiciones para encender la identidad revolucionaria arequipeña más conservadora estaban servidas.

La revolución de 1867 fue liderada por Pedro Diez Canseco en el sur y por el coronel José Balta en el norte. Sus promotores querían, sobre todo, reducir el excesivo poder que Lima había adquirido gracias a los ingresos guaneros. La campaña fue un éxito militar y consolidó la imagen de Arequipa como un baluarte contra las constituciones liberales y centralistas emanadas del poder limeño. La Carta magna fue quemada en acto público y se levantaron barricadas para evitar el contraataque pradista. El asalto se produjo poco después de Navidad, y fue sumamente cruento. Las fuerzas oficialistas contaban con algunos de los armamentos más sofisticados de la época, como el cañón 68 y el Blakely 300 de largo alcance, usados en la Guerra de Secesión norteamericana. Aun así, Arequipa se batió heroicamente. Las trincheras, las torres y el pueblo armado, incluyendo mujeres y niños, no solo impidieron la conquista de la ciudad, sino que tomaron numerosos prisioneros entre los asaltantes. Ante la imposibilidad de imponerse por la fuerza, Prado renunció el 5 de enero de 1868, y en su lugar se instaló un régimen conservador que reinstauró la Constitución de 1860. Una de sus primeras medidas fue encargar al ingeniero Enrique Meiggs la construcción del ferrocarril del sur.

## 6. El compañero perpetuo: sismos y terremotos

Ocho meses después de la victoria arequipeña, el 13 de agosto de 1868 a las 4:45 de la tarde, Arequipa y la región sur se vieron sacudidas durante ocho minutos por un terremoto de grado 11 en la escala de Mercalli. El sismo, seguido de réplicas menores los días siguientes, se extendió desde Nasca a Tarapacá, originando un maremoto que afectó al puerto de Arica. Edificaciones y templos coloniales en Chala, Islay, Camaná y en la ciudad de Arequipa se vieron reducidas a ruinas. Entre los destrozos se encontraba la catedral, reconstruida tras un incendio menos de dos décadas antes. El número de víctimas ascendió a 180 y muchas familias se quedaron sin hogar. La intensidad y el grado de destrucción, según los testimonios de la época, eran los mayores desde la fundación española. El desabastecimiento y la destrucción de las acequias que llevaban agua a la ciudad complicaron aún más la situación. Tampoco faltaron saqueos y pillajes luego del desastre. Aunque el gobierno de Balta envió ayuda, fueron los trabajadores de la construcción del ferrocarril, muchos de ellos venidos de Chile, Bolivia y del interior del país, quienes recogieron y sepultaron los cadáveres.

El terremoto destruyó buena parte de la arquitectura colonial. Antiguas casonas de uno y dos pisos se derrumbaron. Iglesias y edificios oficiales quedaron en muy mal estado. Algunas calles casi se destruyeron por completo. También los portales de la antigua plaza de armas resultaron seriamente afectados y tuvieron que ser demolidos. Un nuevo terremoto ocurrido en 1878, aunque de menor intensidad, hizo que algunas viviendas que resistieron el de 1868 colapsaran. Estos desastres concientizaron a la población acerca de los riesgos de los sismos e indujeron a las autoridades a tomar precauciones para asegurar la estabilidad de las futuras construcciones. Dejaron así de usarse materiales como el sillar, el cual fue reemplazado con piedras de granito. También se tomaron medidas higiénicas y sanitarias para mejorar el abastecimiento de agua en el centro de la ciudad.

La reconstrucción permitió redefinir los espacios urbanos. La plaza de armas dejó de ser un mercado para convertirse en un parque con pileta en el centro y veredas que convergían hacia ella. Años más tarde también se la rodeó con un anillo perimétrico. Los arcos se reconstruyeron con un estilo uniforme neoclásico, en una tarea que duró varios años. Para sustituir el mercado antiguo se construyó el mercado de San Camilo. La catedral también fue reconstruida. La renovación urbana permitió ampliar las calles, abriéndose espacio para parques y bulevares. Estas reformas pretendían imitar el trazo urbano europeo. Sobre todo, se buscaba aprovechar la vista al río, incluyéndola como parte del paisaje urbanístico y natural. Esta integración visual implicaba construir nuevos puentes, bautizados después de la Guerra del Pacífico como Bolognesi y Grau, que unirían la ciudad con el tradicional pueblo de Yanahuara. También se equiparon los baños públicos de Zemanath. Asimismo, la introducción del telégrafo en la segunda mitad del siglo XIX permitió contar con una comunicación más rápida con otros puntos del país.

La historiadora Rocío Gómez Medina señala que uno los efectos del terremoto de 1868 fue la disminución de las actividades económicas. Quienes no podían reconstruir sus viviendas y negocios se vieron obligados a transferir sus propiedades a aquellos que contaban con recursos para emprender la tarea. Este fenómeno se agudizó en los años siguientes, con la entrada en funcionamiento del ferrocarril. Por otro lado, el primer banco fundado en Arequipa en 1871 limitó su actividad a la emisión de billetes bancarios para financiar actividades locales y de exportación lanera. No financiaba, sin embargo, inversiones que tuvieran que ver con la reconstrucción de la ciudad. Estos billetes circulaban en Cusco y Puno. Las actividades del banco llegaban a lugares lejanos como Lima, Tacna, Arica, Valparaíso, Londres y Nueva York, hasta su cierre en 1882.

# Capítulo IV

## Invasión, guerras y región: resistencias, rupturas y tensiones

El capítulo más doloroso de la historia peruana del siglo XIX se escribió en la Guerra del Pacífico. Los historiadores están de acuerdo en que los motivos materiales de la guerra fueron la posesión del salitre, sustituto del guano, que se hallaba bajo control de acreedores del Estado. Ambos productos se dirigían al mercado europeo, que por entonces atravesaba una etapa de intensa industrialización. Los países sudamericanos se habían vuelto profundamente dependientes de los ingresos proporcionados por estas materias primas; sin embargo, la crisis mundial de 1873 había provocado una fuerte caída de los precios. En un clima de intensa competencia, cada Estado trataba de asegurar el control de las rentas del salitre de diferentes maneras. En Perú, el gobierno de Manuel Pardo nacionalizó el recurso en 1875. En Bolivia, el presidente Hilarión Daza elevó el impuesto que el Estado cobraba por cada quintal de salitre a la Compañía de Salitres y Ferrocarril de Antofagasta. Esto suponía desconocer el acuerdo firmado dos años antes entre Bolivia y la empresa. En medio de un litigio fronterizo, Chile asumió directamente la defensa de los intereses de la compañía salitrera y sus socios extranjeros, afectados por la medida impositiva boliviana. Los soldados chilenos cruzaron la frontera y ocuparon varios sectores del vecino país.

Perú se involucró en el conflicto sin haberlo deseado, al invocar Bolivia la alianza "secreta" firmada en 1873. La primera etapa de la guerra se desarrolló en el mar. La flota peruana estaba en manos del almirante Miguel Grau, quien al mando del legendario monitor *Huáscar* pudo contener el avance chileno entre abril y octubre de 1879. Un segundo momento comenzó con la invasión terrestre de Tarapacá en el mes de noviembre, y enfrentó al ejército chileno con sus pares boliviano y peruano, que defendieron infructuosamente el terreno hasta la caída de Lima en enero de 1881. La tercera y última fase de guerra estuvo signada por la resistencia del general Andrés Avelino Cáceres, hasta la firma del Tratado de Ancón en 1883 y el retiro del ejército chileno en 1884, momento en que el país quedó sumido en una nueva guerra civil.

En Arequipa, la guerra tuvo también tres momentos: defensa del territorio patrio, con un alto componente nacionalista (1879-1882); instalación del Gobierno nacional, presidido por Lizardo Montero (1882-1883); y la ocupación chilena de la ciudad (1883-1884). Al inicio de la guerra hubo un compromiso pleno de la región contra la amenaza externa. Sin embargo, a medida que la presión chilena crecía, la guerra hizo aflorar conflictos y divisiones internas en la sociedad arequipeña, que, al igual que el resto de país, terminó envuelta en una guerra civil.

## 1. El inicio de la Guerra del Pacífico

La guerra empezó con una fiebre nacionalista en el país y la Ciudad Blanca. A pesar de los temores del respetado deán Valdivia por las consecuencias de la guerra, el consejo provincial de Arequipa y las provincias del interior publicaron bandos que reflejaron un estado de ánimo entusiasta. De Arequipa partieron hacia el sur regimientos organizados enteramente por coterráneos, como Cazadores del Misti o Guardias de Arequipa. Entre sus oficiales se encontraban notables y comerciantes, como Francisco Bolognesi e Isaac Recavarren. Otros batallones y regimientos organizados por comerciantes, artesanos y estudiantes se abocaron al resguardo de la ciudad. Damas de toda condición organizaron cuerpos de enfermería, ambulancias, trabajos de costura y recolección de óvolos para los soldados que marchaban al frente.

La euforia de los primeros meses de la guerra se fue diluyendo conforme se conocían los resultados adversos de los primeros combates navales y terrestres. Las restricciones que la flota chilena imponía al comercio empeoraron las condiciones de vida de la población. Los más perjudicados eran quienes ya habían visto su economía golpeada desde

Arcos del portal de Flores, de la plaza de armas de Arequipa (1880). Lleva el nombre en honor al Alférez Juan Flores del Campo. *Fuente*: Wikipedia

la crisis anterior a la guerra. Los chilenos bloquearon el puerto de Mollendo después de la caída de Tacna, en 1880. Aunque la caleta de Quilca lo sustituiría temporalmente, ambos puertos fueron destruidos por el ejército invasor. Vagones, rieles y almacenes del ferrocarril quedaron inservibles, lo que afectó el abastecimiento del país. Dos años después, los ejércitos chilenos volvieron a desembarcar en Mollendo para instalar puestos de control aduanero, lo que incrementó los costos de importación y exportación de mercancías, especialmente los productos de consumo que ya tenían altos precios desde antes de la guerra.

La guerra sacó lo mejor y lo peor de los arequipeños. Los efectos negativos de la contienda se agravaron con una epidemia de tifus, que agudizó el malestar e hizo aflorar las tensiones acumuladas en la sociedad local. Los extranjeros que trabajaban en la construcción del ferrocarril, en las minas y en todo tipo de negocios se convirtieron en chivos expiatorios. Como era de esperar, los chilenos fueron los más castigados. Un decreto del gobierno de Prado ordenó su expulsión. Aunque esta norma no siempre se cumplió, quienes se quedaron sobrellevaron sospechas de espionaje, violencia y frecuentes maltratos.

Las rivalidades políticas en el país se agudizaron a raíz del sorpresivo viaje del presidente Mariano Ignacio Prado, de la facción civilista, a Europa. Nicolás de Piérola aprovechó la ausencia del presidente para dar un golpe de Estado y destituir a las autoridades regionales y locales. En Arequipa, las disputas alrededor del comando del segundo ejército del sur fueron un problema adicional. El prefecto y la municipalidad azuzaban al patriotismo bélico para legitimar los altos impuestos y las contribuciones de guerra entre una población agobiada por las dificultades económicas. El cambio de gobierno fue bien recibido por los funcionarios y empleados locales, que no cobraban sus sueldos desde enero de 1880; pero sus expectativas se vieron rápidamente defraudadas. No estaba en los planes de Piérola cumplir tales exigencias. Por el contrario, el nuevo gobierno aumentó y reprimió cualquier oposición a su gestión o a la de sus partidarios. El periódico *La Bolsa*, identificado como representante de la prensa civilista, fue censurado, mientras los partidarios del antiguo régimen eran perseguidos y encarcelados.

Lima cayó en poder de los chilenos el 17 de enero de 1881. Piérola escapó al interior del país y convocó desde Ayacucho a un congreso que ratificó su autoridad. Pese a los constantes reveses, se negó a negociar con el alto mando chileno, hasta el punto que decidieron buscar otros interlocutores. Para sustituir al presidente, se constituyó en Lima una junta de notables, cercanos al civilismo, que nombró como gobernante al jurista arequipeño Francisco García Calderón. Su encargo consistía en negociar la paz con el ejército chileno. Sin embargo, estos acuerdos nunca se concretaron. Las exigencias chilenas sobrepasaban lo que García Calderón estaba dispuesto a aceptar: la cesión de los territorios

Fotografía de Lizardo Montero. Durante la guerra del Pacífico, estableció su gobierno en Arequipa.
*Fuente*: Wikipedia

de Tarapacá y del puerto de Arica. En su lugar ofreció indemnizaciones que no fueron admitidas y terminaron con su deportación a Chile en noviembre de 1881. Desde ese momento se le conoció como el "presidente cautivo".

También Piérola tuvo que abandonar el poder, abrumado por sus errores y rechazado incluso por sus seguidores. Entre quienes se negaron a seguir a su lado destacaban Miguel Iglesias y Andrés A. Cáceres. El primero dirigía la resistencia en el norte del país y el segundo en la zona centro. Iglesias era un importante hacendado cajamarquino que presionado por las campañas represivas chilenas consintió en acordar una paz que supusiera cesiones territoriales al país vecino. Cáceres, también un hacendado natural de Ayacucho, al contrario de Iglesias, se opuso a las exigencias chilenas y condujo con relativo éxito una guerra de guerrillas contra el invasor.

## 2. La resistencia nacional y el gobierno de Lizardo Montero

Entre marzo y mayo de 1880, el pierolista Pedro Alejandrino del Solar, prefecto de Arequipa y jefe político militar del sur, organizó un ejército con pertrechos provenientes de Lima. Con levas de Puno y Cusco, las tropas sumaban 4000 efectivos que se distribuyeron entre las diferentes provincias del sur para defender el territorio ante la inminente invasión chilena. La Guardia Nacional, conformada por civiles arequipeños y a cargo de la seguridad local, se mantuvo en su puesto. Aun sin el armamento necesario para la defensa, al tener noticia del desembarco chileno, este cuerpo se movilizó el 9 de marzo de 1880 hacia el puerto de Mollendo. Sin embargo, los soldados arequipeños llegaron demasiado tarde. Los enemigos destruyeron las instalaciones y huyeron sin llegar a trabar combate.

Hasta octubre de 1883, Arequipa no sería blanco del ejército chileno. Esa relativa tranquilidad permitió que la ciudad se convirtiera en baluarte del nuevo gobierno peruano, dirigido por el contraalmirante Lizardo Montero. Se trataba de un civilista que hasta entonces había fungido de vicepresidente de García Calderón, quien gracias a disponer de una fuerza militar en Huaraz había llegado al poder con el visto bueno del defenestrado presidente. Para Montero, controlar Arequipa tenía varias ventajas estratégicas: la región contaba con bases cercanas a la frontera boliviana y disponía de recursos económicos y militares que hasta entonces apenas habían sido utilizados. Montero tomó el control de la ciudad el 31 de agosto de 1882, tras la renuncia forzada del prefecto Del Solar. Desde allí planteó unificar las fuerzas políticas y militares que se oponían a la humillante paz propuesta por los chilenos. Para ello contaba con el apoyo de Cáceres, a quien nombró como su segundo vicepresidente. Paradójicamente, ese mismo día Miguel Iglesias lanzaba el "grito de Montán" en Cajamarca, que era el llamado a reconocer la derrota militar peruana.

Hasta la caída de Tacna y las batallas de Tarapacá y Arica, el ejército boliviano había participado en las acciones bélicas en alianza con el ejército peruano. Tras la deposición de Hilarión Daza, la situación cambió. El nuevo presidente boliviano, Narciso Campero, propuso a Piérola retomar la alianza defensiva, asegurando armas, soldados, vituallas y dinero para resistir al ejército chileno. Esta estrategia suponía desplazar el eje de la resistencia a la región sur del Perú, lo más cerca posible de la frontera entre ambos países. Este plan sería uno de los pilares fundamentales de la resistencia peruana y de las actividades del gobierno de Montero en Arequipa. Aun así, había serias dificultades para llevarlo a cabo. Los desórdenes y deserciones que se estaban produciendo en el campo peruano y las distancias que debían cubrir las tropas limitaban las operaciones militares. Montero había organizado un gobierno con gabinete, parlamento y poder judicial, y contaba con un ejército regular de 4000 soldados, que con el tiempo se reduciría a 3000, ya que 1000 de ellos marcharían a apoyar a Cáceres en la sierra central. Estos esfuerzos exigieron impuestos a la ciudad y a la región. Para mantener alta la moral, el nuevo presidente apelaba al espíritu insurreccional arequipeño, a desfiles y a ejercicios militares en los campos y calles de la ciudad. Contaba también con la fuerza nominal de 5000 guardias nacionales, que a la hora de la defensa de la ciudad en octubre de 1883 se redujeron a 2500.

La participación de Arequipa en la guerra con Chile ha sido motivo de polémicas. Los historiadores Jorge Basadre y Rubén Vargas Ugarte plantearon la tesis de una limitada participación en la guerra hasta el fin de su ocupación en 1884. Basadre, que en este punto sigue las memorias de Montero, atribuye este comportamiento al escaso entusiasmo de la ciudad por involucrarse en una guerra que se veía perdida. Sin embargo, Daniel Parodi discrepa de esta visión. Desde su punto de vista, la participación de Arequipa en la guerra habría que entenderla según el plan de Montero: la región debía ser un núcleo de aprovisionamiento de las fuerzas que resistían la invasión chilena en el resto del país. Aun así, no está claro el real compromiso de los arequipeños con este plan. Buena parte de las decisiones políticas y militares correspondieron al régimen dirigido por autoridades externas a la región. La ambigüedad derivó en un confuso motín promovido por miembros de la Guardia Nacional con el apoyo de sectores enardecidos de la población arequipeña, al comprobar que el ejército regular que supuestamente iba a defender la ciudad se trasladaba a Puno. Esta medida contradecía lo acordado por el propio Montero, en una asamblea popular deliberativa llevada a cabo el 25 de octubre de 1883.

Francisco García Calderón Landa, jurista y político arequipeño. Presidió el gobierno de La Magdalena durante la Guerra con Chile. *Fuente*: Wikipedia 🅭🅯

Otros historiadores, como Eusebio Quiroz Paz Soldán y Juan G. Carpio, proponen una visión más positiva de los arequipeños durante la guerra: dada la fuerte tradición local de resistencia y de haber contado con cuerpos debidamente armados, los arequipeños habrían podido evitar la invasión. Este enfoque soslaya, sin embargo, la compleja situación que vivía la región durante la guerra. Las privaciones materiales producto del bloqueo, las epidemias, las exigencias de impuestos, los reclutamientos forzosos y las tensiones políticas que enfrentaban a las facciones civilistas, pierolistas e iglesistas trazaban un escenario poco auspicioso para la defensa de la región. La invasión podía ocurrir en cualquier momento.

Arequipa atravesó ocasiones sumamente tensas durante la guerra. Especialmente complicado fue el Congreso convocado por Montero para debatir una posible rendición a las exigencias chilenas. Por un lado, estaban quienes veían el acuerdo como una manera de evitar que el conflicto derivara en un caos que amenazara sus bienes y propiedades. Por otro, gran parte de la población local era partidaria de resistir. Los planteamientos intransigentes defendidos por los gobiernos de Montero y Campero perdían fuerza ante la opción de la paz a toda costa, auspiciada por Iglesias. Los partidarios de la resistencia contaban con el apoyo de Andrés Avelino Cáceres, el Brujo de los Andes. Refugiado en Junín desde la caída de Lima, Cáceres marchó desde Tarma hacia la sierra norte de Áncash en mayo de 1883. Su objetivo era reunirse con el general Recavarren, que había partido de Arequipa ante la inactividad de Montero para obligar a Iglesias a renunciar a su acuerdo de paz con los chilenos. En el camino, Cáceres decidió enfrentarse con sus perseguidores en la sierra de La Libertad. La batalla tuvo lugar en Huamachuco el 10 de julio de 1883, y acabó en una dura derrota de las fuerzas peruanas.

Las esperanzas de los partidarios de la resistencia disminuyeron con la mencionada derrota. El último escollo para la paz era Arequipa. Los altos mandos del ejército de Montero, acompañados de 2500 soldados y de la Guardia Nacional, esperaban expectantes en la ciudad. El 25 de octubre se precipitó el desastre cuando un improvisado plebiscito convocado en la plaza de armas por Montero sembró la confusión y las dudas, haciendo estallar las tensiones acumuladas. Para muchos integrantes del sector alto de la ciudad, resistir militarmente a la invasión extranjera no tenía sentido, ya que la derrota era segura. Cinco días antes, Iglesias había firmado el Tratado de Ancón, que reconoció la victoria chilena, y, desde este punto de vista, a Arequipa no le quedaba sino asumir la derrota y abandonar la causa de Montero. Para el resto de la población, la posición derrotista sonaba a traición. El resultado fue un nuevo estallido de violencia.

El historiador Guido Riveros plantea, en una reciente publicación, que los intereses de la plutocracia del Partido Civil habrían estado detrás de la indecisión de Montero en el último tramo de la guerra. El presidente representaba los intereses de la facción limeña, que pretendía conservar el ejército estacionado en Arequipa para utilizarlo en la guerra civil que todos temían se desatara una vez que, alcanzada la paz, se retirara el ejército chileno. Mantener la resistencia a toda costa suponía arriesgarse a perder esta carta en el futuro. Finalmente, la huida de Montero a Puno impuso a Arequipa la peor de todas las soluciones posibles: la ocupación chilena, la aceptación de una paz con cesión territorial y la desarticulación del último ejército realmente organizado para resistir la invasión.

## 3. Ocupación y guerra civil

El ejército chileno entró en Arequipa el 29 de octubre de 1883, a solicitud del cuerpo consular extranjero. Los ocupantes contaban con el aval de acuerdo firmado en Paucarpata por los vecinos notables de la ciudad, preocupados por la reimposición del orden. La ciudad carecía de autoridades, ya que el presidente Montero había huido y el alcalde civilista, Diego Butrón, había muerto a manos de una muchedumbre exaltada que lo descubrió escondido en unos matorrales el día del fallido plebiscito. Su puesto fue asumido por un grupo de autoridades provisionales electas en un cabildo abierto realizado poco después de la llegada de las tropas chilenas. La cabeza visible del municipio era Armando de la Fuente, quien tuvo la triste tarea de entregar las armas al ejército ocupante, establecido en la plaza de armas por varias semanas. También debieron encargarse de atender las necesidades de aprovisionamiento del ejército chileno.

En la escasa medida de sus fuerzas, las nuevas autoridades trataron de salvar lo que pudieron de la riqueza local. Intentaron evitar que las imprentas fuesen destruidas e hicieron sus mejores esfuerzos para reunir los libros de la biblioteca pública, saqueados durante los motines que estallaron en las últimas horas de resistencia. El ejército chileno permaneció en la ciudad casi dos meses, hasta finales de diciembre, cuando las tropas se trasladaron a los distritos vecinos de Tiabaya, Sachaca y Tingo. La convivencia fue siempre tensa entre los soldados chilenos y la población. Quiroz Paz Soldán narra un conocido episodio al respecto, ocurrido en Quequeña. El incidente comenzó cuando varios vecinos trataron de proteger a unos jóvenes del lugar, acusados de robar un arma a los ocupantes. Dos soldados y un vecino del lugar murieron en la contienda y otros dos residentes resultaron heridos. Uno de los jóvenes del lugar, llamado Mariano Linares, alegaba haber actuado en

Ferrocarril de Arequipa (1882). La línea Mollendo-Arequipa integró económica y comercialmente el sur del país. *Fuente*: Archivo Regional de Arequipa.

defensa propia ante la agresión de un soldado chileno que le había robado su reloj. Otros vecinos que lo acompañaban acusaban a este soldado de querer violar a una mujer. Para evitar problemas mayores, los chilenos decidieron ocupar Quequeña el 24 de noviembre. Medio centenar de vecinos fueron detenidos y llevados al vecino pueblo de Yarabamba, donde se les alineó al pie del atrio del templo del pueblo. De manera arbitraria, pese a la oposición del presbítero de la localidad, Emeterio Retamoso, los ocupantes escogieron a veinte de ellos y los flagelaron durante todo el día, para después fusilar a seis de ellos sin proceso judicial alguno. Entre las víctimas estaban Juan de Dios Acosta y Ángel

Figueroa, vecinos de Quequeña; Mariano Ávila, arequipeño; Manuel B. Linares y Luciano Ruiz, vecinos de Yarabamba; y Liborio Linares, de Buena Vista.

El ejército chileno se quedó en Arequipa hasta el 16 de agosto de 1884. Gracias a su apoyo, los representantes del régimen de Iglesias apersonados en la ciudad pudieron gobernar. Cuando los invasores se retiraron dejaron atrás una ciudad humillada y empobrecida. La respuesta no se hizo esperar. Apenas un día después de la salida de los chilenos, el general César Canevaro ocupaba la ciudad en nombre de Cáceres, y expulsó a las autoridades iglesistas. Una vez más Arequipa se iba a convertir en la base de los insurgentes, en una guerra civil que solo concluiría con el derrocamiento de Iglesias en 1885.

## 4. Posguerra y recuperación económica

La guerra civil de 1885 tuvo profundos efectos en casi todo el país. A los miles de muertos se sumó la definitiva pérdida de la provincia de Tarapacá y la cesión temporal de Arica y Tacna. Los ingentes daños ocasionados en la infraestructura material (ferrocarriles y haciendas destruidas, pueblos arrasados), deudas vencidas y una fuerte desmoralización política y social eran la evidencia de un Estado colapsado. En Arequipa, la costa fue la zona más afectada, sobre todo el tramo del ferrocarril entre Mollendo y Arequipa, que pasó a manos de la Peruvian Corporation.

A diferencia de lo ocurrido en otras regiones, la dinámica comercial arequipeña, articulada en torno a la producción y exportación de lanas, permitió una rápida recuperación. En pocos años Arequipa volvió a ser un centro pujante, donde se reunían peruanos y extranjeros. Los cambios tecnológicos de la llamada "segunda revolución industrial" comenzaron a llegar a la región, revistiéndola de un halo de modernidad. Se trataba, sin embargo, de una modernidad traslapada con tradicionalidad, expresada básicamente en la adquisición de nuevos hábitos de consumo y estilos vida. El resultado fue una época de relativa prosperidad, en la cual se consolidó la formación oligárquica y aristocrática del sur peruano.

Uno de los resultados de la recuperación económica consistió en una más sólida integración comercial con Puno. Familias emergentes arequipeñas empezaron, de esta forma, a adquirir tierras fuera de la región para producir directamente lana de oveja. Esta nueva actividad complementaba y reforzaba las estructuras previas de explotación no capitalista entre las poblaciones rurales y campesinas indígenas. Aun así se trataba de un intercambio desigual, ya que las políticas de precios casi nunca favorecían a los pobladores rurales. Los valles de Ocoña y Camaná dejaron de producir vinos y giraron hacia el cultivo de caña de azúcar y algodón. Esta especialización fue posible gracias a la llegada de grandes contingentes de población asiática, reemplazada por la indígena unas décadas después. La paulatina ampliación de la frontera agrícola para la exportación y autoconsumo, la conexión con el ferrocarril y la erradicación de la malaria en los valles bajos impulsaron estos cambios. La misma tendencia se experimentó en los distritos de Islay, favorecidos con el ferrocarril y la expansión de las haciendas, en manos de familias como los Lira, los Salaverry y los López de Romaña, a los que se sumaron más adelante los Muñoz Nájar. Las medianas propiedades de cultivos de caña de azúcar y arroz favorecieron la instalación en el valle de Tambo de una fábrica de ron y azúcar, así como el surgimiento de un proletariado rural.

Algunas de estas haciendas alcanzaron en la posguerra un esplendor notable. A principios del siglo XX, Pampa Blanca era propiedad de la familia Lira, que proveía de connotados líderes políticos al país. La hacienda sumaba más de 400 hectáreas, contaba con un ingenio azucarero e incluso con un ferrocarril de trocha angosta para transportar azúcar y pasajeros. Gracias a su gestión, en 1903 se introdujo la luz eléctrica en el valle del Tambo, años antes de que llegara a Arequipa. La hacienda contaba con un templo de estilo gótico, dedicado a la Inmaculada Concepción. Tenía también un teatro de ópera, un jardín con plantas y flores extranjeras, una piscina, una escuela y un mausoleo. Otra hacienda destacada era Churacapi, propiedad de la familia López de Romaña, que dio un presidente al Perú en este mismo periodo. Inicialmente, sus operarios molían la caña de sus 1200 hectáreas en la hacienda Pampa Blanca y usaban el mismo ferrocarril. Sin embargo, la relación entre ambas familias se frustró con el tiempo, lo que obligó a los López de

Romaña a comprar un ingenio azucarero propio y a construir tanto un ferrocarril como un puente paralelos a los de Pampa Blanca.

Las provincias altas de Condesuyos y Castilla, alejadas del ferrocarril, tenían un panorama social diversificado, con presencia de estancias, haciendas y comunidades. La minería de plata creció gracias a una población indígena en aumento, disciplinada y controlada por los llamados gamonales. Los productos locales bajaban en mula a la ciudad o a la costa, a través de los valles de Majes y Aplao. También la provincia de La Unión, creada por Orbegoso en 1835, se articulaba a través de estos valles.

Un caso destacado de crecimiento económico fue la provincia de Caylloma. En decadencia desde finales de la época colonial, revirtió esta tendencia al potenciar la crianza de alpacas, llamas y vicuñas. También se recuperó la minería de oro y plata gracias al capital inyectado por la British Caylloma Silver Mining Company Limited. La zona contaba con la ventaja de una entrada al ferrocarril por Sumbay. Estos cambios en la provincia estuvieron acompañados de otros igualmente importantes en el ámbito político, como fue el fortalecimiento de los alcaldes municipales. El poder local se reconfiguró y profundizó la subordinación del mundo rural al urbano. Este nuevo esquema cristalizó con la consolidación del sistema de haciendas a finales del siglo XIX.

La formación de las haciendas se basó en la apropiación y concentración de tierras, impulsadas por un nuevo grupo de recién llegados a las comunidades. Estos foráneos eran bien recibidos por los comuneros por su papel como intermediarios en la comercialización de lanas y por su matrimonio con las hijas de los comuneros. Además de ser intermediarios económicos, controlaban la precaria administración pública local, mediante el monopolio de los cargos de jueces de paz. Desde esta posición, aprovecharon para impulsar una paulatina apropiación de las tierras de las comunidades para su propio beneficio. Para lograrlo, usaban las relaciones de compadrazgo y apadrinamiento con los comuneros, que a cambio buscaban defender y asegurar sus posesiones. Paradójicamente, la población indígena era despojada de sus tierras a través de mecanismos que supuestamente sus protectores e intermediadores les ofrecían.

## 5. La revolución de 1894-1895

El régimen de Cáceres puede verse como una década fallida, caracterizada por la combinación paradójica de descentralización fiscal y centralización política autoritaria. El héroe de la Guerra del Pacífico gobernó primero de manera directa y después indirecta, a través de Remigio Morales Bermúdez, hasta su derrota a manos de una revolución multiclasista acaudillada por Nicolás de Piérola en 1895. El origen del conflicto estuvo en las maniobras de Cáceres para conseguir que el segundo vicepresidente, Justiniano Borgoño, ascendiera al poder tras el fallecimiento de Morales Bermúdez, relegando al primer vicepresidente, Pedro Alejandrino Del Solar, quien desde el punto de vista constitucional era el sucesor legítimo. Borgoño era partidario de Cáceres, mientras que del Solar se le oponía. La oposición en el Congreso cuestionó ardorosamente esta maniobra, por lo que el Parlamento fue disuelto sin contemplaciones. Borgoño convocó a elecciones con Cáceres como único candidato. Fue entonces cuando estalló la revolución. La coalición opositora reunía a los antiguos antagonistas demócratas y civilistas. Dejando atrás sus viejas rivalidades de la época del guano, pusieron a la cabeza del movimiento a Nicolás de Piérola, líder del partido demócrata, quien destacaba por una fuerte conexión con las masas.

Piérola era arequipeño y contaba con el apoyo de buena parte de las élites locales. Personajes como Eduardo López de Romaña, futuro presidente del Perú, o el propio vicepresidente Del Solar, se sumaron a la cruzada para regenerar el país. El movimiento rebelde contaba con el apoyo de sectores medios y populares arequipeños, insatisfechos por la crisis de 1892. Los arequipeños exigían potenciar el comercio y las pequeñas industrias locales, tales como los molinos de harina, los textiles (donde destacaba la fábrica El Huayco), los mosaicos y ladrillos hechos con máquinas a vapor, fábricas de bórax (Borax Consolided Limited) o azúcar (valle del Tambo). Basados en un paradigma de desarrollo sustentado en la industria, propietarios, comerciantes, profesionales y estudiantes de las clases alta y media promovieron esta visión del desarrollo regional a través de asociaciones civiles y clubes políticos y culturales. Eran los casos de la Asociación Patriótica (1890), la Liga de Librepensadores (1897) o la Juventud Católica (1899), que con el tiempo germinarían en movimientos culturales, políticos, sociales e intelectuales a favor de ideas progresistas, nacionalistas y regionalistas.

Las clases trabajadoras habían experimentado importantes cambios desde la posguerra. El auge de las sociedades de artesanos, con sus actividades de ayuda mutua y asistencialismo, impulsó la conciencia gremial trabajadora. Comenzaron a aparecer los primeros sindicatos de ferrocarrileros, estibadores y empleados, los que introdujeron corrientes de ideas anticlericales, socialistas y anarquistas. La propia doctrina católica estaba en proceso de transición. La encíclica *Rerum Novarum* (1891) promovía la educación y organización de los obreros, aunque desde una óptica católica contraria al socialismo y el anarquismo. En Arequipa, los movimientos laicos derivados de esta corriente de renovación católica tenían una notable llegada entre los trabajadores, a través de publicaciones como *La Revista Católica* y *19 de Marzo*.

Hacia 1894 debió realizarse el plebiscito, establecido por el Tratado de Ancón, para determinar si Tacna y Arica se reintegraban al Perú o se quedaban definitivamente como provincias chilenas. El incumplimiento dio lugar a un clima nacionalista en el país y particularmente en Arequipa, donde se volvieron habituales la fundación de clubes de tiro, así como veladas literarias y espectáculos teatrales para recaudar fondos para financiar el retorno de las "provincias cautivas". Destacaban la Sociedad Patriótica de Artesanos, la Sociedad Liberadora de Tacna y Arica, la Nueva Sociedad de Artesanos, la Asociación Patriótica y la Junta Patriótica. Según Elizabeth Challco, quien ha estudiado estas agrupaciones civiles, ellas tuvieron una existencia efímera y enfrentaron serias dificultades para destinar las colectas a las mencionadas provincias, dada la ausencia de una entidad estatal peruana en ellas. No obstante, contribuyeron a renovar el panorama arequipeño en los umbrales del siglo XX.

# CUARTA PARTE

## Del siglo XX al presente

El año 2002, la población de Arequipa tomó las calles para protestar contra las privatizaciones de Egasa y Egesur. Como consecuencia del llamado Arequipazo, el gobierno se vio obligado a cancelar la venta de las empresas y a recomponer su Gabinete.
*Fuente*: Archivo Caretas.

La historia de Arequipa en el siglo XX estuvo marcada por el doble desafío de afirmar su desarrollo autónomo y consolidar su hegemonía local en el sur peruano, en medio de grandes transformaciones sociales y políticas en el país. La región vivió en las primeras décadas del siglo XX el final del ciclo de la lana y, seguidamente, la búsqueda de un desarrollo industrial y su modernización, el cual se concretó en la década de 1960, particularmente bajo el gobierno de Velasco Alvarado, cuando Arequipa se convirtió en un polo de desarrollo industrial en el sur peruano. Dicho proceso decayó en los años ochenta y, después de las reformas de liberalización de la economía, las actividades extractivas se convirtieron en los rubros más importantes del PBI regional.

A mediados del siglo XX, la ciudad de Arequipa recibió, como el resto de las urbes peruanas, grandes oleadas migratorias que se trasladan desde la sociedad rural, particularmente de Puno. Aparecieron así barriadas que expandieron el trazo urbano, aunque de manera precaria. Los inmigrantes aimaras y quechuas complejizaron el espacio cultural de la ciudad, que había sido dominado por la figura de los mestizos y el *loncco*. Los migrantes aportaron otros legados culturales, pero también empujaron la economía regional, primero enrolándose en las empresas manufactureras y el parque industrial, y luego con diversos emprendimientos empresariales.

En el plano político, la región protagonizó un segundo ciclo revolucionario en la coyuntura de la crisis de 1930. Desde Arequipa se organizó el movimiento que derrocó a Augusto B. Leguía y luego la resistencia democrática de 1950, que se opuso a la candidatura del dictador Manuel Odría. Se trató del llamado segundo ciclo revolucionario (1930-1960) que colocó a Arequipa como un polo alternativo de la política hegemonizada desde Lima. Así, en los años 2000, Arequipa jugó un papel fundamental en la oposición al régimen fujimorista y en la recuperación de la democracia en el país.

# Capítulo I

## Entre la República Aristocrática y la Patria Nueva, 1896-1930

El impacto de la Guerra del Pacífico fue profundo. La derrota de las fuerzas peruanas liquidó el Estado patrimonialista guanero y permitió cierta descentralización de las decisiones administrativas a través del cobro de impuestos y tributos a cargo de las autoridades locales. La contrapartida de esta situación fue la exclusión política de sectores pobres, campesinos e indígenas en sus relaciones con el Estado. Antes de la guerra, la abundancia fiscal provocada por el guano y el clientelismo de los caudillos había permitido una cierta articulación vertical de la sociedad, que desapareció en la etapa posterior. En cierta forma, después de la guerra las relaciones sociales se atomizaron, ganando poder los notables locales y las haciendas.

Las primeras décadas del siglo XX se dividen en dos etapas bien definidas: la República Aristocrática (1895-1919) y el gobierno de Augusto B. Leguía (1919-1930). En estos años, Arequipa se recompuso gracias a cortos periodos de prosperidad en la exportación de lanas de oveja y fibras de alpaca. Los comerciantes y capitalistas expandieron sus actividades comerciales, manufactureras, artesanales e industriales. Tanto la ciudad como el campo conocieron un auge de inversiones, la expansión de las haciendas y la aparición de algunas industrias agroexportadoras. En paralelo, surgieron también las primeras clases trabajadoras asalariadas y obreras. Organizadas en gremios y sindicatos, fermentaron una serie de reivindicaciones por derechos laborales, sociales y políticos. Aparecieron así partidos con un espíritu antioligárquico y reformista.

Estación Cachendo del ferrocarril de Arequipa, en la provincia de Islay, 1930.
*Fuente*: Biblioteca de la Sociedad Geográfica Estadounidense,
Bibliotecas de la Universidad de Wisconsin-Milwaukee.

Fueron los casos de la Liga Municipal Independiente (que posteriormente sería el Partido Liberal Independiente) y de los partidos vinculados a la Acción Social Católica.

## 1. Del crecimiento a la crisis, 1900-1919

Las consecuencias de la guerra en Arequipa fueron menores que en otras partes del país, pues la región no dependía de los ingresos guaneros. El colapso del Estado patrimonialista se sintió de manera indirecta, debido a los acuerdos de las autoridades con los deudores extranjeros. El gobierno de Cáceres firmó en 1889 el contrato Grace, denominado así por el nombre de la casa comercial que representaba al conjunto de acreedores. Este acuerdo establecía las condiciones para que las compañías extranjeras volvieran a invertir los capitales necesarios para reflotar la economía del país. Una de las cláusulas tocaba directamente a

Arequipa, que vio cómo la propiedad del ferrocarril Mollendo-Arequipa-Puno pasaba por 66 años a manos de la Peruvian Corporation. En 1908, con la inversión de la Peruvian, el ferrocarril llegó hasta el Cusco.

El comercio de la lana de oveja sufrió desde antes de la guerra un estancamiento en volumen y precio. Excepto por algunos periodos cortos, esta situación se mantuvo hasta la década de 1910, cuando los volúmenes de exportación y precios de la lana ascendieron con la Primera Guerra Mundial. Las dificultades para exportar lana se debían a la competencia de nuevas zonas de crianza de ovinos: Australia, Nueva Zelanda y el Río de la Plata, que reducían los márgenes de ganancia de los hacendados. Las alpacas, en cambio, eran criadas por comunidades indígenas altoandinas de Arequipa, Cusco y Puno, y no tenían competencia fuera de los alpaqueros bolivianos. El historiador Nils Jacobsen apunta que esta aparente ventaja no garantizaba ganancias a los productores indígenas, porque sus compradores tenían posiciones oligopólicas o de dominio en estos mercados. Problemas adicionales fueron la falta de información y la dispersión de los indígenas, lo que les impedía coordinar mejores precios.

Muchos de estos comerciantes procedían del Imperio otomano, y eran conocidos como "turcos" por la población arequipeña. En 1920, Arequipa albergaba al 57% de los comerciantes árabes registrados en el Perú. Empresas "turcas" destacadas eran José Salomón y Hermanos, Abugattas Hermanos (originarios de Beit Yala o Belén, en Palestina), Jorge Majluf y Hermanos, Francisco y Jorge Said e Hijos, así como Besudo Hermanos y Compañía. También hay que mencionar a José Farah y Carlos Heresi, entre otros, que llegaron a fines del siglo XIX y ascendieron exitosamente en el complicado negocio de ser intermediarios de lanas, hasta convertirse en importantes comerciantes reconocidos en toda la región

Los "turcos" no eran los únicos en este negocio. En 1901, había 17 grandes casas exportadoras-importadoras en la ciudad, con sucursales en Puno, Azángaro, Sicuani y Cusco. En 1895, se estableció la Casa Ricketts, de Guillermo Ricketts, empleado inglés y posterior socio de las firmas J. Fletcher S. Co. y Stafford S. Co., que se dedicaba al rubro de importaciones de mercancías de lujo para la agricultura y la construcción antes de incursionar en el comercio lanero. Otros empresarios importantes de la época eran Emilio de Romaña, Roberto Rey de Castro,

## El ferrocarril Mollendo-Arequipa

"La multitud tenía fija la ansiosa mirada hacia los cerros del Sur. Ya creía divisar por entre esas crestas que cierran nuestro horizonte, el humo de la locomotora, ya vibraba en sus oídos el sonido de su poderoso pito, ya una maliciosa voz la hacía prorrumpir en una prolongada exclamación; pero todo no era más que una ilusión, y a pesar suyo volvía a quedar sepultada entre el silencio. En estas escenas, entre la creciente agitación que la dominaba, había trascurrido cerca de tres horas.

Acababan de sonar las cinco. De repente se divisa confusamente por entre los cerros de Congata, algo que parecía ser humo. Corre la voz por la muchedumbre con velocidad eléctrica, y en un mismo instante, todos los ojos permanecen fijos hacia aquel punto.

No cabe ya duda, es el humo de las locomotoras que forma una especie de nube que se extiende, agrandándose más cada vez, hacia la cabeceras del valle; que cubre después una gran región coronando las alturas que ocultan las campiñas situadas a espaldas de Tingo, y que al fin se presentan entre las arboledas cubriendo el caserío de los baños.

Entonces la agitación es indescriptible, cual si una violenta fiebre hubiera invadido a la vez a ese prodigioso número de espectadores. Un murmullo sordo, indefinible puebla los aires, resuena en todas partes sin salir de ninguna; podríase creer que era el alma de un pueblo que, cual ave misteriosa, revoleteaba en esa luciente atmósfera, y que el mágico eco era el ruido que en ella imprimieran sus impalpables alas.

Las negras columnas, mientras tanto, seguían adelante, una en pos de otra, ora totalmente descubiertas, ora perdiéndose entre las arboledas: por momentos parecía que detuvieran su marcha como para reunirse; pero al fin, en medio de tanta inquietud y de la sin par agitación de esa ingente masa de espectadores que formaban ya una impenetrable muralla a pocas cuadras de la estación.

Una sola voz salía entonces de aquel condensado y extensísimo grupo, que apagaba el pito de las locomotoras que se presentaron ya a las puertas de la estación, y entre la inmensa algazara, los hurras, los vivas, los palmoteos y mil otras de mostraciones de un indecible júbilo, penetraron estas a aquel lugar, escuchándose los acentos del himno nacional ejecutado por la banda militar recolocada en el primer carro, que estaba ocupado por la escolta de S. E.

Detiene ya su marcha el majestuoso convoy, se abre la portezuela del primer coche, y S. E. aparece allí, siendo recibido por las autoridades y altos empleados que habían descendido del tablado: la multitud prorrumpe en interminables exclamaciones que se confunden con los hurras y vivas a su persona; con suma dificultad es llevado al tabladillo, porque todos se disputan el terreno, y apetecen el honor de ver de cerca al hombre que, con un corazón magnánimo, no solo nos daba una gigante obra, sino que además nos dispensaba la alta honra de acompañarnos en tan bellos momentos."

Extracto de *La Bolsa de Arequipa*, 2 de enero de 1871, sobre la inauguración del ferrocarril Mollendo-Arequipa.
Tomado de *El ferrocarril de Arequipa. Historia documentada de su origen, construcción e inauguración.*
Lima: Imprenta del Estado, 1871, pp. 232-233.

Manuel Muñoz Najar, Pedro Yrigoyen, Elena Costas, Abel Barrionuevo y Carlos Belón. Varias de estas empresas quebraron en la década de 1930, como Forga y Co. Otras, como los Gibson & Son, ingresaron en la década de 1920 y se establecieron como prestamistas y proveedores de sementales y maquinaria importada.

Por su parte, la provincia de Caylloma exportaba plata gracias a un auge temporal de sus minas. Estas actividades se complementaban con empresas artesanales intensivas dedicadas al rubro de alimentación: molinos de harina, hornos para pastelerías y panaderías, entre las que destacó la panadería Lombardi, fundada en 1905; fábricas de fideos y chocolates, como La Ibérica, fundada en 1911; y de aguas gaseosas y cerveza, como la empresa Pilsener, antecesora de la Compañía Cervecera del Sur. En un contexto que los historiadores Rosemary Thorp y Geoffrey Bertram denominan de temprana industrialización, se instalaron fábricas de hilados y tejidos como La Industrial, propiedad de Miguel Forga Barnak (fundada en 1897); de curtiembres, como Curtiembre Nacional de Arturo Ibáñez y Cesáreo Peralta; de zapatos, como El Inca, fundada en 1915; de muebles, como Almuelle y Ackermann, fundada en

Pintura del Hospital Goyeneche de Arequipa, autor anónimo. Fue inaugurado en 1912.
*Fuente*: Wikipedia 

1910; empresas periodísticas, como El Pueblo, fundada en 1905; y plantas eléctricas, como la Sociedad Eléctrica de Arequipa.

Pese a esta incipiente industrialización, Arequipa seguía siendo una urbe que vivía principalmente del comercio exterior y de los servicios. Para 1908, era la tercera ciudad más poblada del país, después del Lima y Callao, con casi 33.000 habitantes, y contaba con numerosas casas de préstamos y remates, hospedajes, hoteles, restaurantes, escuelas y centros médicos, como el hospital Goyeneche. Este florecimiento se reflejó en la Universidad Nacional de San Agustín, en los teatros y en la proliferación de los novísimos cines, como el Fénix, Arequipa y Olimpo. Todas las semanas, se organizaban actividades sociales, políticas, culturales, deportivas y gremiales para una población constituida por una suerte de burguesía comercial. Las clases medias artesanales tradicionales estaban siendo sustituidas por nuevos comerciantes e intelectuales, provenientes de regiones del sur andino y del extranjero, y por una naciente clase obrera que empezaba a organizarse en sindicatos socialistas y anarquistas.

El campo se integraba a la actividad comercial de la ciudad, proveyendo insumos a los talleres y fábricas. Según el historiador Raúl Quisocala, entre 1910 y 1924, los sectores que proporcionaban empleo eran transportes y lanas, seguidos de alimentos, textiles y, en menor medida, imprentas, cueros y metales. Los agricultores arrendatarios siguieron siendo una clase social importante, pero las haciendas de Majes, Tambo y Camaná incrementaban su importancia gracias a la capacidad de los comerciantes arequipeños, que una vez convertidos en propietarios de tierras potenciaban su capacidad productiva y sus ganancias.

Tras su breve resurgimiento durante la Primera Guerra Mundial, el comercio de la lana de oveja decayó nuevamente. Las exportaciones de materias primas y productos elaborados se encarecieron y la agricultura no podía por sí sola cubrir las demandas de alimentos de la ciudad. Arequipa pasó de 33.112 habitantes en 1876 a 44.209 en 1917. Distritos como Yanahuara y Miraflores se extendieron, al tiempo que se consolidaba el uso de materiales modernos, techos aligerados y cemento para la construcción de viviendas. En medio de esto sobrevino una crisis de subsistencia que se combinó con la propagación de epidemias de viruela y peste bubónica. Las asociaciones civiles y gremios de estudiantes, empleados y trabajadores demandaron medidas que paliaran los efectos del desempleo que crecía en todo el país. Los paros y huelgas se hicieron comunes como medidas de presión para que empresarios y autoridades atendieran las exigencias de los trabajadores. Los ferrocarrileros, estibadores y trabajadores del puerto de Mollendo eran los sindicatos obreros más combativos. Eventualmente se sumaban a las protestas los tranviarios y otros sectores de la población.

La violencia era una respuesta habitual a estas demandas. El suceso más grave se produjo el 30 de enero de 1915, cuando un grupo de manifestantes convocados por diferentes gremios marcharon por la ciudad para protestar y reclamar la derogación de dos proyectos de ley, que elevaban la contribución a la renta y creaban impuestos sobre las remuneraciones de empleados civiles, militares, religiosos, gerentes de bancos, fábricas y talleres. La manifestación fue reprimida por la Prefectura con

Antigua picantería de la campiña de Arequipa, 1930.
*Fuente*: Biblioteca de la Sociedad Geográfica Estadounidense,
Bibliotecas de la Universidad de Wisconsin-Milwaukee.

un saldo de 10 muertos y 14 heridos. Era el anuncio de futuras transformaciones que impactarían la región y el país a lo largo del siglo XX.

## 2. Modernización cultural e integración nacional

A principios del siglo XX, la sociedad arequipeña se transformó al ritmo de un mundo que experimentaba la denominada Primera Globalización (1870-1914), un fenómeno de integración mundial del comercio, las finanzas, la ciencia, la tecnología y la cultura en niveles jamás alcanzados hasta ese momento en la historia de la humanidad. Una serie de descubrimientos científicos e inventos cambiaban la vida de las personas de un día a otro. Dada la gran expansión del comercio mundial y el rápido desplazamiento de capitales e inmigrantes a todos los rincones del planeta, los avances circulaban rápidamente. Arequipa no fue ajena a estos procesos. La introducción de la electricidad, por ejemplo, mejoró el alumbrado de gas y permitió reemplazar los tranvías de sangre (tirados por caballos) por vagones eléctricos desde 1913. Se introdujeron también líneas de telégrafo (1908) y de teléfono; además de mejorarse el servicio de ferrocarriles (1911).

En el plano científico destacó la apertura de un observatorio astronómico en 1896 y la fundación de una Sociedad Antropológica y un Centro Geográfico. La vida de Pedro Paulet Mostajo (1874-1945) es un ejemplo de esta generación de innovadores. Educado en las escuelas nacionales arequipeñas y con ocasión de una estancia diplomática en Europa, Paulet estuvo a la altura de los más avanzados conocimientos de su época. Hasta la actualidad se le considera uno de los impulsores de la aeronáutica y de los motores de reacción, que propulsan los cohetes espaciales. Destaca, sobre todo, un prototipo de su invención, llamado "auto bólido", desarrollado entre 1895 y 1902. Su caso ejemplifica una suerte de "excelencia científica en la periferia", que dio a conocer a través de artículos periodísticos y científicos.

La ciudad exhibía además otras novedades que impactaron profundamente en sus formas tradicionales de vida. La introducción de vehículos con motor de combustión en 1913 impulsaría la construcción de carreteras, primero tímidamente y desde 1940 de manera más dinámica, con el consiguiente aumento de vehículos y camiones. En paralelo, la sostenida política del Estado y de las élites locales, con no poca participación de la Iglesia católica, permitió reducir el analfabetismo de 69% en 1876 a 40% en 1940 y a 25% en 1972. Arequipa se convirtió así en uno de los departamentos con más alto nivel de instrucción entre los niños de 6 y 14 años.

La educación superior, reservada a los hombres de las élites (las mujeres solo contaban con una Escuela Normal) e impartida en la Universidad Nacional de San Agustín, afrontó procesos de reforma y modernización desde antes de la guerra. La tendencia se consolidó con el rectorado de Jorge Polar, gracias a una profunda recomposición del origen social de los estudiantes. Provenientes de clases medias emergentes provincianas o de otros departamentos, los nuevos alumnos exigieron a sus maestros actualización pedagógica, renovación de los contenidos de los cursos y orientaciones políticas menos excluyentes. En 1908, una

Mercado de San Camilo, infraestructura construida en 1938.
*Fuente*: Archivo Regional de Arequipa.

reforma legal permitió que las mujeres pudieran ingresar a la universidad y obtener títulos en iguales condiciones que los varones.

Esta apertura educativa trajo un caudal de nuevas personalidades y referentes políticos y culturales para Arequipa y la región sur. Es el caso de Francisco Mostajo, abogado e historiador, un auténtico caudillo político e intelectual de la primera mitad del siglo XX. También el de Francisco Gómez de La Torre, destacado seguidor del intelectual anarquista Manuel González Prada. Impulsor de la Asociación Patriótica para la recuperación de Tacna y Arica y fundador del diario *La Patria*, fue un acérrimo opositor al régimen de Augusto B. Leguía. Tras la caída del dictador, fue elegido rector de la Universidad Nacional de San Agustín. En las filas liberales destacó Mariano Lino Urquieta, poeta de origen moqueguano conocido por sus ideas anticlericales, quien fue diputado entre 1908 y 1912, y senador por Arequipa en 1917. También hubo presencia de anarquistas extranjeros, como el catalán Ramón Rusiñol. El célebre Ezequiel Urviola, por su parte, fue estudiante de derecho de la Universidad de San Agustín y activista indigenista de origen puneño. Vinculado inicialmente al anarquismo arequipeño, también se aproximó a círculos socialistas de Lima. Junto a representantes ligados a grupos católicos, todos estos actores posicionaron a Arequipa como una fuerza política y cultural relevante en la región surandina.

El polo cultural regional se reforzó en 1907 con la formación de instituciones como El Ateneo de Arequipa y el Centro de Instrucción y Estudio de Bellas Artes, que se unía a la recién creada Sociedad Filarmónica. La actividad literaria promovió el cultivo de la poesía, especialmente el *loncco,* expresión oral del mestizo rural. Hubo influencia del modernismo de Rubén Darío, particularmente en Augusto R. Morales, autor del poemario *Cirrus*. En la misma línea estaban los grupos poéticos Anunciación, en el que estuvo Percy Gibson, hijo de una familia germano-británica con negocios en el comercio de la lana; y Aquelarre (1916-1919), representado por César "Atahualpa" Rodríguez, director de la Biblioteca Municipal de Arequipa. Junto con Alberto Hidalgo, poeta y traductor de Sigmund Freud, Gibson y Rodríguez formaron un trío inseparable, influido por la revista *Colónida* y por Abraham Valdelomar, quien visitó la ciudad en 1910 y 1919. Posteriormente se sumó al grupo Alberto Guillén, fallecido tempranamente en 1935, y Guillermo Mercado, docente de nivel primario egresado de la Escuela Normal de Lima. Juntos marcaron el derrotero de la poesía local y nacional.

La historiografía también avanzó, pasando del romanticismo local al positivismo y al ensayo sociológico. Este tránsito supuso avanzar hacia rigurosas investigaciones monográficas. En esta línea destacan, entre otros, Pedro José Rada y Gamio, Víctor M. Barriga y Francisco Mostajo. En 1908, tras un concurso de investigación histórica sobre Arequipa, se publicaron los trabajos ganadores en una compilación titulada *Estudios de sociología arequipeña*, cuyos autores eran Alberto Ballón Landa, Carlos Chirinos Pacheco, Héctor Ramírez del Villar y Víctor Andrés Belaunde.

La plástica alcanzó su mejor expresión en Arequipa a través de las acuarelas de Jorge Vinatea Reynoso (1900-1931), quien junto a José Sabogal representó la corriente pictórica indigenista en boga en el país.

Francisco Mostajo, político e intelectual arequipeño. Fundó el Partido Liberal Independiente.
*Fuente*: Blog arequltura. blogspot.pe de Hélard Fuentes.

Su influencia se prolongó por varias décadas en la obra de Carlos More, Manuel Domingo Pantigoso y Víctor Martínez Málaga. Más adelante destacaron los hermanos Teodoro y Alejandro Núñez Ureta. Teodoro fue especialmente reconocido como el "pintor del pueblo", por su intensa identificación con los motivos urbanos y rurales campesinos de la región. Con ellos también emerge la fotografía artística del estudio de Max T. Vargas (1904). Sus discípulos, los hermanos Carlos y Miguel Vargas, imprimieron una perspectiva pictoralista a sus fotografías e instruyeron en su afamado estudio al más célebre de los fotógrafos peruanos: Martín Chambi (1891-1973). Nacido en Carabaya (Puno), Chambi era un indígena quechuahablante que llegó a Arequipa a los 17 años y con el tiempo se convirtió en un excepcional fotógrafo, desarrollando su trabajo en Puno, Cusco, Arequipa y Lima, hasta alcanzar los más altos reconocimientos.

El teatro se abrió a nuevas expresiones artísticas. Llegaron compañías nacionales y extranjeras con piezas de ópera, zarzuela y *varieté*, que compartieron espacio con las tradicionales corridas de toros y peleas de gallos. Eran frecuentes las veladas musicales con artistas locales y foráneos, organizadas por las asociaciones musicales. Octavio Polar fundó la Filarmónica de Arequipa. Luis Duncker Lavalle, músico autodidacta e hijo de alemán y arequipeña, mezclaba ritmos occidentales con música indígena, como el yaraví. Luis Duncker, Octavio Polar, Manuel Aguirre, Carlos Manuel Fuentes y Benigno Ballón Farfán experimentaron con ritmos locales y foráneos, produciendo valses criollos, fox incaicos (combinación de foxtrot norteamericano y huaino), marineras y pampeñas o huainos, que enriquecieron el acervo musical mestizo andino. Varias de estas piezas musicales fueron rescatadas de los salones y de las tradicionales retretas y festejos populares para reproducirse en gramófonos o vitrolas.

La afirmación artístico-cultural arequipeña fortaleció una identidad regional que era cada vez más mestiza. Lo arequipeño, lo andino, lo peruano y lo internacional se mezclaban constantemente. Lo mismo ocurrió con deportes como el fútbol, introducido por migrantes y trabajadores extranjeros (ingleses, franceses y alemanes), que rápidamente prendieron en los trabajadores de las nuevas industrias y entre los escolares. El espíritu de competencia consolidó vínculos y rivalidades entre los cada vez más populares clubes regionales: el Melgar F. B. C. (1915), el Aurora F. B. C. (1916), el White Star (1917), el Piérola F. B. C. (1922) y el Sportivo Huracán (1927).

## 3. La política local y el Partido Liberal Independiente

La política arequipeña de los primeros años del siglo XX estuvo marcada por el auge del Partido Liberal Independiente (PLI), una agrupación política de las clases medias sureñas. Entre sus filas se encontraban destacados políticos e intelectuales, como Mariano Lino Urquieta, Francisco Mostajo, Modesto Málaga, Francisco Chuquihuanca Ayulo, Francisco Gómez de La Torre, Miguel Forga y José Chávez Bedoya. Algunos integraban la alta burguesía regional. José Chávez Bedoya, por ejemplo, era propietario de haciendas en el valle del Tambo. Otros eran profesionales, como Urquieta, quien fue médico, o Mostajo, abogado y poeta. Un elemento común a todos ellos era su anticlericalismo y su adhesión a la causa indigenista. Ellos apostaban por la democratización de la región, la separación de la Iglesia y el Estado, la libertad de cultos, la expulsión de las congregaciones religiosas y el veto a los eclesiásticos en la educación.

El PLI nació en 1901. Originado en las elecciones locales del año anterior, enfrentó al sector conservador y aristocrático de Arequipa, agrupado en el Partido Demócrata del expresidente Nicolás de Piérola, y a la Liga Municipal Independiente, vinculada con los sectores mesocráticos y populares emergentes. En medio de una campaña agresiva, varios incidentes costaron la vida a un partidario de la Liga, lo que hizo que los comicios se anularan, por lo que la designación de autoridades recayó en el Gobierno central. El movimiento liberal se planteó trascender el espacio municipal y competir en las elecciones parlamentarias complementarias de 1901 como Partido Liberal Independiente. Su rival fue la Unión Cívica, de tendencia conservadora. Las persecuciones, la violencia y las agresiones a los candidatos de la nueva formación volvieron a ser la tónica del momento.

Muchos de los partidarios del PLI eran técnicos y universitarios, imbuidos de positivismo intelectual, que se sentían políticamente cercanos al anarquismo de Manuel González Prada. Algunos de sus líderes, como Miguel Forga, descendían de inmigrantes extranjeros. Otros provenían del interior del país, como Urquieta y Chuquihuanca, por lo que no se sentían identificados con la sociedad arequipeña tradicional. Poseían vínculos directos con trabajadores y obreros de la ciudad, pero no con el mundo rural campesino, con el que solo se conectaban a través de asociaciones y grupos proindigenistas, cuyo predicamento se centraba en las zonas más alejadas de la capital, donde desaparecía el pequeño propietario o arrendire y emergían las comunidades indígenas y el gamonalismo latifundista.

La prédica del nuevo liberalismo apuntaba a reformas progresistas, como el reconocimiento de los derechos de los trabajadores, la igualdad jurídica de la mujer, el matrimonio civil y el divorcio. También preconizó el desarrollo industrial y una nueva demarcación política del país, con mayor autonomía económica para las provincias y las autoridades

## Francisco Mostajo

"Francisco Mostajo (1874-1953) [...] provenía de la experiencia del radicalismo y fue uno de los grandes seguidores de González Prada en el sur del Perú. Natural de Arequipa, Mostajo estudió Letras, Ciencias Naturales y Jurisprudencia en la Universidad San Agustín. En 1896, para optar el grado de Bachiller en Letras, presentó la tesis *El modernismo y el americanismo*, donde discutió la cuestión de hasta qué punto y de qué modo podía el modernismo servir al empeño de constituir una verdadera literatura latinoamericana. Por ese mismo año, Mostajo terminó también de confeccionar *Precursoras* (1896), un libro de poesías amorosas y patrióticas, donde, a tono con las inquietudes juveniles de su época, se declaró modernista, aunque, en realidad, todavía no había logrado superar los límites del estilo romántico; y, además, se dio tiempo para empezar a colaborar con la revista *La Neblina*, de Lima, que era animada por el grupo de escritores y artistas que se agrupaba alrededor de la figura del poeta José Santos Chocano. En esta importante publicación, Mostajo llegó a colaborar con una serie de artículos sobre los modernistas peruanos. Un año después, en 1897, Mostajo encabezó la experiencia de la Liga de Librepensadores de Arequipa y se abocó, entre otras cosas, a la crítica de los métodos religiosos y oscurantistas que todavía predominaban en los estudios filosóficos e impedían cualquier tipo de renovación intelectual.

Posteriormente, entre 1900 y 1901, Mostajo figuró como uno de los fundadores del partido Liberal de Arequipa, que fue una agrupación política que en un inicio asumió la defensa de la causa obrera, lideró las luchas sindicales y hasta habló de socialismo, revolución social e igualdad. Desde ese entonces Mostajo empezó a desarrollar una especie de periodismo de combate en una serie de publicaciones que muchas veces él mismo fundaba y dirigía: *El Zurriago, El Ariete, El Carvalón, La Metralleta, El Volante, La Bandera Roja.* Además, en consonancia con sus ideas radicales, difundió en hojas volantes los artículos de índole anarquista que González Prada, bajo el seudónimo de "Luis Miguel", publicó en *Los Parias*, de Lima, entre 1904 y 1909, y que, por sus conceptos abiertamente subversivos, no encontraron cabida en los diarios y revistas de Arequipa. Simultáneamente, Mostajo asumió la labor de promotor cultural y organizó diversas veladas literario-musicales para los trabajadores, como la memorable Fiesta del Trabajo de 1906, en que por primera vez se festejó el 1 de mayo en Arequipa. En otra de estas veladas —la del 1 de mayo de 1907— pronunció un discurso en el que elogió el socialismo y la bandera roja. Por todas estas razones, Mostajo siempre estuvo en la mira de los sectores más clericales y conservadores de la sociedad arequipeña y fue víctima de una serie de ataques, que iban desde las famosas "actas de expulsión" hasta los frecuentes apedreamientos de su domicilio.

Más tarde, Mostajo se plegó a la iniciativa de Pro-Indígena, asumió el cargo de delegado por Arequipa y redactó diversos artículos e informes para *El Deber Pro-Indígena* y otros diarios y revistas de Lima. En 1911, después de haber renunciado al Partido Liberal, Mostajo empezó a publicar el semanario *El Volcán*. Mostajo publicó una serie de materiales en torno al problema indígena, incluyendo las cartas que por ese entonces Zulen solía enviarle. En 1913, para obtener el grado de Doctor en Jurisprudencia, Mostajo preparó la tesis *Algunas ideas sobre la cuestión obrera. El contrato de enganche,* donde, entre otras importantes cuestiones, planteó que en el Perú, por el hecho mismo de que las tres cuartas partes de los braceros eran indios, la "cuestión obrera" se complicaba con el "problema de la raza indígena". En un comentario sobre esta singular y valiosa tesis, que fue publicado en *El Deber Pro-Indígena*, Mayer escribió:

"Es esta —dice— una de las raras veces en que se trata el problema en relación, no con el jornalero de las ciudades, sino con el trabajador de los campos, que más abundante razón tiene, por su número y sus agravios, de plantear la cuestión de la reforma. La tesis contempla, con criterio jurídico fundamental, los errores y las horrendas iniquidades de la legislación respecto a la contratación del trabajo y con criterio sociológico certero los efectos lamentables del sistema del enganche en el habitante aborigen, desde Cerro de Pasco hasta la frontera de Bolivia y desde Chicama hasta Loreto."

En Arroyo Reyes, Carlos. *Nuestros años diez: la Asociación Pro-Indígena, el levantamiento de Rumi Maqui y el incaismo modernista.* Upsala: Libros en Red, 2005, p. 47.

departamentales y municipales elegidas por voto popular. La libertad de expresión y una reforma educativa eran otras de sus causas. El PLI fue un partido anticonservador, anticlerical y social-reformista. Su ideario no era comunista o marxista, pero tenía un claro carácter popular y antioligárquico. No rehusaba, en palabras de Urquieta, el adjetivo de revolucionario.

El *loncco*, célebre personaje mestizo de la campiña arequipeña, representado en la literatura y folclore local. *Fuente*: Wikipedia 🅭

Un aspecto que distinguía al PLI de otros partidos de la época era su oposición al clientelismo y al monopolio del poder de las clases altas. Su compromiso por ampliar los espacios democráticos lo separaba de otros movimientos con quienes compartía objetivos descentralistas, como los federalistas, indigenistas o neoincaístas de la sierra central, Puno y Loreto. A diferencia de estos últimos, los liberales arequipeños querían más autonomía para las regiones, pero sin romper el principio unitario del Estado. Con el apoyo de sectores emergentes (estudiantes, obreros y trabajadores), aspiraban a cambiar la política segregacionista de la República Aristocrática, que había restringido el derecho al voto a los analfabetos en 1896. Sus órganos periodísticos, como *El Ariete* y *El Pueblo*, competían con el periódico católico *El Deber* y el conservador

Mariano Lino Urquieta, político y periodista arequipeño. Fue diputado por la región en 1917. *Fuente*: Archivo de la I.E N.° 43018 Mariano Lino Urquieta, (43018marianolinourquieta.blogspot.pe).

*La Bolsa*. Esta prensa animó la lucha política y el debate público entre 1900 y 1920.

Tras las frustradas elecciones, connotados dirigentes liberales, como Urquieta, sufrieron persecución por parte de las autoridades y fueron condenados por el clero. La dificultad del PLI para proyectarse más allá de la ciudad limitó su horizonte político. Los descentralistas tuvieron poca fuerza para derrotar a la alianza entre el Estado central y el gamonalismo de las provincias. Como en su momento señalaran José Carlos Mariátegui y Víctor Andrés Belaunde, esta alianza era el principal lastre para el desarrollo económico y social de las regiones, pues sometía a la población indígena a la explotación y al desahucio de sus derechos ciudadanos.

## La propiedad de la tierra y la formación de las haciendas

El historiador Nelson Manrique nos explica cómo se formaron las propiedades privadas de tierras y haciendas en las provincias de Arequipa a partir del caso de Callali en la provincia de Caylloma. Dice:

"Un ejemplo que puede ilustrar mejor el proceso de conformación del grupo misti es el caso de Callali, donde las familias Ramos, Yucra, Olguín y Ordóñez llegaron a conformar el núcleo del poder local. [...] Los Ramos emparentan con originarios de Callali (se reclaman descendientes del cacique de la zona) y [...] su parentesco con sacerdotes [...] les permitió el acceso a la educación formal en Arequipa. Existe parentesco entre Ramos, Yucra, Olguín. Mientras que Ordóñez, ajeno a estos lazos, es percibido como más abiertamente 'foráneo', lo cual hace que los conflictos, frecuentes entre ellos, adquieran mayor virulencia cuando lo implican. A distintos niveles, las familias tienen relación con el ciclo de las lanas y el proceso de mercantilización que aquel impulsa.

La comercialización de lanas y fibras, y su demanda siempre creciente, a su vez actuaron como catalizadores para la consolidación de la propiedad privada sobre las estancias, primero, y para la concentración territorial, después. Aunque las familias mistis aseguran que el motor fundamental de sus enfrentamientos era el 'orgullo', resulta evidente que el proceso de expansión de sus predios fue una fuente potencial de conflictos de primer orden. El acceso a los puestos de poder local era un mecanismo socorrido para apropiarse de tierras. Cada quien deseaba asegurar su propiedad con documentos, escrituras, testamentos. El saneamiento de los títulos llevaba a enfrentamientos judiciales y la necesidad de conseguir 'padrinos' llevaba a los campesinos a recurrir a los mistis para pedir ayuda, lo cual era, frecuentemente, el preludio de su despojo. El manejo de los mecanismos judiciales por los mistis era, además, en sí mismo, un arma eficaz para la expansión territorial. Múltiples tierras de campesinos fueron 'vendidas' por terceros, recurriendo a diversos pretextos: cobro de adeudos, compadrazgos, ejecución de herencias, etc. Caso típico es el del anciano que hizo padrino de su matrimonio a un misti, quien a la muerte del ahijado asumió la administración de sus propiedades como albacea, para luego deshacerse de los hijos enviándolos a Sihuas, 'donde murieron de tercianas'.

Mas los enfrentamientos no se procesan únicamente por la vía judicial. También se recurre a la violencia abierta, utilizando fuerzas de enganchados para deshacerse de los incomodos propietarios, así como para dirimir los enfrentamientos entre los propios mistis."

Manrique, Nelson. *Colonialismo y pobreza campesina. Caylloma y el valle del Colca. Siglos XVI al XX*. Lima: Desco, 1986, pp. 149-150.

## 4. El problema indígena y el *loncco*

La campiña rural arequipeña no experimentó las movilizaciones y protestas campesinas que sacudieron otras regiones del país en la década de 1910, aunque los sectores políticos sí reflexionaron sobre "el problema indígena". El PLI planteó proveer a las comunidades con tierras del Estado y educar a los indígenas en español y en su lengua aborigen para integrarlos a la nación. Varios liberales escribieron estudios sobre los problemas sociales y la cuestión indígena. Francisco Mostajo redactó una tesis doctoral en derecho, en 1913, sobre la cuestión obrera y el contrato del enganche en el Perú. Modesto Málaga dedicó su tesis de jurisprudencia al problema de la raza indígena. Francisco Chuquihuanca, proveniente de Puno, centró su tesis de derecho en la propiedad indígena. Estos liberales trataron de vincular su reflexión académica con su labor política; fueron parte del indigenismo arequipeño y colaboraron con la Asociación Proindígena en Arequipa, Caylloma y Puno, denunciando simultáneamente al gamonalismo local y al centralismo limeño.

Las provincias del interior de Arequipa eran muy diferentes a la campiña que rodeaba la ciudad. Esta última incorporaba atisbos de modernidad económica y social a través del comercio y el tranvía. En cambio, los poblados del interior estaban dominados desde sus capitales provinciales por el poder gamonal y la Iglesia. Esta última controlaba las propiedades y utilizaba los servicios personales de los indígenas. En las primeras décadas del siglo XX, todavía se perseguían manifestaciones consideradas contrarias al cristianismo, como la danza de los lanlacos, un baile proveniente de las celebraciones indígenas en torno a la Virgen de la Candelaria, en Puno. Este dominio católico no se erosionaría hasta

Multitud reunida alrededor de una banda musical en la plaza de armas de Arequipa, 1930. *Fuente*: Biblioteca de la Sociedad Geográfica Estadounidense, Bibliotecas de la Universidad de Wisconsin-Milwaukee.

las décadas de 1930 y 1940, cuando las carreteras, el comercio y las migraciones acabaron con el aislamiento de la sierra.

Los intelectuales de Arequipa construyeron una imagen idealizada del campesino de la campiña, a quien caracterizaron como mestizo, alegre, autónomo y hábil para participar de las actividades mercantiles. El *loncco* era el arquetipo contrario al indígena de comunidad sumiso, por lo cual se convirtió en el símbolo de la identidad arequipeña. Aunque no representó a la mayoría de los campesinos de la región, el *loncco* fue motivo de creaciones literarias y musicales, en las que se resaltaba el voseo combinado con giros lingüísticos quechuas, así como de representaciones pictóricas. La contraparte urbana y educada del *loncco* era el *ccala*, también mestizo o descendiente de español. Ambos constituyeron los esfuerzos de crear una identidad arequipeña basada en el mestizo.

**Víctor Andrés Belaunde**

Nacido en Arequipa en 1883, fue escritor, político, educador, jurista y diplomático integrante de la Generación del 900 o Arielista. Como influyente intelectual, imprimió una visión del Perú como nación mestiza, integrada por elementos indígenas e hispánicos. Esta visión estuvo nutrida por el origen de su formación católica en su ciudad natal, además de otros estudios en la Universidad de San Marcos en Lima, Europa y los Estados Unidos, adonde llegó a ejercer cátedra en diferentes universidades y luego ocupó la presidencia de la Asamblea General de la Organización de las Naciones Unidas entre 1959-1960. Falleció en Nueva York en 1966. Aquí un extracto de su vida publicado en *La realidad nacional*:

"Arequipa, ciudad en que nací y recibí mi primera educación, no es, como Trujillo o Lima, una ciudad señorial, sino tierra de medianos hidalgos, cristianos viejos de exiguo solar y escasa hacienda, pequeños propietarios en la campiña o en los valles, obligados a trabajar sus propios fundos o dedicados al comercio o al transporte: industrias de clase media. Hice mi instrucción primaria y media en el seminario que fundó el celo apostólico del padre Duhamel. En sus clases reinaba un ambiente de cristiana democracia. En los claustros universitarios los maestros que más influyeron en mí fueron: Villarán, un realista, y Maúrtua, además mi jefe en las cuestiones de límites, a quien Mariátegui con justicia reconoce un criterio reformista. Me liberté bien pronto del positivismo y del biologismo imperantes. Mi profunda herencia cristiana me hizo ver en Nietzsche el teórico del aristocratismo vital, tan leído en ese tiempo, un formidable poeta y un creador de paradojas, pero no un director espiritual. La reacción idealista de Boutroux y de Bergson, por mi encuentro con Pascal, me orientó hacia el espiritualismo ético y no al vitalismo estético en que se quedaron otros. En mi cátedra de filosofía expliqué, sobre los textos, a Pascal, Spinoza y a Kant, tratando de conciliar el primero y el último en 'un cristianismo independiente', que es la base metafísica del reformismo liberal. Para los problemas nacionales, ansioso de un criterio realista y no encontrándolo en el radicalismo retórico y jacobino, ni en el positivismo universitario, cientificista y libresco, busqué la inspiración de los grandes maestros: Bolívar, Sarmiento, Alberdi. [...] Larga residencia en países protestantes me llevó del cristianismo independiente al catolicismo y, de un modo paralelo y lógico, de la democracia liberal a la democracia gremial, funcional o corporativa.

Creo tener hoy una visión más humana y más simpática del problema social que la de mi antiguo reformismo".

Belaunde, Víctor Andrés.
*La realidad nacional*, vol. I. París: Lelivre libre, 1931, pp. 31-33.

## 5. La Patria Nueva en Arequipa, 1919-1930

En la década de 1910, el civilismo empezó a ser cuestionado por las demandas de amplios sectores de la sociedad, lo que se expresó en el breve gobierno de Guillermo Billinghurst (1912-1914), un personaje popular entre los trabajadores urbanos. Su gobierno intentó algunas reformas, pero un golpe de Estado dirigido por el coronel Óscar R. Benavides lo derrocó. Inmediatamente, se convocó a elecciones, las que ganó José Pardo, hijo del fundador del Partido Civil, Manuel Pardo, y vinculado a la banca. Su gobierno fue el canto de cisne del régimen oligárquico, pues será derrocado por Augusto B. Leguía antes de culminar su mandato.

La crisis posterior a la Primera Guerra Mundial trajo un clima de inestabilidad económica y política. Los precios de materias primas como el algodón, el azúcar y la lana se desplomaron. El desempleo y el hambre amenazaban a amplios sectores de la población. En Arequipa, las organizaciones sindicales y civiles formadas durante la Gran Guerra para amortiguar los efectos del alza del costo de vida y la carestía de alimentos se hallaban en plena efervescencia. Sus demandas incluían el aumento de salarios, el reconocimiento de la jornada laboral de ocho horas, vacaciones anuales y la preferencia de los nacionales sobre los extranjeros en las contrataciones. Augusto B. Leguía, un excivilista devenido en caudillo popular, que había sido presidente entre 1908 y 1912, derrocó a Pardo el 4 de julio de 1919 y dio paso a un periodo de modernización autoritaria que sería conocido como el Oncenio o la Patria Nueva.

El 3 de octubre, apenas instalado Leguía en el poder, los sindicatos arequipeños convocaron a una huelga. Tras una semana de protestas, el nuevo presidente concedió satisfacción a la mayoría de sus demandas, lo que generó una ola de apoyo al nuevo régimen. Los buenos augurios continuaron durante un tiempo: la nueva Constitución aprobada en 1920 creó congresos regionales y promovió la industria nacional. Por otro lado, Leguía planteó la construcción de una infraestructura vial que conectara las diferentes regiones del país. Estas reformas suscitaron amplios debates entre los intelectuales arequipeños, como Víctor Andrés Belaunde y el presbítero Luis Enrique Zeballos Morán. Por su parte, Alberto Seguín y Miguel Ángel Urquieta fundaron la Liga Regional del Sur y publicaron *El Heraldo*, un diario que promovió profundizar la autonomía regional, incluyendo órganos de gobierno y elecciones democráticas para elegir a las autoridades.

Uno de los aspectos más importantes de este periodo fue la modernización de la Iglesia. Ante los ataques del liberalismo surgieron nuevas instituciones, como Acción Católica, que remozaron el discurso católico. Los jesuitas retornaron al país, abrieron colegios religiosos y realizaron campañas misionales para todas las clases sociales. El soporte intelectual provenía de las encíclicas como *Rerum Novarum* (1891) y *Caudragesimo Anno* (1931), que buscaban redefinir el vínculo entre el catolicismo y la naciente clase obrera. Los círculos y sociedades católicos se hicieron así habituales. El obispo más importante de esta época, Mariano Holguín, promovió la creación de un partido político que defendiera a la Iglesia de los movimientos anticlericales que pululaban en Arequipa. Holguín actuó también como representante eclesiástico en Tacna, provincia todavía bajo poder chileno, apoyando a los curas peruanos expulsados. Este respaldo eclesiástico fue vital en las negociaciones con Chile, ya que permitió recuperar los registros de nacimientos de Tacna.

Luego de las expectativas iniciales en el gobierno de Leguía, la crisis política se agudizó. Los congresos regionales encontraron dificultades desde la elección de sus representantes. Por orden de Leguía, fueron nombrados los candidatos locales que no habían alcanzado a ocupar asientos en la Asamblea Nacional. Se trataba, por lo tanto, de una suerte de "premio consuelo", que llenó las nuevas instituciones con personajes mediocres, vinculados a los poderes provinciales y a los gamonales. Los reformistas, en cambio, tenían pocos representantes, ya que sus principales líderes habían sido elegidos para la Asamblea. Esta circunstancia hizo que las propuestas reformistas del Gobierno central fueran saboteadas o simplemente ignoradas. La designación de acólitos gubernamentales como autoridades municipales supuso que el gobierno de Leguía girara progresivamente hacia una alianza con los poderes locales. De este modo se esfumaron los esfuerzos democratizadores del PLI y se debilitó la credibilidad del régimen leguiista entre las élites descentralistas.

Por otro lado, la caída de ingresos del puerto de Mollendo y los escasos beneficios del proteccionismo a la industria arequipeña agravaron la crisis económica. El apoyo popular decreció, pese a que el Gobierno hizo importantes obras, como la construcción del Palacio Episcopal, del parque Bolognesi y de viviendas colectivas para obreros. Durante las Fiestas Patrias de 1921 se inauguró el alumbrado público del centro histórico, así como un nuevo hipódromo, y se ensanchó el matadero.

Buena parte de estas obras fueron posibles gracias a préstamos externos solicitados por el Gobierno central. Eran muchos quienes acusaban a ministros y funcionarios de haberse enriquecido ilícitamente con estas transacciones. Los ataques desprestigiaron a un gobernante al que se le reprochaba no haber hecho lo suficiente por la economía arequipeña. Uno de los principales problemas era la falta de infraestructura vial adecuada y moderna. La construcción de carreteras había sido uno de los objetivos centrales del gobierno de Leguía en todo el país. Si bien la ley de conscripción vial permitió una rápida expansión de las carreteras, suscitó numerosos malestares, que llevaron a un paro general en 1925.

En Arequipa, la protesta social y la oposición popular al régimen de Leguía contaron con un elemento adicional: el alza del precio de los servicios del agua a cargo de la Foundation Road Company y del transporte ferroviario controlado por la Peruvian Corporation. Al rechazo a los abusos de estas empresas extranjeras se sumó el descontento producido cuando las negociaciones con el Gobierno chileno terminaron con la definitiva pérdida de Arica. Los arequipeños temían que esta solución provocase una avalancha de refugiados que empeorase las ya malas condiciones laborales de la ciudad. La intervención de la Universidad de San Agustín y el cierre de la Facultad de Derecho terminaron por indisponer a importantes sectores docentes y estudiantiles contra el Gobierno. La tensión acumulada estalló cuando nueve manifestantes fueron asesinados el 30 de enero de 1930 durante una romería en el Cementerio General que recordaba la masacre del 30 de enero de 1915. La Patria Nueva estaba a punto de terminar.

# Capítulo II

## De la crisis de 1930 a la primera democracia fallida de 1948

Entre 1930 y 1948, el Perú atravesó crisis económicas, golpes de Estado, conatos de guerra civil y asesinatos políticos. Arequipa siguió siendo plataforma para conspiraciones contra el poder limeño, tanto contra Augusto B. Leguía como contra José Luis Bustamante y Rivero. Desde el punto de vista político, se trató de una etapa de extraordinaria inestabilidad. La elección de Luis Sánchez Cerro como presidente en 1931 en medio de cuestionamientos del partido aprista desencadenó levantamientos en diferentes partes del país. La represión de los opositores y enemigos del régimen concluyó con el asesinato del propio Sánchez Cerro a manos de un militante aprista en 1933. Por encargo de la Asamblea Constituyente, lo sustituyó en el cargo el general Óscar R. Benavides, quien permaneció seis años en el poder. En 1939, unas elecciones parcialmente libres concluyeron con la victoria de Manuel Prado Ugarteche. El veto y la persecución de la oligarquía y del ejército a los partidos aprista y comunista impidieron que el Perú fuese una democracia plena. Los sectores reaccionarios trataban de evitar que el país transitase por la senda de las reformas que seguían países vecinos, como México, Brasil o Argentina.

Para Arequipa, estos años significaron el agotamiento del ciclo exportador de la lana y el intento de diversificar la economía regional con actividades comerciales y manufactureras. La pequeña industria tomó el lugar de las empresas artesanales, lo que supuso un cambio en el eje del desarrollo regional. Las élites arequipeñas promovieron un proteccionismo a ultranza para garantizar un mercado a la industria regional, mientras que en Lima se impondrían progresivamente las tesis librecambistas.

Este fue también un momento de transformaciones sociales profundas, marcado por la consolidación de las clases medias letradas y profesionales surgidas durante la República Aristocrática. El creciente número de servidores públicos dio un nuevo aire a la ciudad. Lo mismo ocurrió con la clase trabajadora. Se trataba, sin embargo, de un crecimiento limitado por el mercado laboral. De ahí que los sindicatos obreros tendieran a buscar alianzas con las élites letradas y profesionales para promover la descentralización, la autonomía y la industrialización de la región. Esta transformación productiva se veía como la alternativa para paliar la presión demográfica y la emigración rural.

## 1. Sánchez Cerro y el inicio del segundo ciclo revolucionario

Nacido en Piura en 1889, la trayectoria de Luis Sánchez Cerro era de un conspirador y un golpista. Había participado en el derrocamiento del presidente Guillermo Billinghurst en 1914 y se había levantado en 1922 contra el gobierno de Leguía. Por esta razón había sido separado del ejército. Repuesto por el propio Leguía, pasó a ser jefe de batallón en Arequipa. Tras una simulación de ejercicios militares en La Ollería, tomó el control de la ciudad y derrocó a Leguía el 22 de agosto de 1930. El alzamiento contaba con el apoyo de sectores militares de otras regiones, políticos e intelectuales arequipeños, entre los que destacaban Manuel Vinelli, Clemente Revilla, José Manuel Chávez Bedoya, Guillermo Lira y el joven jurista José Luis Bustamante y Rivero, quien redactó un manifiesto a la nación para explicar los motivos de la revolución. Los objetivos fueron recuperar la democracia, detener el centralismo, acabar con la ley de conscripción vial y devolver la autonomía a las instituciones públicas, universitarias y municipales.

La caída de Leguía se celebró en la ciudad con no poca violencia. Oficinas del Gobierno, como la Caja de Depósitos y Consignaciones, el salón de sesiones de la municipalidad y las oficinas de la Foundation Road, que administraba el servicio de agua, fueron atacadas por

**El puente de la ciudad**

Fue una de las más importantes edificaciones de la colonia. Conocido como puente Viejo o Bolognesi, su construcción fue acordada en 1550 con el objetivo de reemplazar el puente colgante destruido por los desbordes del río Chili el año anterior. Los vecinos designaron a los encomenderos Miguel Cornejo y Pedro Godínez para encargarse de la contratación del maestro de obra, de los trabajadores y del abastecimiento de materiales. No obstante, la falta de fondos e ingresos estables retrasaron su avance, y recién se concluyó en 1608. En este periodo, los maestros Bernardino de Ávila, Gaspar Báez y Juan Ochoa participaron en su construcción y se invirtieron miles de pesos procedentes de donaciones y contribuciones.

A lo largo del periodo colonial, el Puente Viejo fue la principal vía de acceso a la ciudad. Por ella viajeros, arrieros y funcionarios llegaban procedentes de la costa a la capital del virreinato. Su conservación representó una permanente preocupación para las autoridades locales; no solo ante los numerosos terremotos, como los ocurridos en 1582, 1600, 1604 y 1784, sino también frente a las lluvias torrenciales y los desbordes del río Chili, como el "diluvio" de 1819, que duró casi cinco meses. En esa ocasión las aguas del Chili arrasaron con los edificios cercanos, denominados "las rancherías del río". Una minuciosa evaluación de los regidores Juan Mariano Goyeneche y Juan Manuel Salamanca estableció que los gastos de refacción ascenderían a 14.195 pesos, los que fueron solventados mediante el cobro de un impuesto, el derecho de pontazgo y la generosidad de algunos vecinos ricos de la ciudad, como Manuel Martínez del Campo y Manuel Roiz del Barrio. De este modo concluyó la "urgente y precisa reparación de las averías del puente", casi un año después de ocurridas.

los descontentos con los costos de los servicios. Las oficinas y residencias de los seguidores de Leguía también sufrieron daños. Diarios como *El Deber* fueron tomados por los manifestantes. No escaparon de estos ataques los negocios de comerciantes extranjeros, particularmente chinos, cuyas casas de juego dominaban las calles Consuelo, Mercado de San Camilo y Puente Bolognesi. En algunos casos, los comerciantes respondieron disparando sus armas de fuego contra los asaltantes, con el resultado de muertos y heridos, así como el enardecimiento de la

Sánchez Cerro en el día de su juramentación como presidente de la Junta de Gobierno de 1930. *Fuente*: Wikipedia 

población. Los asaltos contra chinos se extendieron a los valles cercanos de La Punta y Cocachacra. Las élites recurrieron a la Guardia Civil, a la Compañía de Bomberos y a la Asociación de Comercio e Industrias para organizar una guardia urbana y recuperar el orden.

El importante apoyo que Sánchez Cerro recibió en Arequipa se explica por el hecho de que los revolucionarios asumieran una serie de principios largamente cultivados: autonomía política y económica, descentralización y democratización, los que confirieron legitimidad a los sublevados en casi todas las provincias del país. La revuelta marcó el inicio del segundo ciclo revolucionario en Arequipa, que duraría tres décadas.

## 2. La traición autoritaria y el surgimiento de nuevos partidos

Como tantas otras veces había ocurrido, las esperanzas suscitadas por la revolución de 1930 se desvanecieron rápidamente. Instalado en la casa de gobierno, Sánchez Cerro convocó a elecciones para elegir un nuevo presidente, y buscó presentarse como candidato, pero sin abandonar el puesto de presidente. Para ello se apoyó en los grupos oligárquicos que habían visto disminuir su poder durante el gobierno de Leguía, y que pensaban que el nuevo caudillo era una oportunidad para recobrar sus privilegios. Este apoyo se tradujo en políticas favorables al libre comercio y a los negocios agroexportadores, así como en un menor gasto fiscal y la represión de las organizaciones sindicales y universitarias. Con esta alianza, Sánchez Cerro dejó de lado a la facción arequipeña que lo había apoyado en su ascenso. La respuesta vino en forma de levantamientos militares en diferentes partes del país, que buscaban impedir que el presidente golpista se presentara como candidato.

En este escenario de inestabilidad, Arequipa retomó su tradición insurgente y se levantó en febrero de 1931. Se organizó una Junta Revolucionaria de Gobierno del sur, con composición netamente civil arequipeña, dirigida por el jurista Manuel J. Bustamante de la Fuente, quien tomó control de la ciudad y propició la constitución de un gobierno de transición. Este gobierno tenía como tarea convocar a elecciones generales en nueve meses, así como a una Asamblea Constituyente que reformara la Constitución de Leguía. A la cabeza se colocó al hacendado apurimeño David Samanez Ocampo.

Esta sucesión de crisis políticas, suscitadas por la caída de Leguía, dio origen a la aparición de los primeros partidos de masas en la historia peruana. El más importante a escala nacional fue el Partido Aprista Peruano (PAP), liderado por Víctor Raúl Haya de la Torre, político trujillano que había destacado como líder estudiantil opuesto al gobierno de Leguía. Haya contaba con el apoyo de sindicatos obreros y campesinos del norte y del centro, así como de estudiantes de clase media provenientes de provincias. Su principal bandera era el antiimperialismo y la nacionalización de las industrias extranjeras. Con este bagaje postuló a la Presidencia de la República con apenas 36 años de edad. Su principal contendor fue Sánchez Cerro por la Unión Revolucionaria (UR), el otro partido de masas surgido en este momento. La UR estaba conformada por grupos cercanos a la derecha oligárquica y católica conservadora. También contaba con el apoyo de los sectores gamonales empobrecidos y marginales del campo y de la ciudad, especialmente en Lima y el sur del país. Su principal bandera era un nacionalismo anticomunista, cercano a las prédicas fascistas.

El PAP y la UR estaban acompañados de otros partidos con un fuerte énfasis doctrinal, pero sin tanto arraigo social. Era el caso del Partido Socialista del Perú, fundado por José Carlos Mariátegui y vinculado con sindicatos obreros en Lima y mineros de la sierra central. Los socialistas se proclamaban revolucionarios y aspiraban a transformar radicalmente el país, siguiendo el ejemplo de la Unión Soviética. A la muerte de Mariátegui en 1930, el Partido Socialista se convirtió en Partido Comunista, una organización de militantes propensa al dogmatismo de la Internacional Comunista dirigida desde Moscú, quienes tuvieron problemas para movilizar políticamente a la población indígena. El Partido Descentralista, por su parte, estaba conformado por políticos e intelectuales urbanos de clases medias, que representaban a los departamentos de Arequipa, Cusco y Puno. Su objetivo era contrarrestar el creciente poder político y administrativo de Lima mediante una real autonomía jurídica y administrativa, que asegurase la efectiva participación de las regiones en las decisiones políticas del Estado.

En Arequipa, la UR contaba con fuertes simpatías, tanto en los sectores altos como populares. Los descentralistas, por su parte, eran mayoritarios entre las clases medias. También el aprismo tenía algún apoyo en ese sector. El Partido Comunista, en cambio, limitaba su respaldo a unos cuantos sindicatos obreros, así como a círculos intelectuales y universitarios.

## 3. La economía y el problema de las subsistencias

La relativa recuperación de los precios de los minerales, del petróleo, de la caña de azúcar y del algodón permitió un último y corto ciclo de exportaciones de lana, que duró hasta la Segunda Guerra Mundial. Para seguir siendo competitivos, los inversionistas se vieron obligados a

**Un puerto mayor para Arequipa**

A lo largo del periodo colonial Arequipa alternó diversos puertos para comunicarse y comerciar con Lima y España: Islay, Mollendo, Quilca, Chule y Aranta, aunque también debemos considerar los distantes puertos de Ilo y Arica. La región se caracterizó tempranamente por la producción de vinos y aguardientes que eran llevados en recuas de mulas a los principales mercados de consumo de la sierra sur y el Alto Perú. A cambio se obtenía la plata. El Alto Perú fue durante siglos el mayor productor de plata del virreinato, que era enviada en un gran porcentaje a la metrópoli por el puerto de Arica y a partir de 1776 por el de Buenos Aires. Con el establecimiento del "libre comercio" en 1778 se hizo necesario un puerto mayor para la región, pues los comerciantes locales deseaban vínculos directos con las grandes casas de España, prescindiendo de los comerciantes del Tribunal del Consulado de Lima. Para esta época, el puerto de Quilca, ubicado a 184 kilómetros de la ciudad, destacaba como principal punto de embarque y desembarque. No obstante, este puerto era incompatible para soportar actividad portuaria de gran envergadura, que es lo que ocurrió entre 1821 y 1824, cuando la región se convirtió en el único punto de enlace entre el virreinato del Perú y la metrópoli española.

Son recurrentes las imágenes y descripciones de Quilca como una caleta estrecha y golpeada por el oleaje "que provocan que los barcos se balanceen frecuentemente". Los relatos del inglés Samuel Haigh y del alemán Heinrich Witt, quien lo visitó por primera vez en diciembre de 1824, lo describen como un puerto inapropiado para barcos de gran calado. Por ello fue finalmente cerrado en 1827. En su reemplazo, el general y prefecto Antonio Gutiérrez de la Fuente autorizó la apertura del puerto de Islay.

reducir costos, al tiempo que se modernizaban las diferentes etapas de la producción, sobre todo en las estancias de Puno. Estos esfuerzos no siempre tuvieron éxito. Varias casas comerciales quebraron o se fusionaron, como la Casa Ricketts, que se unió en 1936 con la empresa inglesa Anthony Gibss & Sons. El puerto de Mollendo redujo sus actividades hasta 1939, cuando empezó a construirse el puerto de Matarani, que finalmente lo reemplazó en 1951. Las haciendas no pudieron emplear más campesinos, por lo que muchos arequipeños rurales optaron por emigrar a las ciudades en busca de empleo.

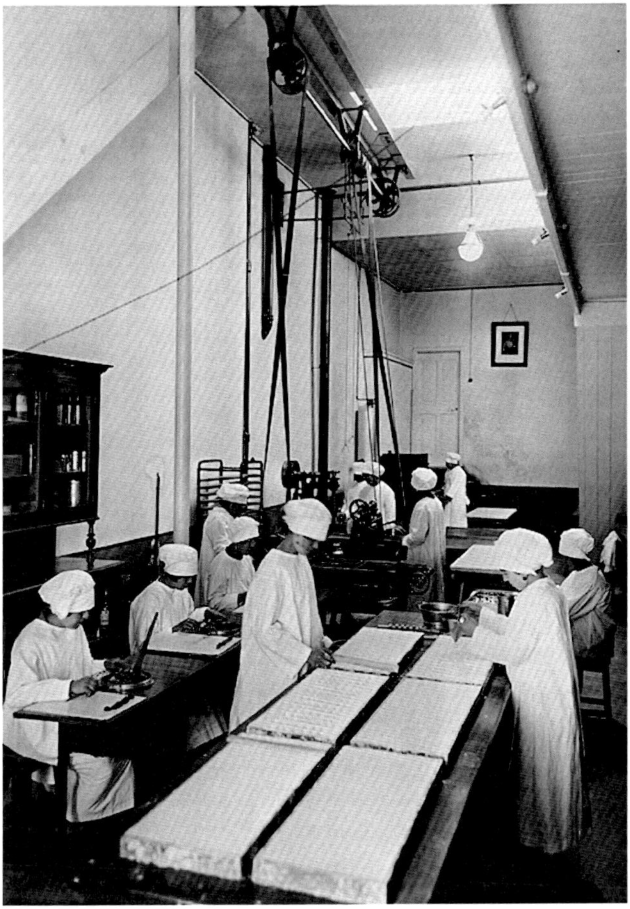

Obreras de la tradicional fábrica de chocolates La Ibérica, de Arequipa, 1927. *Fuente*: Museo de Arte de Lima.

De acuerdo con el censo de 1940, Arequipa era la segunda ciudad más poblada del Perú, con 85.452 habitantes. El departamento concentraba el 36,4% del total de centros poblados con más de 2000 personas. Al igual que en el resto del Perú, se estaba iniciando un proceso de urbanización, que llevó a oleadas de migrantes andinos a las ciudades, transformando su paisaje urbano, social y cultural. La escasez de alimentos era un problema crónico en la región, pues buena parte de los recursos productivos estaban destinados a las exportaciones de materias primas. Las tierras controladas por los medianos propietarios priorizaban la producción de variedades de grano aptas para el ganado antes que para el consumo humano. El azúcar y el algodón iban por lo general al extranjero. En el valle del Tambo, las haciendas cultivaban preferentemente caña de azúcar, que requería mucha agua y reducía la extensión de cultivos de otros alimentos. El estancamiento de los precios de la caña de azúcar incrementó el cultivo del algodón, que necesitaba menos agua que la caña, lo que redujo sus costos de producción. La agricultura de panllevar fue la más perjudicada, lo que motivó la importación de alimentos. Aunque la crisis de las exportaciones de lanas indujo a mirar a la agricultura como una fuente alternativa de rentabilidad, la transición se realizó lentamente. La producción de trigo y arroz era escasa, y se vendía a altos precios, por lo que la papa era el principal alimento de consumo masivo.

Así, la particularidad arequipeña en el contexto político peruano de la primera mitad del siglo XX consistió en el predominio de las clases medias o pequeña burguesía. Empleados, artesanos y profesionales constituían el 43,5% de la población electoral departamental. Políticamente fuerte, este sector tenía el apoyo de los estratos populares y trabajadores. Incluso podía contar con el consenso de las élites económicas locales para luchar por los intereses del departamento. En 1922, las principales manufacturas eran aún artesanales, en rubros como jabón, fundición, curtiembres, molinos de trigo y fábricas de tejido. Para la década de 1930, el panorama manufacturero se diversificó con el crecimiento de las industrias de alimentos, bebidas, calzado, prendas de vestir, maderas, muebles, imprentas, cueros y productos minerales no metálicos.

Familias dedicadas al comercio lanar vieron la oportunidad de reinvertir en estos nuevos sectores industriales entre 1932 y 1945. Gracias a las políticas proteccionistas, nació una incipiente industria regional y agroexportadora. Familias como los Muñoz Nájar, los Ricketts y los Ugarteche invirtieron en fábricas de cemento, aserraderos y producción metálica. En el caso de los Ricketts, pasaron del comercio de lanas a la explotación agrícola en Majes. Los Muñoz Nájar pasaron de comerciantes importadores de semilla a comprar tierras para producir arroz y caña en Tambo y a adquirir tierras para la ganadería en Puno (fundaron

Fotografía del bullicioso mercado de Arequipa, cuando estaba al aire libre, 1930.
*Fuente*: Biblioteca de la Sociedad Geográfica Estadounidense,
Bibliotecas de la Universidad de Wisconsin-Milwaukee.

la Sociedad Industrial del Sur). Se registró así que las importaciones de maquinaria y vehículos crecieron del 10 a 34%. En la década de 1930, los obreros representaban el 32,7% de la mano de obra empleada. Solo el sector textil concentraba una quinta parte de la Población Económica activa de la región

## 4. Movimiento social y malestar anticentralista

La institución más importante de la clase empresarial era la Cámara de Comercio de Arequipa, creada en 1900 por los comerciantes laneros. Con la crisis de las décadas de 1920 y 1930, la Cámara pasó a ser dominada por un representante de la industria eléctrica: Manuel Ugarteche fue quien desplazó a los laneros dentro de la dirección. Para mantener sus privilegios, los laneros se organizaron en un Comité de Comerciantes Mayoristas y pidieron ayuda al gobierno de Leguía. Como en otras ciudades peruanas, estas asociaciones empresariales tenían una fuerte incidencia en la política local, hasta el punto de covertirse en los principales interlocutores de los gobernantes, incluso por delante de las autoridades locales.

La Cámara de Comercio no era el único esfuerzo de los sectores altos por organizarse. En 1922, los propietarios de haciendas formaron una liga para oponerse a las movilizaciones campesinas que amenazaban sus tierras. Dos años después, grupos ligados al mediano comercio y a la industria se unieron en la Asociación de Comercio e Industrias. Los propietarios de tierras y arrendires, por su parte, contaban desde 1916 con la Sociedad Agrícola de Arequipa. Aunque inicialmente fue pensada para defender los intereses de los grandes propietarios, con el tiempo la sociedad pasó a congregar a pequeños y medianos agricultores. La pequeña burguesía se organizó en el Colegio de Abogados, refundado a principios del siglo. En la coyuntura de la crisis del gobierno de Leguía, estas asociaciones apoyaron el golpe de Sánchez Cerro.

También creció la organización de los sectores populares. Sindicatos y asociaciones de trabajadores anarcosindicalistas, apristas y comunistas se multiplicaron en toda la región. Comerciantes, empleados, trabajadores y obreros se agruparon de acuerdo con los planteamientos doctrinarios de cada partido. El ejemplo más importante fue la Sociedad de Empleados y Obreros del Ferrocarril, que promovió huelgas por mejoras salariales entre 1902 y 1919, varios de cuyos miembros se habían adherido al Partido Liberal Independiente. En 1929, el partido aprista aprovechó el efervescente movimiento de clases medias para organizar la Federación de Empleados del Comercio y la Industria de Arequipa (FECIA). Los comunistas privilegiaron en cambio su actuación entre obreros de la industria gráfica, quienes organizaron en 1930 la Unión Gráfica de Arequipa (UGA). También tuvieron presencia entre los trabajadores del salitre que regresaban de Chile, ya influenciados por el sindicalismo chileno. Ambos grupos se organizaron en la Federación Obrera Local de Arequipa (FOLA), controlada al principio por anarcosindicalistas

Paseo de familia arequipeña en la presa del río Chili, 1930.
*Fuente*: Biblioteca de la Sociedad Geográfica Estadounidense, Bibliotecas de la Universidad de Wisconsin-Milwaukee.

A medida que la ciudad crecía, un mosaico de organizaciones obreras, artesanales, de pequeños productores, trabajadores, estudiantes, intelectuales y profesionales se unía a la compleja vida política arequipeña. En 1933, se formó la Organización Sindical de Trabajadores Agrícolas del valle del Tambo; mientras los trabajadores del ferrocarril, que en 1919 crearon la Confederación Ferrocarrilera Obrera del Sur, dieron luz en 1935 a la Unión de Empleados de Ferrocarril del Sur del Perú. El impacto de estas organizaciones se manifestó entre 1932 y 1934, cuando se declararon huelgas en todas las ramas de la economía local. Asimismo, la militancia en estas organizaciones daba una cierta identidad de clase a los heterogéneos grupos de trabajadores que cada vez más inundaban la ciudad. En una sociedad que no era cabalmente democrática ni moderna, eran vectores para canalizar las ansias de transformación y progreso.

Manuel Bustamante de la Fuente, abogado y político arequipeño. Fue diputado y senador por la región. *Fuente*: Fundación Bustamante.

Desde el punto de vista de los arequipeños, ni Leguía, ni Sánchez Cerro, ni Samanez Ocampo habían estado a la altura de lo que exigía la región. La crisis económica, el malestar social y la agitación política obligaron así a las élites a buscar alianzas con los sectores populares en torno a una agenda autonomista, pero con poco éxito.

El malestar no era exclusivo de Arequipa. Connotados políticos e intelectuales provincianos del sur del país, como Manuel Jesús Gamarra, Luis E. Valcárcel y Emilio Romero, proclamaron la necesidad de incluir en el debate nacional los intereses de las regiones, lo que dio lugar en 1931 a la fundación del Partido Descentralista, con el apoyo de Manuel Bustamante de la Fuente y Víctor Andrés Belaunde, ambos representantes de la región en la Asamblea Constituyente. Ellos contaron con el apoyo del intelectual Carlos Gibson, para quien los problemas del país solo podrían resolverse con una profunda descentralización y una modernización económica, que erradicara el dominio de los gamonales del campo. Al mismo tiempo, Bustamante de la Fuente lanzó la Liga Autonomista, una entidad diferente al Partido Descentralista, que promovía intereses específicos del departamento dentro del gran bloque sureño. La Liga defendía la elección de representantes a escala departamental, en sustitución de la representación provincial, y su programa exigía también elecciones libres en cada municipio, descentralización, moratoria de deudas y rebaja del costo de vida.

## 5. La restauración centralista: Sánchez Cerro y Óscar R. Benavides

Sánchez Cerro ganó la elección de octubre de 1931 con una corta ventaja sobre Haya de la Torre. El APRA objetó los resultados y alegó fraude. En Arequipa, Sánchez Cerro obtuvo una holgada victoria gracias a la simpatía de los sectores populares: 11.964 votos (65%) frente a 3965 (21,5%) de Haya de la Torre. El Partido Descentralista apoyó la candidatura de José María de la Jara, que quedó muy rezagada respecto de los dos primeros contendientes. La elección de la Asamblea Constituyente, con mayoría sanchecerrista e importante presencia aprista, polarizó el ambiente de guerra civil entre los seguidores de Haya de la Torre y el Gobierno.

Pese a la derrota, el Partido Descentralista llevó la voz de la región al Congreso. El proyecto descentralizador en minoría, representado por Francisco Pasto, Emilio Romero y Erasmo Roca, planteaba para la nueva Constitución el autogobierno municipal y una reorganización de los departamentos en 12 regiones. Cada una de estas instancias tendría su propio gobierno corporativo, organizado en consejos regionales con amplios poderes en materia de gasto, planes educativos, nombramiento de jueces y fiscalización del Gobierno central. Sin embargo, estas propuestas quedaron diluidas en la ley de descentralización aprobada por la nueva mayoría, que contemplaba solo cambios moderados y prudentes. La principal novedad consistía en la creación de consejos departamentales (en vez de regionales) sobre la base de una reorganización territorial, con nuevas demarcaciones. Estos consejos debían sustentarse mediante transferencias del Estado, que seguiría siendo la única instancia que cobraría impuestos directos a la población.

El automóvil llegó Arequipa a inicios del siglo XX. En la década de 1930 algunos propietarios empezaron a dar servicios de taxi, como aparece en esta fotografía. *Fuente*: Archivo Regional de Arequipa.

La violencia cruzada entre el Gobierno y el partido aprista impidió que incluso estas medidas se llevaran a la práctica. Arequipa no quedó al margen de la violencia desplegada por la intolerancia del gobierno de Sánchez Cerro. La protesta de la FOLA, provocada por el arresto de uno de sus miembros, culminó con la destitución del prefecto, la muerte del subprefecto, la destrucción de la Prefectura y la persecución y disolución de la FOLA en mayo de 1931. Finalmente, el asesinato de Sánchez Cerro por parte de un militante aprista en 1933 llevó al poder al general Óscar R. Benavides, quien expulsó a los legisladores apristas, ilegalizó el partido de Haya de la Torre y suspendió la aplicación de la Constitución promulgada en 1933, con lo que frustró las expectativas descentralistas.

El gobierno de Benavides aplicó una política de represión y persecución política a apristas y comunistas, así como a los sindicatos obreros, cuyos dirigentes pasaron a la clandestinidad. Al mismo tiempo, el

Gobierno bloqueó la entrada en vigor de la Ley de Descentralización, que debía implementarse con la nueva Constitución. La recentralización administrativa que venía operando con relativa fuerza desde la época de Leguía cobró ímpetu con el gobierno de Benavides, y así se mantuvo por varias décadas.

En el ámbito local, en 1932, la Unión Sindical Obrera de Arequipa tomó el relevo de la FOLA. En el contexto de la crisis, la relativa recuperación económica de la región fue posible por el incremento de las exportaciones, y los ingresos fiscales permitieron al Gobierno impulsar políticas contra el desempleo basadas en obras públicas ejecutadas por medio de la Junta Pro-Desocupados. Además, las medidas proteccionistas favorecieron el desarrollo de la pequeña industria nacional. En esta época previa a la Segunda Guerra Mundial, las curtiembres, los lavaderos de lana y las 21 casas comerciales instaladas en la ciudad se desenvolvieron sin dificultades. El colapso del mercado internacional por la guerra hizo rentable la sustitución de importaciones con productos nativos, empleando una creciente mano de obra local que empezaba a trasladarse del campo a la ciudad. Se cerraba de esta manera el largo ciclo de la lana, y empezaba una nueva época para Arequipa, marcada por los proyectos de industrialización.

## 6. La modernización urbana y el cuarto centenario

Entre 1900 y 1940, se desarrolló una segunda etapa de modernización, marcada por la apertura y consolidación del área central de Arequipa. Con la apertura de las calles Siglo XX, 28 de julio, Corvacho, Salaverry, puente Bolognesi, Plaza España, Goyeneche, Pizarro, 2 de Mayo y avenida del Ejército, Arequipa pasó, a decir de Quiroz Paz Soldán, de ciudad colonial a republicana. Se levantaron urbanizaciones como Miraflores, Vallecito, María Isabel y Leticia, construidas por empresas privadas y personas particulares. La trama urbana se expandió a zonas antaño periféricas, como Yanahuara, Cayma, Miraflores y Paucarpata, adonde se llegaba por tranvía. El cementerio La Apacheta se hizo más accesible por el camino de La Pampilla. Estas obras estuvieron marcadas por la celebración del cuarto centenario de la ciudad. El alcalde Julio Ernesto Portugal presupuestó dos millones de soles para su celebración. Buena parte de las intervenciones estuvieron a cargo del arquitecto Alberto de Rivero, considerado el "ideólogo urbano" de la modernización de la ciudad.

Entre las intervenciones urbanas destacaron el Centro Cultural El Ateneo, que incluía en sus instalaciones un teatro, la Biblioteca Municipal, un gimnasio y un coliseo deportivo; asimismo, el Teatro Municipal, el Colegio Nacional Independencia y el Barrio Obrero n.° 1, situado en el área contigua del río Chili. Posteriormente, se levantó el Barrio Obrero n.º 2, al lado del Colegio Nacional. También se construyeron el estadio Mariano Melgar, los cuarteles del ejército Salaverry y Tingo, la base aérea de Vítor, la carretera al aeródromo de Chachani, la vía al balneario de Jesús, el hipódromo de Porongoche y el edificio de la Cultura en la Universidad de San Agustín. En paralelo, se completó la construcción del puente del Tingo y de la alameda Bolognesi. Todas estas obras se realizaron mediante la cooperación entre el Gobierno central, la municipalidad provincial y la Junta de Celebración del IV Centenario.

El asfaltado y adoquinado de calles y avenidas transformó la imagen de la ciudad. En un contexto de crecimiento económico, la burguesía arequipeña se volvió más exigente con los cánones modernos de urbanización. Para 1940, la provincia albergaba el 49% del total de la población del departamento, y el Cercado había crecido de 28.652 habitantes en 1876 a 62.222 en 1940. En este periodo, apareció el fenómeno de la tugurización. Se estimaba que de casi 11.000 viviendas contabilizadas en 1940, solo 1458 estaban habitadas por sus propietarios; el restante 82% alojaba a inquilinos. En 1940, los emigrantes suponían el 15% de la población del departamento, la mayoría procedente de Puno, Cusco, Ayacucho, Moquegua y Apurímac. Casi todos eran jóvenes que llegaban a la ciudad en busca de empleo y mejores condiciones de vida.

Esta época de auge material y afanes industrializadores constituyó también un periodo de florecimiento de la cultura arequipeña. Surgieron así grupos profesionales como la Asociación de Ingenieros, fundada en 1935, y asociaciones culturales y literarias, como Sur, el Centro Geográfico de Arequipa, el Centro Cultural Artístico Túpac Amaru y la Asociación Cultural Palestina. El establecimiento de una filial de la Asociación de Artistas y Escritores del Perú se sumó a las actividades que organizaban la universidad, el Colegio de Abogados, el Círculo de Obreros Católicos y la Casa Mariano Melgar. Las asociaciones profesionales y gremiales, por su lado, promovieron conferencias y discursos. En 1944, se creó la Escuela Regional de Música Luis Duncker Lavalle, que continuó el legado de este notable músico y compositor de piezas mestizas, fallecido en 1922. La música popular se mantuvo en las picanterías y serenatas hasta después de la Segunda Guerra Mundial, cuando los géneros tradicionales comenzaron a retroceder ante el impulso de nuevos ritmos musicales, como el tango y la guaracha, difundidos por la radio y los discos.

La celebración del cuarto centenario promovió concursos sobre historia de la ciudad y de la región, impulsados por el municipio y el Congreso de la República. Entre los participantes destacó Víctor Benavente Flores, joven promesa de la historiografía arequipeña, fallecido tempranamente. Benavente escribió una historia de la ciudad que se consideraba la más importante redactada hasta ese momento. Se desarrollaron también investigaciones sobre la época colonial y republicana, entre las que destacaron los *Documentos para la historia de Arequipa* de Víctor Barriga y la monumental obra en once volúmenes del arcediano Santiago Martínez.

## 7. La conferencia económica del sur de 1932 y la industrialización

Conforme la economía se fue recuperando de la depresión de 1929, se experimentó un impulso industrializador que duró hasta 1950. Se trató de una época de relativo auge económico y diversificación de la economía regional. El financiamiento necesario para las industrias y los servicios locales provenía en parte de sucursales de bancos extranjeros, instalados en la región desde principios del siglo XX. También contribuía el crédito financiero local, representado por las casas Gibson y Braillard Hermanos. Este estímulo permitió desarrollar una industria arequipeña, al tiempo que se afirmaban las ideas descentralistas en los planos económico y político.

Las propuestas descentralistas tomaron forma en la Conferencia Económica del Sur, convocada por las cámaras de comercio de Arequipa, Cusco, Moquegua, Mollendo, Tacna y Puno en febrero de 1932. Al evento asistió gran número de empresarios, liderados por Manuel

José Luis Bustamante y Rivero, jurista y político arequipeño. Fue presidente de la República (1945-1948) y presidente de la Corte Internacional de Justicia (1967-1969). 

Ugarteche (fundador de la Sociedad Eléctrica de Arequipa), J. Abel Montes, José M. Santisteban, Juan Barclay, J. E. Gutiérrez Ballón y J. E. Bustamante. El futuro presidente de la República, José Luis Bustamante y Rivero, fue el asesor jurídico. En la reunión se discutieron los aspectos económicos y financieros, industriales, comerciales y bancarios que preocupaban a esta parte del país. Las ponencias y propuestas presentadas al Gobierno central iban desde el financiamiento de obras de irrigación y carreteras hasta cuestiones obreras, agrícolas y ganaderas. Los asistentes llamaron además a proteger la moneda peruana de la devaluación y a evitar su emisión inorgánica. Reclamaban para ello ampliar la capacidad intervencionista del Banco Central de Reserva, así como establecer controles de cambio que protegieran la producción interna. A escala local, la conferencia pedía la instalación de sucursales del Banco Agrícola e Hipotecario que impulsaran las actividades agropecuarias e industriales. Solicitaban, además, que las rentas producidas por la oficina local del Registro de Propiedad Inmueble se quedaran en Arequipa y que se rebajara el impuesto al alcohol.

La conferencia coincidió con un periodo de intensa actividad política en la región. El Partido Liberal Independiente de Arequipa, fundado por Mariano Lino Urquieta, reanimó sus actividades en 1936 con el liderazgo de Miguel Ángel Urquieta y Carlos Meneses Cornejo. Sus militantes apoyaron a Jorge Prado Ugarteche, miembro de la élite industrialista arequipeña, primo de Manuel Ugarteche, como candidato en las frustradas elecciones presidenciales de ese año. En 1939, el PLI volvió a apoyar a Manuel Prado, hermano de Jorge, quien resultó electo presidente con el apoyo de Benavides. Como buenos arequipeños, los liberales depositaban en Prado la esperanza de impulsar la industria regional y contrarrestar las influencias librecambistas, representadas por los hacendados agroexportadores azucareros y algodoneros de la costa central y norte. Entre los más entusiastas defensores de este proyecto se encontraba la familia Prado. Aliados por matrimonio con otras familias de la élite local, los Prado fueron un ejemplo del nuevo perfil de empresario arequipeño, menos vinculado que sus contrapartes de otras regiones a la tierra y más proclive a proyectos industrializadores.

Otros promotores de los planteamientos industrialistas eran Francisco Mostajo y Víctor Andrés Belaunde. Desde su punto de vista, para lograr la modernización se debía proteger el mercado interno, manteniendo la estabilidad de la moneda nacional. En sus proclamas, defendían un sistema educativo acorde con las necesidades industriales de la región, así como evitar la salida de riquezas del país. Para lograrlo, planteaban constituir directorios nacionales en las empresas que limitaran la presencia del capital extranjero. Pretendían, además, acotar el pago de la deuda externa, facilitando la importación de maquinaria a bajos precios.

Paradójicamente, a pesar de estas medidas en defensa de la industria nacional, el auge industrialista obtuvo sus primeros resultados con la llegada de empresas extranjeras, como la General Milk, de nacionalidad norteamericana, que instaló su planta de procesamiento de lácteos (adoptó el nombre de Leche Gloria en 1943). En 1945, el 23% de tierras

## La introducción de la industria láctea en Arequipa

Con la crisis de la economía lanera, los empresarios siguieron aprovechando los recursos utilizados en la ganadería ovejera para la importación y crianza de ganado vacuno en las industrias del cuero y las curtiembres. Pronto surgió la posibilidad de industrializar la leche de los grandes y medianos propietarios. El 5 de febrero de 1941, la empresa General Milk Company Inc. constituyó la empresa Leche Gloria S. A. en la ciudad de Arequipa e inició la fabricación de la leche evaporada en 1942. Arequipa se convirtió en la región productora de leche envasada y de quesos más importante del Perú. A continuación, un extracto sobre la industria láctea y el informe Gilardi Bustamante:

“En 1939, ante el interés que mostraba la empresa extranjera General Milk por establecer una fábrica de leche conservada, la Dirección de Subsistencias de la Municipalidad pidió la opinión de la Cámara de Comercio e Industria de Arequipa sobre las consecuencias para Arequipa de la instalación de esta industria. Para este estudio fueron nombrados los ingenieros agrónomos César Augusto Gilardi y Guillermo Bustamante y Rivero, quienes en su informe, publicado por el diario *El Pueblo*, plantearon un pronunciamiento favorable a la organización de esta fábrica de leche condensada; con la salvedad que, para evitar un encarecimiento previsible de la leche fresca, el gobierno dispusiese que la fábrica solo comprase la leche a un precio algo menor que el fijado por la Junta Provincial de Subsistencias, de manera que únicamente podría adquirir los excedentes después de haber satisfecho el consumo normal.

Esta no fue la única empresa interesada en establecer una industria de tal índole. Como antecede, en 1933 la Nestlé de Suiza hizo conocer a la Cámara de Comercio de Arequipa su interés por instalar una fábrica de leche condensada en el país. La Cámara apoyó este proyecto, sugiriéndose que fuese localizado en Arequipa por las ventajas que ofrecía la región para la industria lechera y también por el impulso que significaría para la economía del Sur. La compañía desistió del proyecto luego de unos meses, sin mayor explicación.

La General Milk, en cambio, continuaría en su empeño hasta instalarse en Arequipa, lo que no ocurriría sino hasta iniciarse la década del cuarenta y... es parte de otra historia”.

Tomado de: Quiroz Paz Soldán, Eusebio. *Obra histórica de Arequipa*. Arequipa: Gobierno Regional de Arequipa, 2011, p. 429.

arequipeñas se dedicaba aún a los pastos naturales para la cría de ganado lanar, una actividad en declive desde varios años atrás. La industria lechera permitió reconvertir esta producción. La nueva orientación de la ganadería arequipeña se consolidó con la cooperación técnica de los EE. UU. Gloria puso en marcha en 1946 un programa de inseminación artificial con sementales de la granja Carnation. A esto se sumó unos años después la producción de cebada para cerveza, lo que permitió generar una mediana burguesía agraria en la región.

## 8. Arequipa y el Frente Democrático Nacional

La elección de Manuel Prado (1939-1945) supuso la transición de un régimen militar autoritario y represivo a un periodo semidemocrático. Las libertades políticas y la tolerancia a los partidos proscritos se restablecieron parcialmente. Con el gobierno de Manuel Bustamante y Rivero (1945-1948), Perú dio un paso más hacia la plena democratización. El Frente Democrático Nacional se gestó y coordinó desde la Ciudad Blanca, y contó con líderes arequipeños, como el parlamentario Javier de Belaunde y el alcalde Julio Ernesto Portugal. Manuel Bustamante de La Fuente declinó su candidatura presidencial a favor de Bustamante, pero siempre estuvo claro que el candidato debía ser un arequipeño.

El movimiento contó con el soporte de casi toda la región. Bustamante obtuvo el 82% en Islay, el 81% en la provincia de Arequipa, el 80% en Caravelí y el 78% en Camaná. Más moderados fueron los resultados en Castilla (58%). Estos porcentajes se debieron en parte al intenso trabajo proselitista de jóvenes entusiastas como Carlos Ricketts, Benigno Ramírez del Villar, Isaías Mendoza del Solar, Humberto Portillo, Carlos García Ureta, Gustavo de la Jara, Alberto Llosa García, Simón Erriberry, Eduardo Belaunde y Carlos Lira, entre otros. El apoyo fue más bajo en las provincias altoandinas de Condesuyos (45%) y Caylloma (33%), lo que refleja un desfase entre la costa y la sierra arequipeñas.

La ocasión parecía ideal para empezar una nueva experiencia democrática. La candidatura de Bustamante fue apoyada por una amplia coalición de fuerzas, que incluía a los partidos comunista y aprista, aglutinadas en torno a la democratización del país, la recuperación económica y la descentralización. Sin embargo, la tarea estaba lejos de ser sencilla, y los resultados quedaron en muchos sentidos por debajo de lo esperado. El gobierno de Bustamante debió enfrentar así la oposición de la oligarquía agroexportadora y financiera. Concentrados en la costa norte y central, incluida Lima, los oligarcas contaban también con el apoyo de hacendados tradicionales del interior del país. Otro motivo de tensión era la presión del Partido Aprista Peruano (PAP), que, apoyado por clases medias y trabajadores sindicalizados, buscaba intensificar la industrialización y el consumo interno.

La prometida descentralización se frustró con el fracaso de la ley de elecciones municipales de 1946, una norma que pretendía convocar a comicios locales por primera vez desde el tiempo de Leguía y al mismo tiempo otorgaba el voto a las mujeres. Sin embargo, no prosperó en parte por el temor de los propios partidos políticos, que usaban la designación directa de autoridades como arma de negociación o para recompensar a sus partidarios. En Arequipa, gracias al espíritu democratizador de Bustamante, fue nombrado como alcalde Alfredo Roberts Valcárcel, asistido por una representación plural de regidores, conformada por profesionales, empleados, obreros y agricultores.

Los últimos meses de gobierno de Bustamante estuvieron rodeados de conspiraciones, tanto provenientes de sectores reaccionarios como del aprismo, que había pasado a la oposición. La asonada más destacada tuvo lugar en el Callao el 3 de octubre de 1948, y estuvo protagonizada por militantes apristas apoyados por marineros y suboficiales de la Marina de Guerra. La falta de apoyo de la alta dirigencia y del propio Haya no evitó que los militares enemigos del partido aprista exigieran al presidente poner al PAP fuera de la ley. Bustamante consintió esta exigencia. Sin embargo, la situación desembocó en un nuevo golpe de Estado llevado a cabo el 27 de octubre por el general Manuel A. Odría. Ejecutado con el apoyo de los agroexportadores, que veían en el aprismo una amenaza subversiva, Odría acentuó el autoritarismo centralista y congeló los anhelos industrializadores del sur andino. La recuperación de la situación económica internacional y el auge del librecambismo jugaron a su favor. En el caso de Arequipa, el golpe coincidió con sendos sismos de 6 y 7 grados en la escala modificada de Mercalli, que sacudieron la región en los meses de mayo y julio de 1948. Una vez más la tierra trajo destrucción y zozobra a esta parte del Perú.

# Capítulo III

## Transformación y autoritarismo versus democracia

La etapa comprendida entre 1948 y 1968 estuvo marcada por la sucesión de periodos de democracia, golpes de Estado y regímenes autoritarios. El gobierno de Odría se prolongó por medio de una discutida elección presidencial hasta que en 1955 tuvo que ceder el poder a Manuel Prado y Ugarteche, electo para un segundo gobierno (1956-1962) en medio de restricciones y atropellos a las libertades. El papel de Arequipa en la resistencia a la dictadura odriista y en el restablecimiento de la democracia le revalidó el título de "departamento de la ley". La oposición a Odría dio pie al surgimiento de una nueva generación de políticos inspirados en el pensamiento socialcristiano, que con el tiempo se tradujo en organizaciones políticas como la Democracia Cristiana y Acción Popular, que renovaron el mapa electoral peruano.

Estos cambios políticos coincidieron con un momento difícil para el sur andino. Sequías y sismos, junto con la explosión demográfica y las migraciones rurales, limitaron las posibilidades de un desarrollo económico y social autónomo. Los problemas de tugurización en las viviendas, infraestructura y servicios básicos se agravaron, al tiempo que se dejaba sentir con fuerza la influencia de factores políticos externos, como la Guerra Fría, la revolución cubana y los movimientos juveniles contraculturales. Estos eventos generaron una atmosfera menos localista y más abierta a las novedades intelectuales, académicas y artísticas del mundo.

## 1. El Ochenio de Odría y la recomposición social, 1948-1955

La caída de Bustamante significó el retorno de una dictadura militar apoyada por la oligarquía agroexportadora contraria a los controles de precios y al fomento de la industria. La Revolución Restauradora, como se autodenominó el régimen, fue estrictamente militar y carente de apoyo popular. Estaba inspirada por un sentimiento antiaprista y anticomunista, ideologías que muchos uniformados consideraban similares. Odría se sumó así a las dictaduras anticomunistas que azotaban América Latina durante el periodo de la Guerra Fría, que en el ámbito internacional estuvo marcado por la Guerra de Corea, la crisis de Berlín, la intervención norteamericana en Guatemala y la invasión de los tanques soviéticos para aplacar la revolución húngara. Visto en perspectiva, fue un periodo de profundo impacto en la sociedad arequipeña e inspiró una de las más celebradas novelas del escritor mistiano Mario Vargas Llosa: *Conversación en La Catedral*.

El golpe de Odría contó en Arequipa con algunos respaldos locales. Era el caso de Demetrio Velásquez, abogado, masón y presidente del Jockey Club, quien fue nombrado alcalde de la ciudad por el nuevo gobernante; y de monseñor Leónidas Bernedo Málaga, quien fue teniente alcalde. Esta dupla supuso una regresión respecto al régimen anterior, en el que una mujer, Eva Morales, había ocupado por primera vez una regiduría, e incluso había ejercido la alcaldía de modo interino. En el campo económico, la dictadura de Odría se caracterizó por favorecer las exportaciones mediante la devaluación de la moneda y la eliminación de subsidios a la producción local. Siguiendo las tendencias de la época, impulsó una economía abierta al mercado mundial y a las inversiones externas. El Perú regresó a las dinámicas primario-exportadoras que, en un contexto de crecimiento económico internacional, proporcionaron al Estado enormes ingresos para financiar obras de infraestructuras y apoyar la instalación de los migrantes, que comenzaban a asentarse en los alrededores de las grandes ciudades. Estas medidas revirtieron los avances descentralizadores del periodo anterior y cambiaron la economía política del país. La capital acentuó así su predominio sobre las regiones y se multiplicaron sus diferencias respecto a la sierra y la selva.

En principio Odría no era opuesto al fomento de la industria, pero las empresas nacionales crecían a tasas menores que las vinculadas a capitales extranjeros. La diferencia se debía al debilitamiento de la banca nacional de fomento y al desinterés del Gobierno por una estrategia de crecimiento que incorporara a la industria peruana, lo que agudizó las diferencias negativas que ya existían en cuanto a rendimiento y productividad. Las devaluaciones impedían a los industriales locales importar maquinaria para modernizar sus empresas, lo que creó déficits en la balanza de pagos. Un efecto colateral fue el encarecimiento de la canasta básica, para la que apenas alcanzaban los bajos salarios y los escasos beneficios de los trabajadores.

Estas medidas contaban con el apoyo de la oligarquía que había aupado a Odría al poder, pero enfrentaban la oposición de un sector del Gobierno que creía que eran contraproducentes, pues dificultaban el arraigo popular del nuevo régimen. Estos ministros presionaban para aumentar el gasto en salud y educación, con el objetivo de atraer a las masas y contrarrestar el predicamento del aprismo. Después de dudar bastante, Odría optó por romper con sus aliados iniciales y lanzó su candidatura para las elecciones de 1950, con un perfil mucho más populista del que inicialmente tuvo su gobierno.

El giro de Odría se explica en parte por el propio cambio que el país estaba experimentando. La emigración masiva proveniente de las zonas rurales estaba transformando los equilibrios políticos y sociales, al tiempo que ponía a los gobernantes ante nuevos desafíos. Problemas como la vivienda, la salud, la educación, el empleo y la integración cultural eran cada vez más acuciantes. El proceso se vio complicado con la resistencia y las protestas sociales. Una vez más, un levantamiento popular fue protagonizado por la Ciudad Blanca.

## 2. Resistiendo a la dictadura: barricadas y auge revolucionario, 1950

La oposición a Odría estuvo lejos de ser homogénea. En Arequipa, los diarios *Deber* y *Sur*, vinculados a Acción Católica y al socialcristianismo, se sumaron a los estudiantes de la universidad, vinculados al aprismo y al comunismo. Para resistir orgánicamente a la candidatura de Odría, se conformó en 1950 la llamada Liga Democrática con una plataforma que reivindicaba las libertades políticas, la reforma agraria, la

Arequipeños comentando las noticias del día en una de las esquinas de la plaza de armas. *Fuente*: Biblioteca de la Sociedad Geográfica Estadounidense, Bibliotecas de la Universidad de Wisconsin-Milwaukee.

autonomía universitaria y los nuevos créditos para la industria local. La cabeza de lista era el general retirado Ernesto Montagne Markhols, a quien acompañaban Francisco Mostajo y Carlos Nicholson como candidatos al Senado y Roberto Ramírez del Villar, Arturo Villegas Romero, Héctor Cornejo Chávez y Javier de Belaunde como candidatos al Congreso. Todos ellos eran estudiantes y profesionales socialcristianos que influirían en las siguientes décadas en la vida del país. Los acompañaban Teodoro Azpilcueta y Eduardo Cornejo, en representación de los trabajadores sindicalizados.

Durante la campaña, las protestas aumentaron a tal punto que el Jurado Nacional de Elecciones, controlado por Odría, rechazó las candidaturas opositoras. La respuesta no se hizo esperar. Durante tres días un levantamiento popular tomó la ciudad. El detonante fue la ocupación el 12 de junio del Colegio Independencia Americana por parte de los estudiantes adscritos o simpatizantes al aprismo y al comunismo, quienes se declararon en huelga en protesta por los malos servicios educativos. Como respuesta, el prefecto de la ciudad movilizó a la policía y al ejército para recuperar el local escolar. Varios estudiantes, entre ellos Sergio Dávila, Salomón Alpaca, Miguel Tapia, José López, Juan Díaz Medina y Miguel Jaime, resultaron heridos. La noticia provocó en la población "un espontaneo estallido de protesta popular". Francisco del Carpio, antiguo militante del partido comunista, relató que, ante dicha intervención, madres y padres de familia acudieron al colegio a solicitar el cese del fuego, lo que finalmente se produjo. Los estudiantes heridos fueron trasladados por sus compañeros y familiares al hospital, quienes fueron exhibidos por las calles como muestra del abuso cometido por las autoridades militares.

Al día siguiente, universitarios y trabajadores sindicalizados, indignados por los disparos hechos contra los escolares, se reunieron en la plaza de armas para protestar contra el Gobierno. Allí fue asesinado por la policía el obrero Nicolás Chicata con un golpe de sable. Su cadáver, trasladado a la universidad para ser velado, sirvió de estímulo para inflamar la protesta. La plaza de armas se volvió a llenar de manifestantes. El resultado fue la muerte del colegial Luis Vera y de Augusto García, un niño de diez años, así como varios heridos entre escolares, universitarios y trabajadores. La represión de la policía se dirigió también a los representantes de la Liga Democrática, varios de los cuales fueron detenidos. Odría usó este levantamiento como excusa para apresar al general Montagne, su contrincante electoral, a quien luego desterró.

A la mañana siguiente, los negocios no abrieron y el transporte público se paralizó. Federaciones sindicales, estudiantes universitarios y militantes socialcristianos, comunistas y apristas declararon una huelga general. Aunque en un principio la Liga Democrática trató de deslindar su responsabilidad ante la Prefectura, finalmente Francisco Mostajo se puso al frente de las protestas. Su primer acto consistió en asistir a los funerales de los caídos en la universidad. Rebasado por la emoción, convirtió su discurso en una arenga contra los abusos de la fuerza pública. Al concluir, fue aclamado por la multitud y llevado en hombros al

Alumnos del Colegio Independencia trancando el portón norte durante las protestas contra Odría. *Fuente*: Derechos reservados.

consejo provincial de la ciudad, donde se conformó un comité popular para gestionar la ciudad. Sus integrantes incluían al dirigente del Partido Comunista, Raúl Acosta, quien años después sería representante ante la Asamblea Constituyente.

Mostajo quiso ampliar la dirección del movimiento incorporando a estudiantes y representantes de la burguesía local. Para ello incluyó en el comité a Rey de Castro, Núñez Borja, Núñez Ureta, Patricio Ricketts, Flores Barrón, Ramírez del Villar, Chávez Bedoya y Javier de Belaunde, además de sindicalistas comunistas como Guillermo Torreblanca, Eduardo Flores y el propio Raúl Acosta. El orden estaba a cargo de la Guardia Urbana, cuyos integrantes eran sobre todo comunistas. Para ese momento, los manifestantes habían incendiado el Casino Militar y la Prefectura, y asaltado varios camiones militares, además de desarmar a policías y soldados. Por la tarde, los pobladores, algunos con armamento, se reunieron en la plaza de armas, dispuestos a enfrentarse con los cuerpos del ejército venidos de diferentes partes del sur del país. Por todos lados se levantaron barricadas con las piedras que pavimentaban las calles y la plaza de armas. Los puentes Grau y Bolognesi y el acceso al aeropuerto fueron bloqueados para impedir que el prefecto escapara.

Mostajo convocó a un cabildo abierto. Con la participación de 30 a 40.000 personas, sustituyó al comité popular por una junta local, constituida por miembros provenientes de la alta y mediana burguesía, como Alfredo Roberts Valcárcel (Cámara de Comercio), Héctor Salas (por los empleados), Miguel Ortiz (por los estudiantes) y Froilán Gallegos (por los comerciantes minoristas). También fueron incluidos representantes de trabajadores, obreros y agricultores sindicalizados, como Mariano Bejarano y Arnoldo Guillén. Para evitar una masacre, dada la superioridad militar del ejército, se negoció una vuelta al orden. Mostajo obtuvo la renuncia del prefecto, Daniel Meza Cuadra, quien fue sustituido por el comandante Genaro Cardeña, aún más intransigente que su predecesor. La población demandó, además, que los oficiales del ejército y de la policía que habían ordenado disparar a la población los días anteriores fuesen juzgados por tribunales populares.

En la tarde del 14 de junio, una comisión conformada por Javier de Belaunde, Arturo Villegas, Arnoldo Guillén y Carlos Bellido intentó dialogar con el nuevo prefecto para detener los enfrentamientos. Mientras cruzaban la plaza del municipio con una bandera blanca en dirección al edifico del Correo, donde estaba el cuartel del prefecto, fueron atacados. Villegas murió y Bellido resultó herido. En otro intento, la misma comisión, ahora ya solo conformada por Guillén y De Belaunde, logró un cese al fuego. En la madrugada del día siguiente, varios líderes de la Junta fueron detenidos, entre ellos Mostajo.

Para la mañana del 15 de junio, el ejército doblegó los últimos focos de resistencia en la Universidad de San Agustín. La ciudad quedó sometida a toque de queda y fue rastrillada casa por casa. Los sospechosos de haber participado en la revuelta o de ser opositores al régimen fueron detenidos. El Gobierno decidió nombrar como nuevo prefecto al general Ricardo Pérez Godoy, quien años después se convertiría en presidente de la República al frente de una junta militar. Una junta de conciliación integrada por los presidentes de la Corte Superior de Justicia y de la Cámara de Comercio, el alcalde de la ciudad, el representante del cuerpo consular y el cónsul de Chile abogó con éxito por la libertad de los detenidos.

Aunque rápidamente develados, los tres días de revuelta marcaron profundamente a la sociedad arequipeña, lo que quedó plasmado en la novela de Alfonso Bouroncle, titulada *El último montonero*. En el campo de la historia, las evaluaciones de este movimiento son diversas. Para el sociólogo Baltazar Caravedo, la asonada tuvo un carácter netamente burgués y descentralista, dado el poco peso de la dirigencia aprista y comunista en los sindicatos. Para Jorge del Prado, dirigente del Partido Comunista, el levantamiento expresó un descontento acumulado y contribuyó a la lucha por la democratización del país. También se puede decir que quedó demostrado que Odría estaba lejos de contar con el respaldo de los peruanos y menos aún con el de los arequipeños.

## 3. El cambio demográfico y las barriadas

La región Arequipa pasó de 263.077 habitantes en 1940 a más de 388.881 en 1962. Durante el gobierno de Odría, la ciudad era la segunda capital más poblada del Perú, y crecía a tasas superiores al 3% anual. La crisis rural y una sucesión de malas cosechas hicieron que las provincias altoandinas drenaran constantemente población. Este desborde era un fenómeno inédito, y suponía un desafío de primera magnitud. Había que encontrar trabajo a las oleadas de emigrantes que llegaban año tras año, construir viviendas y proveerlas con servicios básicos. Sin embargo, la respuesta de las autoridades estuvo por debajo de la demanda requerida.

Las migraciones tugurizaron la ciudad. Para 1961, la tasa de urbanización de Arequipa era la más alta a escala nacional, después de Lima y Tacna, con el 64,5%. El crecimiento dejó en evidencia un problema que venía de las décadas anteriores: el déficit de vivienda de la ciudad. En 1954, había menos de 12.000 viviendas disponibles, de las cuales 4.740 eran antiguas, 3.910 modernas, 1.104 refaccionadas y 2.244 estaban sin clasificar. Solo una quinta parte de las familias era propietaria de los

Con el crecimiento de la población, aparecieron asentamientos humanos en las riveras del río Chili. *Fuente*: Biblioteca de la Sociedad Geográfica Estadounidense, Bibliotecas de la Universidad de Wisconsin-Milwaukee.

lugares donde vivían. El 65% disponía solo de una o dos habitaciones y el 70% de las construcciones era de un solo piso.

El crecimiento trajo consigo la aparición de barriadas. En 1956, existían 12 de estos nuevos barrios populares, que sumaban 13.186 habitantes. Las barriadas más grandes eran Mariano Melgar, La Libertad y Alto Selva Alegre. También comenzaban a surgir urbanizaciones diseñadas para familias de clase media y trabajadores del Estado. Organizadas en cooperativas, mutuales y asociaciones de vivienda, las urbanizaciones con una mínima participación estatal eran cada vez más comunes. Sobre todo en las urbanizaciones de clase media, jugaron un papel clave la Junta de Rehabilitación y Desarrollo de Arequipa y la municipalidad provincial, que a través de la Oficina Nacional de Planeamiento Urbano, adscrita al Gobierno central, trataron de poner orden en el crecimiento de la ciudad.

Un problema adicional era la falta de empleos. Los migrantes llegaban a la ciudad con sus esperanzas puestas en una mejora económica, pero muchas veces encontraban serias dificultades para insertase en la economía formal. En 1955, la población económicamente activa (PEA) era de 148.042 habitantes; sin embargo, el conglomerado industrial de la ciudad ocupaba únicamente a 22.931 trabajadores. La agricultura y la ganadería seguían sumando un poco más de la mitad de la PEA regional. Impulsado por la locomotora de las exportaciones mineras y por el auge de la pesca, este porcentaje disminuiría en los años siguientes, pero aun así el autoempleo y el empleo precario seguirían siendo habituales para muchos de los nuevos migrantes. El comercio ambulatorio y los pequeños talleres en el centro de la ciudad eran de las pocas salidas para la población más pobre y de menor nivel educativo.

## 4. Situación educativa y cultural

Asociada al crecimiento demográfico, se expandió la cobertura de la educación. Aunque los proyectos educativos variaban de un gobierno a otro, por lo general predominaba un enfoque centralista. En términos generales, a mediados del siglo XX Arequipa era una de las regiones más educadas del Perú. En el ámbito nacional, solo era superada en número de estudiantes de educación primaria por Lima, Áncash, Cajamarca y Junín. Más destacada aún era la situación en la educación secundaria, donde Arequipa solo estaba por detrás de Lima, Piura y Junín en 1964. En cuanto al número de profesores, era la cuarta región nacional, esta vez por detrás de Lima, La Libertad y Junín. Más de la mitad de los niños de entre 6 y 14 años estaba alfabetizada y la región ocupaba el quinto puesto en cuanto a porcentaje de alfabetización entre personas con más de 15 años de edad.

Las tasas de analfabetismo venían reduciéndose desde inicios del siglo XX. En 1940, eran del 40%; en 1961, del 25%; y en 1993, únicamente del 8%. Esto permitió que se extendiera la imagen de una región educada y relativamente homogénea étnicamente. Sin embargo, esta imagen escondía un porcentaje importante de población de origen andino, que alcanzó el 31% en 1961.

Las mujeres fueron protagonistas de los procesos migratorios a las ciudades.
En la fotografía, mujeres rurales conversando en el mercado.
*Fuente*: Biblioteca de la Sociedad Geográfica Estadounidense,
Bibliotecas de la Universidad de Wisconsin-Milwaukee.

Como consecuencia de las migraciones se produjeron importantes cambios culturales. La ciudad se "ruralizó" por la cultura de los migrantes andinos. Con los años, los elementos rurales indígenas se mezclaron con las tradiciones del *loncco* arequipeño y produjeron un nuevo tipo idiosincrático de la ciudad: el characato o chacarero actual. Asimismo, el crecimiento urbano alentó el consumo cultural, y se abrieron espacios culturales y librerías. El Primer Festival de Poesía Peruana se realizó en la ciudad, y reunió a más de veinte poetas de Arequipa, Lima, Cusco y Trujillo. Aparecieron revistas como *Arte y Cultura* y se hicieron frecuentes lecturas y recitales poéticos. En 1966, se publicaron las revistas *Homo* y *Jornada Poética*, en las que la poesía era "comprometida", es decir, influenciada por la revolución cubana, los movimientos estudiantiles, la revolución sexual y los movimientos *beatnik* y *hippie*. Mario Vargas Llosa se convirtió en uno de los representantes más importantes a escala nacional e internacional de esta irrupción cultural. Otro autor destacado fue Oswaldo Reynoso (1931-2016), que desplazó su interés de la poesía a la novela urbana.

El lenguaje de la narrativa estaba inspirado en el habla y las vivencias cotidianas. Era el caso de Walther Márquez y su libro *Odiseo en la urbe*, donde el personaje es un sujeto localmente situado, pero sensible a los problemas del mundo. En la poesía, los cambios fueron aún mayores. La nueva generación de poetas, nacidos entre 1938 y 1949, formó grupos como Poesía, en 1964, que superaron el costumbrismo y lo pintoresco. Sus integrantes adoptaron temáticas universales y fueron receptivos de las tendencias internacionales. En esa línea se movieron autores como Peter O'Brien, Raúl Bueno, Omar Aramayo, Shelma Guevara y Óscar Valdivia. Asimismo, la nueva hornada de poetas, entre los que destacaron Jorge Bacacorzo, Luis Yáñez, Alberto Vega, Aníbal Portocarrero, Carmela Núñez Ureta, José Ruiz Rosas y Edgar Guzmán Jorquera, tendieron a una poesía más reflexiva y universal, lo que representó una ruptura cultural con sus predecesores.

## 5. Una mirada a las provincias

A mediados del siglo XX, las provincias arequipeñas podían dividirse en tres grupos, de acuerdo con su evolución socioeconómica: las provincias conectadas con la ciudad a través de los circuitos comerciales y por el ferrocarril, las provincias que se vinculaban por mar con el comercio exterior y las provincias alejadas de los circuitos comerciales, que se mantenían relativamente aisladas. Las dos primeras dinámicas incluían las provincias de Arequipa, Islay, Caylloma y Camaná, conectadas por el ferrocarril y por los puertos de Quilca y Ocoña. En 1935 se creó la provincia de Caravelí, desgajada de la provincia de Camaná. En la tercera situación se hallaban los distritos altoandinos de Caylloma y Castilla, así como las provincias de Condesuyos y La Unión. Estas zonas se conectaban mejor con los departamentos colindantes: Apurímac, Cusco y Ayacucho.

La llegada del ferrocarril no supuso la desaparición de los arrieros, que siguieron siendo personajes centrales del campo arequipeño

**El arequipeño ganador del Premio Nobel**

Mario Vargas Llosa (Arequipa, 1936), desde la publicación de su novela *La ciudad y los perros* (1962), desarrolló una carrera literaria que ha plasmado en reconocidas obras. Ello le ha valido importantes galardones alrededor del mundo, pero el más importante fue el Premio Nobel de Literatura en 2010. Extraemos algunas palabras de su discurso en Estocolmo, al recibir ese importante reconocimiento a su obra como escritor:
"Como todas las épocas han tenido sus espantos, la nuestra es la de los fanáticos, la de los terroristas suicidas, antigua especie convencida de que matando se gana el paraíso, que la sangre de los inocentes lava las afrentas colectivas, corrige las injusticias e impone la verdad sobre las falsas creencias [...] No debemos dejarnos intimidar por quienes quisieran arrebatarnos la libertad que hemos ido conquistando en la larga hazaña de la civilización.
[...]
El Perú es para mí una Arequipa donde nací pero nunca viví, una ciudad que mi madre, mis abuelos y mis tíos me enseñaron a conocer a través de sus recuerdos y añoranzas, porque toda mi tribu familiar, como suelen hacer los arequipeños, se llevó siempre a la Ciudad Blanca con ella en su andariega existencia."

Vargas Llosa, Mario.
"Elogio de la lectura y la ficción". © FUNDACIÓN NOBEL 2010.

hasta bien avanzado el siglo XX. La producción de lácteos de Caylloma, Condesuyos (sobre todo del distrito de Chuquibamba) y Castilla (los distritos de Pampacolca y Viraco) abastecía a Arequipa, Lima, Tacna e incluso Iquique. La expansión de los lazos comerciales alrededor de la ganadería impulsó la mercantilización de las economías rurales, expandió el empleo campesino allí donde no existían comunidades indígenas (como era el caso de Condesuyos) y erosionó la servidumbre en Caylloma. Cultivos como la vid, el algodón, el arroz, el trigo, el ají y las frutas, destinados al consumo interno, comenzaron a atraer mano de obra campesina de las zonas altas. En su búsqueda de una mejor vida, los emigrantes debían adaptarse a la mecanización y a la disciplina laboral en las haciendas.

Ciudadano extranjero visitando el mercado de Arequipa, 1954. *Fuente*: Biblioteca de la Sociedad Geográfica Estadounidense, Bibliotecas de la Universidad de Wisconsin-Milwaukee.

En las provincias arequipeñas, los terratenientes no eran señores feudales o gamonales al estilo de sus pares de Cusco o Puno, sino una combinación de propietarios articulados al comercio internacional. El caso de la familia Apaza ilustra esta particularidad. Inmigrantes moqueguanos llegados a Arequipa durante el auge de la ganadería, eran propietarios de grandes extensiones de tierra; para imponerse parece que recurrieron a artimañas legales y corruptelas mediante las cuales se apropiarían de tierras, pastos y agua de los indígenas. Las ganancias se reinvertían en propiedades urbanas o en propiedades rurales en el valle de Majes.

La pobreza de provincias como La Unión, Caylloma, Castilla y Condesuyos hizo que los terratenientes no pudieran consolidar un poder gamonal fuerte. Esta debilidad explica su rápido declive como clase social y su sustitución por la burocracia estatal o por nuevos notables, incluso antes de la reforma agraria de 1969. Ese fue el caso de Caylloma, desplazada entre 1930 y 1950 por Chivay como centro de acopio de lana gracias a la construcción de la carretera que conectaba a esa ciudad con Arequipa, Cabanaconde y Madrigal. Este auge hizo que con el tiempo Chivay se convirtiera en la capital provincial, desplazando a la antigua sede del poder político local.

## 6. Resurgimiento democrático, 1955-1956

En un escenario dominado por el centralismo político y económico, Arequipa organizó en 1955 la IV Convención de Cámaras de Comercio del Perú. En ese momento era la quinta región en importancia económica del país, superada por Piura, La Libertad y Puno, pero solo producía el 5% de la riqueza nacional. Esta precariedad se agravó con la persecución y la violencia del ministro del Interior, Alejandro Esparza Zañartu. El suceso más notorio ocurrió el 21 de diciembre de 1955, durante el desalojo de un mitin convocado por la oposición arequipeña en el Teatro Municipal. Como resultado de la represión, se organizó un frente cívico con el liderazgo de estudiantes socialcristianos, y, con el apoyo de un nutrido grupo de trabajadores locales, se convocó a un paro exigiendo la destitución de Esparza y garantías para las elecciones presidenciales del año siguiente. La víspera de Navidad, Esparza cayó y Arequipa lo celebró como una victoria.

Formada bajo el amparo de las nuevas doctrinas sociales de la Iglesia católica, una nueva generación de líderes socialcristianos se hizo fuerte en Arequipa. Seguían a pensadores como los franceses Jacques Maritain y Louis-Joseph Lebret, y el chileno Eduardo Frei. La frustrada experiencia democrática del gobierno de Bustamante, en el que varios de ellos habían participado, y la dictadura de Odría influyeron fuertemente en su orientación política. Entre estos universitarios y jóvenes profesionales destacaban Juan Chávez Molina, Javier de Belaunde, Mario Polar Ugarteche, Jaime Rey de Castro, Héctor Cornejo Chávez y Roberto Ramírez del Villar. A través del diario *El Pueblo*, reivindicaron la justicia social y la democracia política, y se distanciaron de los extremismos aprista y comunista. Su expresión política fue el Movimiento

Demócrata Cristiano. Fundado en Arequipa en 1955, al año siguiente se convirtió en un partido nacional, la Democracia Cristiana, al asociarse con una agrupación similar de Lima para participar en las elecciones parlamentarias.

El final del gobierno de Odría impulsó a la oposición progresista a buscar nuevas estrategias. El odriismo trataba de sucederse a sí mismo con la candidatura del banquero Hernando Lavalle, mientras que Prado contó con el respaldo del APRA. El candidato para representar las demandas de cambio fue Fernando Belaunde, un político ligado a Arequipa, quien tendrá una profunda influencia en la historia peruana de las siguientes décadas. Aunque nacido en Lima, Belaunde era hijo y sobrino, respectivamente, de dos prominentes arequipeños, Rafael y Víctor Andrés Belaunde. Era también descendiente del general Pedro Diez Canseco, por lo que sus raíces lo ataban a las más tradicionales familias arequipeñas. Había sido diputado del Frente Democrático Nacional durante el gobierno de Bustamante y era un decidido defensor de la necesidad de reformas sociales. Su obsesión eran las obras públicas, sobre todo la construcción de carreteras y caminos, en los que cifraba gran parte de sus esperanzas para el futuro del país.

La elección de 1956 demostró que, si bien la figura de Belaunde estaba en alza, aún no había llegado su momento. Por segunda vez Manuel Prado fue elegido presidente, con el 45% de los votos, frente al 37% del novel Belaunde y el 18% del candidato oficialista, Hernando Lavalle. El segundo periodo de Prado se caracterizó por su convivencia con la oligarquía agroexportadora. Renuente a implementar reformas sociales, prolongó las políticas favorables a la gran inversión extranjera iniciadas por Odría y continuó con las concesiones a los agroexportadores. Prado contó con el apoyo del partido aprista, que estaba iniciando un viraje hacia la derecha tras haberse considerado durante décadas como un partido antiimperialista. Gracias a Prado, los seguidores de Haya de la Torre retornaron a la legalidad tras su proscripción por el frustrado levantamiento de 1948. Sin embargo, las protestas sociales y el acelerado crecimiento demográfico del país —según el censo nacional de 1961 el Perú sumaba 9,9 millones de habitantes, lo que significaba casi 3,7 millones más que en 1940— hicieron que el Gobierno se viera rápidamente sobrepasado.

El presidente Fernando Belaunde visita al pueblo de Mollendo, en Arequipa el 20 de marzo de 1966. *Fuente*: Universidad San Ignacio de Loyola.

La crisis política, lejos de atenuarse, se agudizó. La reacción del Gobierno consistió en iniciar una tibia descentralización: creó el Fondo Nacional de Desarrollo Económico (una institución que debía ejecutar obras públicas en el interior del país) y promulgó la Ley de Promoción Industrial, pensada para modernizar departamentos como Puno, Cusco y Arequipa, azotados por las sequías de los años anteriores y los terremotos recientes. Producto de estas reformas se elaboró para dichos departamentos un Plan Regional del Sur, que enfatizó la realización de obras concretas. En el caso de Arequipa, el plan respondía a sendos terremotos ocurridos el 15 de enero de 1958 (con un saldo de 28 muertos y 133 heridos) y el 13 de enero de 1960 (que ocasionó 63 muertes). La pérdida de viviendas agudizó los problemas derivados del crecimiento demográfico: la ciudad había pasado de 85.452 habitantes en 1940 a

158.685 en 1961. Después del primer sismo, el 27 de marzo de 1958, se creó la Junta de Reconstrucción y Desarrollo de Arequipa, que construyó el reservorio El Frayle como parte de la primera etapa de la irrigación de La Joya, pero se esperaba que el Plan Regional del Sur aportara con mayores obras de infraestructura.

Otra medida importante del gobierno de Prado fue el impulso a la formación de universidades fuera de Lima. En Arequipa, en 1961, abrió sus puertas la Universidad Católica de Santa María, con el auspicio del arzobispo de la ciudad y el impulso del padre William Morris, de la Sociedad de María. Esta era la segunda universidad privada del país y la primera del departamento.

Estas medidas buscaban amortiguar los problemas sociales, pero sin poner en riesgo la preeminencia de las clases privilegiadas. Estaban en la línea de la denominaba Alianza para el Progreso, promovida por el presidente norteamericano John F. Kennedy para evitar las revoluciones comunistas que amenazaban con propagarse en la región, a imitación de lo ocurrido poco antes en Cuba. Los resultados serían sin embargo limitados, ya que en los años siguientes la tensión no dejaría de crecer.

## 7. Descentralización y desarrollo

Las elecciones presidenciales de 1962 resultaron especialmente problemáticas debido a la personalidad de los candidatos: Haya, Belaunde y Odría. El resultado fue muy ajustado. Ninguno de los tres obtuvo el tercio que establecía la Constitución para ser electo presidente. La normativa vigente no contemplaba una segunda vuelta, y delegaba al Congreso la elección del presidente, donde sorprendentemente el APRA y la Unión Odriista llegaron a un acuerdo para elegir a Odría. Esto supuso votar por quien años antes había condenado al partido aprista a la ilegalidad y encarcelado a muchos de sus dirigentes, a cambio tener influencia en el gobierno. Sin embargo, esta estrategia no impidió el golpe de Estado de los mandos militares que se inclinaban por Belaunde como el hombre que podía llevar a cabo las reformas demandadas por la sociedad. El general Ricardo Pérez Godoy, quien pocos años antes había sido prefecto de Arequipa, se hizo con el poder e inició un tibio programa reformista, que mostró el distanciamiento de los militares de la oligarquía.

Mitin velasquista en la plaza de armas de Arequipa, por el quinto aniversario del Gobierno Revolucionario de las FF.AA. (1973). *Fuente*: Archivo Histórico de El Peruano.

La crisis sociopolítica había llegado a tal punto que prácticamente todos los actores asumían la necesidad de reformas. Las Fuerzas Armadas, por su parte, estaban incubando en su seno un giro ideológico que llevaría a algunos generales y mandos medios a identificarse con los sectores progresistas del país. Lo mismo ocurría en la Iglesia católica, dirigida por el arzobispo Juan Landázuri Ricketts, de origen arequipeño. Tanto los intelectuales como amplios sectores de las clases altas y medias temían que el descontento campesino llevara al surgimiento de guerrillas que desbordasen el orden social y político, instaurando un régimen comunista, por lo cual era necesario abrir el sistema político e iniciar un proceso de reformas.

La descentralización, impulsada sobre todo por los democratacristianos arequipeños, era una más de las reformas pendientes. Redistribuir el poder político se consideró un paso imprescindible para reducir las enormes brechas de desigualdad que caracterizaban el país. En parte estas medidas habían sido asumidas por Belaunde, quien concitó el apoyo electoral del que carecían los democristianos.

La preminencia del pensamiento democrático, descentralista e industrializador que Arequipa había defendido se evidenció en las nuevas elecciones presidenciales convocadas por la Junta Militar golpista en 1963. El candidato de Acción Popular obtuvo el 39% de los votos, frente al 34% de Haya y el 25% de Odría. Instalado en el gobierno, Belaunde convocó a elecciones municipales ese mismo año. Después de mucho tiempo, los arequipeños podían elegir directamente a sus autoridades. Eran, además, las primeras elecciones municipales con voto femenino, una medida que se había estrenado en la elección presidencial de 1956. No obstante, se excluía todavía a los analfabetos, privados del derecho de sufragio. Ulrich Neisser, de la alianza DC-AP, fue elegido de manera abrumadora, con el 59% de los votos, alcalde de Arequipa.

La Junta de Rehabilitación y Desarrollo de Arequipa fue un protagonista central en el gobierno de Belaunde. Nacida después de los terremotos, su objetivo era recuperar la ciudad y desarrollar la región con el apoyo de la Cámara de Comercio, los colegios profesionales, municipios y sindicatos. La Junta promovió la industria, el agro y el comercio del departamento. De esa manera, se trataba de un organismo que en muchos sentidos funcionó como un gobierno regional. Con rentas propias a su disposición gracias a los impuestos a las importaciones locales, se le otorgó un horizonte temporal de treinta años, y se esperaba que fuera suficiente para la misión encomendada. La Junta buscaba cumplir con los anhelos que habían movilizado por décadas a los arequipeños.

El historiador Juan G. Carpio distingue dos etapas en la historia de la Junta: la de reconstrucción (1958-1963) y la de promoción del desarrollo regional (1963-1971). Julio Acuña, en cambio, identifica tres momentos: reconstrucción de la ciudad (1958-1961), habilitación de los nuevos asentamientos humanos (1961-1963) y desarrollo regional y promoción de nuevas industrias (1964-1968). Más allá de este debate, lo cierto es que la labor de la Junta se dejó sentir por toda la región. Entre las obras realizadas en los primeros años destacaba la reconstrucción y restauración de los templos de la ciudad: la catedral, San Francisco, La Merced, la Compañía de Jesús y Santo Domingo, así como de las iglesias de Yanahuara, Cayma y Paucarpata. En el ámbito civil, se reconstruyó el comedor de Bolívar; se remodelaron los mercados de San Camilo y El Palomar; se canalizaron las acequias Del Medio, de la Recoleta y del Chullo; y se construyeron el Palacio Municipal de Arequipa, el monumento a Grau, el mercado zonal Manuel Prado y el Coliseo Cerrado, inaugurado en 1964.

En el aspecto vial, se inició la construcción de las avenidas Circunvalación y Venezuela, del malecón Vallecito y de la prolongación de la calle Lima; se pavimentaron las avenidas Salaverry, Daniel Alcides Carrión y San Jerónimo; y se prolongó la calle Ayacucho. Se construyeron además los parques Los Pinos, Las Condes, Ferroviarios y Bernardo O'Higgins. El impulso modernizador se extendió, asimismo, a las provincias gracias a la creación de la Oficina Regional de Desarrollo del Sur (Ordesur). En 1966, se concluyeron la variante de Uchumayo y las carreteras de Arequipa a Yura, Puno y Cusco, y de Matarani a Mollendo. También se terminó el Proyecto Integral de La Joya y el complejo portuario de Matarani, y se dotó de energía eléctrica a las provincias de Camaná, Islay, Castilla, Caylloma, Caravelí, Consesuyos y La Unión.

Para impulsar estas obras, el Banco Central Hipotecario y el Banco Industrial abrieron oficinas en la Ciudad Blanca. La banca privada estuvo representada por el Banco del Sur del Perú y la Caja de Ahorro y Préstamo para Vivienda-Mutual Arequipa. Incluso el antiguo Banco Gibson amplió sus locales en la calle San Juan de Dios. La Junta de Reconstrucción promovió además la instalación de empresas de transporte aéreo que conectaran la ciudad con Cusco, Juliaca y Tacna, así como la creación de la Cooperativa de Transporte Interprovincial de Carga Arequipa (Cotinca).

En el plano productivo, la Junta apoyó la instalación de una planta deshidratadora de alimentos de origen agropecuario y la construcción del Parque Artesanal de Arequipa. Todas estas intervenciones hicieron que la arequipeña fuera una de las reconstrucciones más exitosas realizadas en el país después de un desastre natural. Aunque no todos los objetivos se cumplieron, la ciudad renació modernizada y en muchos sentidos remodelada para encarar el futuro.

# Capítulo IV

## Reformas militares, democracia y crisis económica, 1968-1992

El gobierno de Belaunde se caracterizó por su espíritu democrático, reformista y descentralizador, pero poco pudo hacer frente a los embates de la oposición política y de la alianza conformada por los seguidores de Odría y de Haya de la Torre. La crisis de la negociación con la International Petroleum Company, en la que se denunció la pérdida de la página 11 del acuerdo entre el Gobierno y la empresa, fue el pretexto esgrimido por el jefe del Comando Conjunto de las Fuerzas Armadas, el general Juan Velasco Alvarado, para encabezar un nuevo golpe de Estado el 3 de octubre de 1968. Su pronunciamiento abrió un periodo de 12 años de una peculiar dictadura militar. El velasquismo llevó así adelante reformas económicas, sociales, políticas y culturales que pusieron fin al régimen oligárquico.

El Estado intervino como nunca antes en la gestión de la economía. El eje del proyecto reformista era el desarrollo del mercado interno mediante la creación de industrias, el control de las actividades de exportación (minería, petróleo) para invertir las divisas en el país y la reforma agraria con el fin de convertir a los campesinos indígenas en pequeños propietarios y consumidores de la producción urbano-industrial. En el ámbito laboral se dieron leyes a favor de la estabilidad y sindicalización de los trabajadores. Sin embargo, todo esto estuvo acompañado de un retroceso de la descentralización, pues Velasco eliminó las elecciones de alcaldes y regidores, y volvió a concentrar el poder político en el Gobierno central.

La dictadura militar tuvo una segunda etapa muy diferente. Morales Bermúdez derrocó a Velasco en 1975, paralizó las reformas y, tras unos años de gran convulsión, cedió el poder a los civiles. La vuelta a la democracia permitió la segunda elección de Fernando Belaunde Terry. Una vez más, sin embargo, se iba a tratar de una experiencia trunca. La profunda crisis económica y social, sumada a la violencia política desatada por grupos armados, llevaron al colapso del Estado durante el primer gobierno de Alan García (1985- 1990) y los primeros años del gobierno de Alberto Fujimori (1990-1992). Este último concluyó con un autogolpe que convirtió al gobernante en un nuevo autócrata.

En el interludio democrático de los gobiernos de Belaunde y García, se retomaron los esfuerzos de descentralización. Para Arequipa, este periodo supuso un nuevo ciclo de crecimiento demográfico, que consolidó la capital regional como la segunda ciudad más poblada del país. No obstante, los esfuerzos industrializadores se diluyeron, dando paso al auge de las economías informales, que unidas al creciente contrabando agudizaron la precariedad social de una urbe cada vez más diversa y contradictoria. La cultura local se vio impactada por las reformas educativas y la expansión de la televisión, que ofrecía contenidos elaborados en Lima y en el extranjero, y las expresiones culturales arequipeñas giraron hacia un fuerte interés por lo popular y lo migrante. Sobre todo, la música y el teatro rescataron experiencias que hasta ese momento habían quedado al margen o estaban poco integradas en la producción cultural local.

## 1. El crecimiento demográfico y el auge de las migraciones

En medio siglo, la población del departamento de Arequipa se triplicó, pasando de 263.077 habitantes en 1940 a 916.806 en 1993. Estas cifras ubicaban a la región como el noveno departamento más poblado del país, pero la ciudad capital era la segunda ciudad más grande e importante del Perú. Este crecimiento estuvo acompañado de una intensa urbanización. La emigración rural concentró así a la población en las capitales regionales y, en menor medida, provinciales. Para el año 2007, estas urbes contenían el 90% del total de la población de la región, aunque su crecimiento se había ralentizado al 1,3% anual, tras haber

Vista de la expansión urbana de la ciudad de Arequipa. Al fondo, el Misti vigila la urbe.
*Fuente*: Biblioteca de la Sociedad Geográfica Estadounidense,
Bibliotecas de la Universidad de Wisconsin-Milwaukee.

alcanzado cotas de 6% en la década de 1960, de 4% en la década de 1980 y de 3% en la década de 1990.

En consonancia con este crecimiento, el paisaje urbano se transformó radicalmente. La Junta de Reconstrucción y Desarrollo impulsó nuevas urbanizaciones, como Miraflores-Selva Alegre y Gráficos. Otros barrios surgieron por iniciativa popular, bajo la figura de cooperativas y asociaciones de vivienda, con o sin el apoyo de la propia Junta. Fueron los casos de la Cooperativa Obrera Ferroviarios n.º 20, la Cooperativa de Vivienda Fecia, el Barrio Magisterial y la Asociación Urbanizadora San Martín.

Algunas de estas nuevas urbanizaciones, con el tiempo, se convirtieron en distritos, como fue el caso de Sachaca, Paucarpata, Socabaya, Cerro Colorado, Mariano Melgar y Jacobo Hunter. En la periferia urbana, asentamientos humanos y pueblos jóvenes como Manuel Prado, 15 de Enero o Miguel Grau ampliaron los límites de la ciudad. La expansión de los servicios urbanos fue lenta pero constante. La inauguración y las ampliaciones sucesivas de la planta hidroeléctrica Charcani permitieron electrificar la ciudad y las provincias e incluso parte de los departamentos adyacentes. La instalación de la fábrica de cemento Yura y de la fábrica de Aceros Arequipa en 1966 ayudó a rebajar los costos de construcción para las obras de infraestructura y viviendas.

Buena parte de los nuevos habitantes de Arequipa procedían del interior, pero también de regiones vecinas, como Puno y Cusco, y en menor medida Apurímac, Moquegua y Tacna. La permanente crisis rural, las sequías, la reforma agraria y la falta de oportunidades de empleo estaban detrás de estos movimientos masivos de población. A esto debemos sumar la violencia política y el auge del terrorismo, que afectaron profundamente a amplios territorios del sur andino. Gran parte de la población que llegaba a la ciudad era joven. Entre 30 y 40% tenía menos de 14 años, y entre ellos se contaban tanto hombres como mujeres en proporciones similares. Sin embargo, la mayoría estaba muy poco educada, ya que la mitad contaba apenas con estudios primarios. Su inserción en la urbe se vio facilitada por tupidas redes familiares y de paisanaje, que permitían el acceso a terrenos y empleos de baja calidad, que alimentaban las economías informales y el contrabando.

Las redes de cooperación y ayuda mutua fueron vitales para la consolidación de los pueblos jóvenes y asentamientos humanos, sobre todo entre los años 1980 y 2000. Estos lazos propiciaron el surgimiento de organizaciones vecinales, como los clubes de madres, que permitían obtener recursos del Estado o de organismos de cooperación. Las mujeres se convertirían con el tiempo en uno de los principales colectivos beneficiados por los programas de apoyo social implementados por las autoridades locales y nacionales, así como por un nuevo tipo de institucionalidad: las organizaciones no gubernamentales. A ello se unía la labor de la Iglesia católica, a través de sus parroquias y organizaciones sociales. Influidos por el nuevo espíritu de la Conferencia de Medellín, los católicos progresistas y los seguidores de la Teología de la Liberación

En la segunda mitad del siglo XX, Arequipa experimentó un proceso de industrialización y modernización económica. La fábrica de cerveza Arequipeña fue una de las grandes marcas que produjo la región. *Fuente*: Archivo Caretas.

ganaron importancia y se convirtieron en un actor central de las dinámicas urbanas arequipeñas.

## 2. Desarrollo industrial y recomposición social, 1959-1998

La edad de oro de la industria arequipeña se inició en 1959 con la promulgación de la Ley 13270 por parte del gobierno del presidente Manuel Prado, la que estuvo dirigida a fomentar esta actividad en el interior del país. Cinco años después, a propuesta de la Comisión de Promoción Industrial de Arequipa, el gobierno de Belaunde declaró de interés público la formación de un Parque Industrial en la ciudad. Mediante un decreto supremo, exoneró de impuestos por 15 años a las industrias que se instalaran en Arequipa. Esta medida se complementó poco después con amplias exenciones a las exportaciones e importaciones con fines industriales.

El Parque Industrial de Arequipa (PIA) empezó a construirse en 1965 con la participación de la Junta de Reconstrucción y Desarrollo. En 1968, el proyecto contaba con un terreno de 66 hectáreas, atravesado por el ferrocarril que iba de Matarani a Juliaca y por la llamada Variante de Uchumayo, que conectaba por carretera a Arequipa con la costa sur. El parque poseía todos los equipamientos y servicios necesarios para funcionar, así como 103 lotes dispuestos a recibir industrias de todo tipo. Gracias a estos esfuerzos, Arequipa se convirtió en un polo de desarrollo para la región sur del país. Aunque la industria apenas empleaba entre la cuarta y la quinta parte de la PEA, las nuevas empresas articulaban en torno a su funcionamiento toda clase de servicios, formales e informales, que ocupaban casi dos tercios de la PEA. El sector servicios se convirtió en la puerta de escape a la pobreza de las zonas rurales y atrajo a pobladores de las regiones circundantes, que sumaron sus esfuerzos para la transformación de la ciudad.

El enfoque industrial del desarrollo regional se hizo aún más intenso bajo el gobierno de Velasco, quien promulgó en 1970 la Ley 18350, que integraba a los trabajadores en la propiedad y en la gestión de las empresas a través de las llamadas "comunidades industriales" y "empresas de propiedad social". En estas condiciones, el crecimiento de la economía arequipeña llegó a alcanzar tasas de 5,5% anual entre 1970 y 1975. Para 1982, Arequipa contaba con 28 plantas industriales dedicadas a rubros como metalmecánica, laminados, textiles, bebidas y licores.

Este auge fue, sin embargo, breve. Desde mediados de los años setenta, el crecimiento industrial se ralentizó hasta llegar a estancarse. Uno de los principales problemas era el limitado mercado al que se dirigía la producción. Alentadas por la política proteccionista de los sucesivos gobiernos, las industrias arequipeñas se centraban sobre todo en el consumo local: 60% de lo producido se consumía en la región. Además, las empresas eran poco competitivas y carecían de incentivos para modernizarse. Un problema adicional fue la reducida oferta financiera, que impedía comprar insumos o maquinaria. Al final, la extendida informalidad de industrias, comercios y servicios, junto con el

**El Parque Industrial de Arequipa**

"El Parque Industrial de Arequipa fue inaugurado en noviembre de 1966 y fue el primero de su tipo que se organizó con base en la Ley de Promoción Industrial del 30 de noviembre de 1959. En efecto, esta ley otorgaba incentivos para las fábricas que se ubicaran fuera de Lima metropolitana, con el fin de descentralizar a la industria en el Perú. La comisión del Stanford Research Institute (SRI) encargada de realizar el estudio de factibilidad del Parque Industrial realizó su trabajo basándose en tres objetivos generales: a) determinar la factibilidad de establecer un Parque Industrial, b) establecer un criterio de diseño y c) proponer un método-modelo para otros estudios. Además, tuvo como responsabilidad: a) señalar los tipos y tamaños de las plantas industriales, b) estimar el número de empresas que se ubicarían en el Parque, c) escoger el sitio apropiado, d) realizar los cálculos económico-financieros, e) elaborar un plano de distribución de empresas del Parque y f) proponer algunas normas legales necesarias que respalden el desarrollo del Parque.

El 5 de junio de 1964 se dio el Decreto Supremo N.º 95-11, que declaró de interés nacional la instalación de un Parque Industrial en Arequipa, para cuya fundación el Gobierno ofreció exoneraciones tributarias por 15 años a las industrias que escogieran ubicarse allí. Meses más tarde, el 29 de septiembre, se dio el Decreto Supremo N.º 205-11, que amplió los beneficios tributarios a toda la provincia de Arequipa. Estos decretos supremos sirvieron de base para reafirmar el entusiasmo de los empresarios industriales, quienes en noviembre de 1966 recibieron con beneplácito la promulgación de la Ley 15923 de Parques Industriales con su respectiva reglamentación. En esta ley se establecieron claramente las reglas de juego, haciendo notar que los incentivos no solo eran en relación con tributos, sino que el Estado se encargaría de proveer la infraestructura apropiada para los parques industriales del país."

Córdova Aguilar, Hildegardo. "El Parque Industrial de Arequipa y su significancia local y regional" *Revista geográfica* n.° 127, enero-junio, 2000, pp. 72-75.

contrabando proveniente de Puno y Tacna, llevaron a la quiebra a muchas industrias. Hacia 1998, solo quedaban 29 empresas industriales en el PIA y casi dos tercios de la mano de obra que aún trabajaba allí carecía de calificación. La mayoría eran familiares de los propietarios de empresas pequeñas y medianas, con ingresos que no pasaban de los mil soles mensuales.

Los cambios económicos modificaron la organización espacial de la ciudad. Durante las décadas de 1980 y 1990, el centro histórico dejó de ser un área de residencia y se convirtió en una zona de actividad netamente comercial y de servicios, especialmente dirigidos al turismo, con restaurantes, hoteles y comercios. Las áreas degradadas empezaron a ser rescatadas por el Gobierno. Se renovaron mercados como el de San Camilo y se construyeron nuevos centros comerciales (Arequipa y La Negrita). La periferia creció gracias a la expansión de residencias urbanas de clase media, impulsadas por empresas inmobiliarias, sobre antiguos terrenos de cultivo. También proliferaron las residencias de carácter precario e informal, asentadas sobre terrenos eriazos. Sin servicios básicos adecuados, los nuevos barrios se situaban sobre cauces de ríos o quebradas, con el consiguiente riesgo. Respaldadas por partidos políticos y por líderes locales que esperaban obtener réditos electorales, muchas poblaciones de origen informal empezaron a movilizarse para exigir a las autoridades la instalación de servicios y el reconocimiento jurídico de sus posesiones.

La informalidad propició el surgimiento del mercado Mariscal Castilla y de la Feria del Altiplano, creada en 1976 para los vendedores ambulantes de Puno. Estos mercados pocas veces cumplen la ley y con frecuencia recurren al contrabando que se teje entre Perú y Bolivia. La antropóloga Cecile V. Ødegaard, quien ha estudiado el contrabando en la Feria del Altiplano, considera que estos mercados tendrían códigos éticos y morales que regulan su funcionamiento. Identifica, por ejemplo, sentidos de reciprocidad y solidaridad que vincularían a los comerciantes, así como creencias ancestrales, plasmadas en pagos rituales para favorecer la acumulación de riqueza.

## 3. Reforma militar y centralización velasquista

Aunque Arequipa era una de las regiones más desarrolladas y pobladas del país, en 1980 solo representaba el 5% del PBI nacional, frente al 43% de Lima y Callao. Pese a los esfuerzos de sus líderes políticos, la región nunca llegó a ser un auténtico polo de desarrollo económico ni

En el gobierno de Velasco se incrementaron los sindicatos de trabajadores. En la fotografía, reunión de trabajadores y gerentes en una planta de cobre.
*Fuente*: Archivo Histórico de El Peruano.

de descentralización del poder político, y las políticas industrializadoras implementadas por Prado, Belaunde y Velasco hicieron a Arequipa más dependiente de las decisiones políticas y económicas tomadas en la capital. Esta tendencia fue especialmente aguda durante el régimen militar, cuando las ambiciones políticas reformistas estuvieron acompañadas de una profunda concentración del poder, que desbarató los avances descentralistas de las décadas anteriores.

Según Juan Carpio, esto se debía al estilo autoritario del gobierno de Velasco, que enfatizó un Estado centralizado, capaz de realizar reformas profundas. El mejoramiento de la infraestructura vial y las inversiones en transporte estaban pensados para la conexión con Lima y la costa antes que para la integración del propio departamento. En el plano político, la centralización militar se plasmó en la elección de los alcaldes por parte del Gobierno central y la sustitución de los miembros de la Junta de Reconstrucción y Desarrollo por parte de los generales a cargo de la III Región Militar, luego por la Corporación de Desarrollo Departamental y finalmente por la Corporación de Desarrollo Económico y Social de Arequipa (Corde-Arequipa), creada en 1970. Los recursos dirigidos a la región derivados de los ingresos de las empresas nacionalizadas, las exportaciones y los préstamos internacionales se administraron desde Lima.

Esta industrialización autoritaria provocó una profunda disconformidad entre las élites, las clases medias y los trabajadores arequipeños. Los empresarios reclamaron al Gobierno mayor participación de las empresas locales en las obras realizadas en la región, así como incentivos y protección para las industrias arequipeñas. La Cámara de Comercio e Industria de Arequipa, el Colegio de Abogados e incluso la Junta de Reconstrucción, hasta su disolución, se opusieron a la injerencia de la Sociedad Nacional de Industrias (SNI) y de la Corporación Nacional de Comerciantes (Conaco), vinculadas a los intereses empresariales de Lima y del propio gobierno militar. También se oponían a que el Gobierno redujese la autonomía de la Junta y solicitaban el cese de las reformas laborales que beneficiaban a los trabajadores: la estabilidad laboral y la participación de las comunidades industriales en los directorios de las empresas.

Por su parte, los sindicatos obreros y los gremios docentes reclamaban una mayor participación en la reforma educativa, así como mejoras presupuestales y salariales. En la oposición al régimen militar jugó un papel central el Sindicato Único de Trabajadores en la Educación del Perú (SUTEP), creado en 1972 con el apoyo del Partido Comunista-Bandera Roja y de una escisión llamada Partido Comunista del Perú-Patria Roja. Los maestros arequipeños tenían como principal líder a Horacio Zeballos Gámez, un profesor de primaria egresado de la Universidad de San Agustín que se convirtió en el primer secretario general del SUTEP durante las huelgas de 1972, 1973, 1978 y 1979. En 1980, Zeballos fue elegido parlamentario por Arequipa en las filas de la Unidad Nacional de Izquierda (UNIR).

Otro colectivo importante fueron los trabajadores estatales. En tanto que una nueva clase media emergente, sus principales reclamos apuntaban a consolidar la estabilidad laboral y el derecho a la

El moderno mercado de San Camilo. Mujer vendedora de pescado.
*Fuente*: Biblioteca de la Sociedad Geográfica Estadounidense,
Bibliotecas de la Universidad de Wisconsin-Milwaukee.

sindicalización, así como el ajuste del salario al costo de la canasta básica familiar. El crecimiento de las organizaciones laborales se plasmó en un mayor protagonismo de la Federación Departamental de Trabajadores de Arequipa (FDTA). Creada en 1950 gracias al impulso del viejo Partido Comunista, la FDTA disputaba la lealtad de los trabajadores a la FECIA (Federación de Empleados de Comercio e Industria de Arequipa) y la USTA (Unión Sindical de Trabajadores de Arequipa), centrales dominadas por el aprismo y la democracia cristiana, respectivamente. Un paso adelante se produjo en 1968, con la creación de la Confederación General de Trabajadores del Perú (CGTP), que aspiró a aglutinar las demandas de todo el país. Representantes emblemáticos de la FDTA, como Guillermo Torreblanca, Raúl Acosta, Bernardo Linares, Guillermo Rendón, Juan Miranda, Eduardo Sobenes y Valentín Pacho, participaron en esta nueva organización; y este último llegó a ser secretario general de la CGTP y senador en la década de 1980. Durante la dictadura, buscaron liberarse de la tutela que el gobierno militar quería imponer al movimiento popular a través del Sistema Nacional de Movilización Social (Sinamos).

La reforma agraria afectó a las pocas haciendas grandes que existían en la provincia de Arequipa, como Pampa Blanca, Cantas o Huasisac. Las expropiaciones afectaron el 11% de la superficie y beneficiaron a unos 3000 trabajadores agrícolas, que se unieron a los 35.000 pequeños propietarios y minifundistas arequipeños. Estos últimos habían organizado un Frente de Defensa del Agro por temor a una eventual expropiación, pero los enfrentamientos fueron mínimos en comparación con otras zonas de la sierra andina. Más dificultades encontró la ley de reforma universitaria de 1969, que canceló el régimen particular de las facultades para crear un solo régimen académico-administrativo, basado en programas, departamentos, centros e institutos. La masificación de las aulas (la Universidad de San Agustín alcanzó a tener 6000 estudiantes) y los escasos recursos para financiar una reforma derivaron en un profundo deterioro de la enseñanza. Tampoco ayudó la actitud sumamente politizada de estudiantes y profesores. Comunistas, apristas y acciopopulistas buscaban controlar cátedras y puestos administrativos sin reparar en la calidad educativa, que quedaba en segundo lugar frente a las pugnas ideológicas y partidarias.

El descontento con la marcha de las reformas estalló en una serie de paros y movilizaciones en los años 1972 y 1973, en los que participaron tanto obreros como grupos de clase media. Tras el golpe de Estado de Morales Bermúdez, que derrocó a Velasco en agosto de 1975, la tensión se agudizó. En medio de una crisis económica y social, los paros nacionales de 1977 y 1978, acatados masivamente en Arequipa, obligaron al Gobierno a convocar elecciones y a conformar una Asamblea Constituyente que redactara una nueva Constitución. En esta coyuntura, el movimiento social arequipeño iba a experimentar una profunda transformación. Después de varias décadas de alianza tácita con las clases medias locales en torno a una agenda descentralista, la estrategia cambió a un enfoque clasista. Las siguientes décadas estarán marcadas

Mitin de Acción Popular en la plaza de armas de Arequipa, 1980.
*Fuente*: Archivo Histórico de El Peruano.

por el surgimiento de proyectos políticos con una mayor carga ideológica antes que basados en un programa descentralista.

## 4. El declive de las provincias y la hegemonía de la ciudad de Arequipa

Al iniciarse la reforma agraria, Arequipa contaba con 861 haciendas. Para ese momento, muchas habían perdido competitividad y apenas eran rentables. Si bien la reforma entregó tierras a los campesinos indígenas, dislocó los circuitos comerciales, los que tardaron años en recuperarse. Quienes por diversas razones no lograron hacerse con una parcela emigraron a las ciudades, principalmente a Arequipa. En las décadas de 1980 y 1990, solo las provincias de Arequipa y Camaná tenían un saldo migratorio positivo. Las provincias altoandinas de La Unión y Condesuyos y, en menor medida, Castilla, Caylloma y Caravelí expulsaban más población de la que atraían. El resultado fue una drástica disminución del peso demográfico de las provincias frente a la capital regional. En el caso de La Unión, la población incluso se redujo en términos absolutos en comparación con la de 1940.

La reforma agraria no logró poner fin a la crisis productiva del agro arequipeño. En Arequipa, Caylloma y Camaná, la redistribución no se tradujo en un aumento de la productividad, que ya era muy baja antes de la llegada al poder de los militares. Sea por abandono de los propietarios o por la descapitalización de las haciendas producto de las deudas, muchas tierras estaban pobremente trabajadas. Los principales beneficiarios de la reforma agraria, muchos de ellos antiguos trabajadores de haciendas, no lograron romper este círculo negativo. Solo la introducción de nuevos productos, como el algodón y el arroz, permitió que fueran rentables algunas posesiones. Para revertir la situación, en agosto de 1971, el gobierno militar impulsó el proyecto de irrigación Majes-Siguas con el fin de elevar la calidad de las tierras, incentivar cultivos más rentables y ampliar la frontera agrícola. Este proyecto condensaría buena parte de las esperanzas de regeneración del agro arequipeño durante los años que durarían las obras.

Pese a todos estos problemas, Arequipa seguía siendo el principal referente del sur andino, cuyo PBI representaba algo más de la tercera parte de la producción sureña. La misma proporción correspondía al PBI agropecuario, mientras que el sector manufacturero sumaba la cuarta parte de la producción surandina, superada solo por Moquegua. Los yacimientos cupríferos de Cerro Verde y Santa Rosa, expropiados por el régimen militar, representaban una cuarta parte del PBI minero regional. Sin embargo, estos datos ocultaban las fuertes diferencias dentro del departamento. Los beneficios de las reformas y la modernización se concentraron en la ciudad, que reforzó su hegemonía económica y política. El resultado fue la paradoja de una región que reclamaba mayor autonomía frente a Lima, pero tenía una ciudad profundamente centralista frente a sus provincias.

## 5. Reajuste cultural: mestizaje y diversidad

Durante el gobierno de Velasco se aplicaron nuevos planteamientos educativos, marcados por el nacionalismo y el deseo de armonizar a las clases sociales. Uniformes escolares de un solo color y libros de texto con contenidos idénticos buscaban eliminar las diferencias en la educación de ricos y pobres. En el mundo universitario ganaron espacio nuevas tendencias políticas e ideológicas. Las diferentes izquierdas (nacionalistas, revolucionarias, socialistas y comunistas) incrementaron su presencia, al tiempo que decaían el aprismo y la democracia cristiana. En las organizaciones sindicales ocurrió algo similar. El clasismo izquierdista se impuso a las tendencias conciliadoras de sus rivales ideológicos.

La masiva llegada de emigrantes andinos supuso la introducción en la ciudad de nuevos usos y costumbres. El aimara y las variantes cusqueña y apurimeña del quechua se hicieron habituales, mientras el catolicismo regional se vio influido por cultos populares. Un caso emblemático era el culto popular a Víctor Apaza Quispe. Se trataba de un oscuro personaje sentenciado a muerte en 1971, acusado de asesinar a su conviviente. Su muerte se convirtió en la piedra de toque de amplios sectores inmigrantes, que lo consideraban inocente. A su entierro en el popular cementerio La Apacheta asistió una enorme multitud, que convirtió su tumba en objeto de veneración y protesta contra la incomprensión de las autoridades y de la sociedad tradicional arequipeña.

La influencia altoandina renovó las expresiones culturales, popularizando huainos provincianos que se impusieron en festivales y concursos a partir de 1970. Conjuntos como Los Errantes de Chuquibamba, Alma América, Las Trovas, El Trío Chuquibamba, Los Ases, Los Astros del Sur, Los Hermanos Minaya, Los Pioneros, Jorge Aspilcueta o Bernardo Hernández "Manzanita" dieron cuenta de estas mezclas de ritmos e instrumentos tradicionales andinos y electrónicos modernos. Difundidos en vehículos de carga y transporte, en centros comerciales

**Los Errantes de Chuquibamba**

"Ya desde 1962 aproximadamente, tres jóvenes dieron a conocer al gran público las primeras canciones grabadas en disco de acetato de 45 rpm: 'Chuquibambinita' y 'Flor de la zuriri' fueron representativas en los imaginarios sociales no solo de los lugareños, sino regionales y nacionales. El éxito, con más de cuatrocientas canciones, brotaría de los labios y el alma de Antonio Alarcón, Plinio Mogrovejo y Gilberto Cueva, 'Los Errantes de Chuquibamba', reconocidos en la historia de la música popular. Cantaron juntos en diversos espectáculos y en todo tipo de reuniones sociales, particularmente en los que propiciaban sus mismos paisanos con motivo de las festividades religiosas de Chuquibamba y que eran simultáneamente celebradas en la capital del país por los residentes.

En la grabación y venta de los discos dejó sello propio Gilberto Cueva al ser representante de ventas en la empresa discográfica Iempsa, e hiciera suya la difusión de la música de Los Errantes en diversos discos. Los distrajo mucho la identificación del grupo, primero como 'Los Cóndores de Huacucani', aludiendo a uno de los ríos de Chuquibamba, o 'Los Gavilanes', 'Los Viajeros'. Finalmente definen su identidad comercial: 'Los Errantes'; por el éxito, se identificaron con el lugar de origen, Chuquibamba, y quedaría estampado en las tapas de los discos que lograron grabar en los años siguientes. En las grabaciones iniciales, Gilberto Cueva y Plinio Mogrovejo tuvieron el acompañamiento musical de Cumbres del Perú, para 'Lagunita', 'Al río pregunto', 'Mar inmenso', 'Mi desprecio', 'Dejo las aguas que beban', 'Triste desengaño', entre otras. Con Antonio Alarcón graban la canción 'Con el destino no sé para dónde', mientras las giras del trío consolidaron la identidad de la música local."

Extracto del texto de Santos Cesarios Benavente, "La cultura popular: la música como identidad colectiva". En *Diálogo Andino-Revista de Historia, Geografía y Cultura Andina*, n.° 29, agosto, 2007, p. 39.

populares, en emisoras de radio y en fiestas, su éxito evidenciaba el nuevo perfil de la ciudad. Otra expresión de las nuevas sensibilidades culturales fue el Grupo Laboratorio de Teatro Audaces, creado en 1968. Dirigido por Fredy Frisancho, se caracterizaba por contar con jóvenes del barrio de Selva Alegre. Sus creaciones representaban la vida del hombre común y corriente, inmerso en las riadas migratorias que transformaban ciudades como Arequipa y Lima.

Los cambios se vieron favorecidos por la popularización de la televisión y de la telefonía, que gracias a la empresa estatal EntelPerú complementaron a la radio como fuente de información y entretenimiento. Al mismo tiempo, las emisoras comunitarias hacían que el propio espacio radial fuera más diverso e incluyente. La televisión llegó a Arequipa en 1959, mediante un proyecto experimental auspiciado por la Universidad de San Agustín al amparo de la Ley de Industrias. La programación apostaba por las trasmisiones en vivo y por un formato cultural local. Su éxito fue tan inmediato que poco después se instaló una planta de ensamblaje de televisores en la ciudad. Pero el experimento de la UNSA pronto fue avasallado por las grandes emisoras privadas, como Radiotelevisión Continental, Canal 6 y Canal 2, que a la larga terminaron como estaciones repetidoras de canales de televisión limeños. Dos figuras emblemáticas de la radio y la televisión nacional que iniciaron su carrera en medios de comunicación arequipeños y se convirtieron luego en íconos de los noticieros y programas deportivos de televisión y radio limeños fueron Humberto Martínez Morosini (1929-2015) y Zenaida Solís.

Recién en la década de 1980 se volvieron a retransmitir programas variados, aunque se mantendría el predominio informativo y cultural limeño. Comenzaron además a trasmitirse en vivo los grandes acontecimientos que catalizaban el interés del público, como los campeonatos mundiales de fútbol y vóleibol, y la visita al Perú del papa Juan Pablo II. Estas trasmisiones enlazaban y cohesionaban a la región con el resto del país, predominantemente futbolero y católico. La participación de la Corde-Arequipa hizo que la región accediera también a la televisión pública (Canal 7). Solo un breve intento de la UNSA en la década de 1990 trató infructuosamente de hacer televisión con contenidos locales.

## 6. Violencia política y descentralización

En 1979, la Asamblea Constituyente aprobó la nueva Constitución política, seguida poco después de las primeras elecciones presidenciales en más de 15 años. La democracia volvió de la mano de Fernando Belaunde,

La década de 1980 fue un periodo de recesión económica y violencia política. Fueron muy frecuentes las huelgas de trabajadores y las movilizaciones populares en la región. *Fuente*: Archivo Histórico de El Peruano.

electo otra vez presidente para el periodo 1980-1985. Las condiciones no eran las mejores. A la crisis económica, las huelgas y las movilizaciones sociales que provocaron la salida de los militares se unió el surgimiento de un ciclo de violencia política en todo el país.

Esta violencia se inició con las acciones subversivas de Sendero Luminoso (1980), a las que se sumaron las del Movimiento Revolucionario Túpac Amaru (MRTA) en 1984. El Perú se deslizó así por una espiral de violencia que se incrementó a partir de 1983, cuando las Fuerzas Armadas ingresaron a la lucha contrasubversiva y se declaró en emergencia varias provincias del país. La Comisión de la Verdad y Reconciliación calculó que en total se produjeron más de 69.000 víctimas mortales y miles de desplazados. En este conflicto, la región Arequipa fue un escenario secundario en comparación con otras partes del país. Solo se registraron unos pocos casos de muertes y abusos de derechos humanos en las zonas altas de Condesuyos y La Unión, adyacentes a los departamentos de Apurímac, Cusco y Ayacucho. La participación secundaria de Arequipa ocurrió pese a que algunos de los más connotados dirigentes de Sendero Luminoso y del MRTA provenían de la región.

El líder y fundador de Sendero Luminoso, Abimael Guzmán Reinoso, había nacido en Mollendo en 1934. Era un egresado de Filosofía y Derecho de las aulas de la Universidad de San Agustín, a quien el levantamiento de 1950 y los diálogos con círculos intelectuales marxistas de la universidad dejaron profundamente impresionado. Su condición de miembro de clase media le impidió en un primer momento su ingreso al Partido Comunista de la ciudad. Sin embargo, cuando se trasladó a la Universidad de San Cristóbal en 1962, se convirtió en uno de los líderes más importantes e influyentes de una facción de comunistas prochinos en Huamanga (Ayacucho), que surgió en el contexto de la fractura del Partido Comunista del Perú en 1964 entre seguidores de la Unión Soviética y de China. El grupo de Guzmán fue expulsado a finales de los años sesenta del Partido Comunista-Bandera Roja, y a lo largo de los años setenta se dedicó a organizar su propio partido comunista bajo criterios militares, luego conocido como Sendero Luminoso. A finales de dicha década, concluyó que ya estaban preparados, e inició la lucha armada que ensangrentaría a todo el país.

El alzamiento de Sendero Luminoso coincidió con el regreso del Perú a un periodo democrático, pero no fue el único proceso que se inició en ese momento. La descentralización retomó vigencia con la figura de la regionalización. Para evitar los problemas del pasado, la nueva Constitución abolió las juntas y corporaciones departamentales de desarrollo e introdujo una nueva organización territorial y política, basada en la unión de dos o tres departamentos, que se constituirían en regiones. Estas regiones contarían con recursos económicos y administrativos propios, y, entre otras cosas, se encargarían de atender las necesidades de salud, vivienda, energía, previsión social, trabajo y educación. La Constitución reconoció también que a las poblaciones donde estaban ubicados los recursos naturales les correspondía una participación en la renta de su explotación, en armonía con una política descentralista.

La regionalización tuvo un camino largo y difícil. En 1984, el gobierno de Belaunde diseñó un Plan Nacional que contemplaba 12 regiones. Sin embargo, solo en 1987, ya durante el primer gobierno de Alan García, se aprobó la Ley de Bases de Regionalización. Esta norma contemplaba asambleas regionales integradas por alcaldes, representantes de instituciones y partidos políticos, así como un consejo de gobierno electo entre los asambleístas y los gremios de trabajadores urbanos, rurales, profesionales y de la universidad. El departamento de Arequipa se consideró por sí solo una región, luego de desestimarse su unión con otros departamentos vecinos el 14 de abril de 1989. La experiencia de la regionalización fue corta, ya que el contexto era dramático. A la violencia subversiva se unía una galopante crisis inflacionaria y constantes devaluaciones de la moneda nacional. La falta de recursos económicos y de atribuciones en transportes, educación y comunicaciones ahogaron la experiencia descentralista, interrumpida con el autogolpe de Alberto Fujimori el 5 de abril de 1992. Los gobiernos regionales fueron reemplazados entonces por los llamados Consejos Transitorios de Administración Regional, cuya jefatura se imponía desde Lima.

Un aspecto notable de este periodo descentralizador fue el papel central de las municipalidades provinciales y distritales. Estas instituciones se habían convertido en un pilar básico de la democracia y de la política local desde la instauración del sufragio popular en 1980. El primer alcalde electo de Arequipa fue José Villalobos Ampuero, conocido como "el médico de los pobres". Su organización, el frente electoral Izquierda Unida, había desplazado a Acción Popular como principal fuerza política de la capital regional, aunque AP conservaba mucha presencia en las demás provincias. En 1983, la situación cambió, y el partido aprista ganó por primera vez en la Ciudad Blanca gracias a la candidatura de Luis Bragagnini. Izquierda Unida perdió gran parte de sus apoyos, mientras que Acción Popular seguía manteniendo la primacía en el interior de la región.

Como señal de los tiempos marcados por la emigración altoandina sobre la ciudad del Misti, en 1986, el escenario electoral municipal favoreció al Frente Nacional de Trabajadores y Campesinos (Frenatraca). Este partido, de índole regional, fundado originalmente en Juliaca, llegó a la alcaldía de la ciudad de Arequipa gracias al controvertido político Luis Cáceres Velásquez. Se trataba de un personaje emblemático del rumbo que había tomado la política nacional, a medio camino entre líder popular y caudillo clientelista. Su carrera política lo llevó a repetir la victoria en 1989, aunque posteriormente fracasaría al postular a la alcaldía de Lima (1993) y a la Presidencia de la República (1995). Mientras tanto, el partido aprista, Izquierda Unida y en mucha menor medida Acción Popular, coaligado con otros partidos de derecha en el denominado Frente Democrático (Fredemo), se disputaron las preferencias de las provincias.

En un contexto marcado por la dependencia de los recursos presupuestales del Gobierno central, que tenía muy poco que repartir en medio de agobiantes crisis económicas y devaluaciones monetarias, estas autoridades locales pudieron hacer muy poco para mejorar las condiciones de vida de sus conciudadanos. Su fracaso afectó  la credibilidad política de lo que se dio en llamar "partidos tradicionales" y abrió el camino al auge de los "independientes", que protagonizarán la política peruana en la década de 1990.

# Capítulo V

## Neoliberalismo, crecimiento y supercentralización, 1992-2017

El periodo de 1992 a 2017 está marcado por las reformas de liberalización de la economía, la crisis de los partidos políticos, la cancelación del experimento regionalizador y la posterior emergencia de una nueva estrategia de descentralización basada en gobiernos departamentales. La etapa democrática abierta tras el final del gobierno militar concluyó en 1992 con un autogolpe de Alberto Fujimori, con apoyo de las Fuerzas Armadas y de sectores empresariales. El estilo de gobierno se caracterizó por disminuir el peso del Estado en la economía e incentivar la inversión privada extranjera. La nueva Constitución aprobada en 1993 sancionó la orientación hacia una economía desregulada y la recentralización del poder. En paralelo se consolidó un estilo de gobierno autoritario, que combinaba prácticas populistas y clientelismo.

En estos años, Arequipa sufrió los embates de la crisis estructural que afectó a todo el país. La región debió encarar transformaciones económicas, sociales, políticas y culturales. Las reformas fujimoristas favorecieron la inversión en la minería, las actividades agropecuarias y la pesca, dejando de lado la preocupación por promover la industria doméstica manufacturera. Los resultados económicos y sociales de las reformas fueron erráticos durante la década de 1990, pero tras la dictadura Arequipa despuntó como una de las economías de más alto crecimiento del país. Las cifras de pobreza se redujeron así a la cuarta parte de la población al llegar el año 2013.

Estos progresos no han estado exentos de dificultades, sobre todo en las áreas rurales. La propia ciudad expresó su malestar en diversos momentos. El municipio capitalino se opuso a la reelección de Alberto Fujimori en el año 2000, y tres años después se produjeron importantes protestas contra la privatización de la empresa eléctrica local. Más recientemente, en 2015, la población del valle del Tambo se opuso a la apertura de nuevas minas en la zona, ante el temor de que la contaminación afectara la agricultura. Estos acontecimientos son la expresión de la búsqueda de un proyecto regional capaz de integrar la diversidad de su población y expandir a todo el territorio el crecimiento económico de los últimos años.

## 1. El programa de ajuste, el autogolpe y la abolición de la regionalización

A finales de la década de 1980, el Perú atravesaba un periodo de crisis económica, social, política e institucional. Las reformas impulsadas por los militares para industrializar y modernizar al país no habían dado los resultados esperados; tampoco la descentralización bajo el gobierno de García. El azote de la violencia política cobraba decenas de miles de vidas y extendía por todo el país un manto de destrucción. La escasez, las continuas colas para conseguir alimentos y productos básicos, los controles de precios y la corrupción imperante en el Estado causaban un profundo descontento en la población. Este cúmulo de problemas derivó en una crisis de representación de los partidos políticos que dominaban la escena electoral.

Las elecciones de 1990 remecieron el sistema político. En una intensa campaña, Alberto Fujimori venció al candidato favorito de los partidos de derecha, el escritor arequipeño Mario Vargas Llosa. Descendiente de migrantes japoneses y sin vínculos claros con ninguna ideología, Fujimori apeló al voto provinciano y migrante. Su candidatura expresó el rechazo del elector promedio a los partidos tradicionales y contó con el apoyo de importantes minorías, como las iglesias evangélicas. Su éxito se vio además favorecido por la división de la izquierda y por el desprestigio que rodeaba al aprismo, tras el marasmo provocado por el gobierno de Alan García.

**El asesor espía**

"Vladimiro Montesinos Torres, al igual que Mario Vargas Llosa, nació en una familia de clase media con raíces en Arequipa, la segunda ciudad más grande del Perú. Además, ambos jóvenes recibieron educación militar en Lima. Los paralelos se detienen allí. Mientras que Vargas Llosa denunció en su primera novela los rasgos crueles y deshumanizantes de la cultura militar peruana, el joven Montesinos los absorbió ávidamente mientras cursaba estudios en la Escuela Militar de Chorrillos. A comienzos de 1965, y con los diecinueve años de edad, el cadete Montesinos se entrenó durante un mes en la Escuela de las Américas (SOA), institución militar norteamericana en Panamá [...]. A partir de las conexiones y favores iniciales que Montesinos cultivó entre sus amigos del regimiento de infantería, se fue urdiendo una red de colaboradores con los que eventualmente conseguiría controlar el mando de las fuerzas armadas y otros puestos claves del gobierno en la década de 1990.

El golpe militar de 1968 había abierto grandes oportunidades para oficiales militares con desmedidas aspiraciones. [...] A medida que el estado de salud del presidente Juan Velasco Alvarado se iba deteriorando, [...] Montesinos [...] reunió abundante información confidencial que compartió con la embajada norteamericana y con agentes de la CIA en Lima. La embajada lo cultivó como un contacto importante entre los oficiales militares con potencial de liderazgo. Sin embargo, en agosto de 1975, el general Francisco Morales-Bermúdez depuso al general Velasco, [...] el capitán Montesinos fue perdiendo bases de influencia entre sus mentores desplazados. Pronto se vio obligado a retirarse de los corredores limeños del poder al ser reasignado a un distante puesto militar en medio de un desierto norteño. En 1976 abandonó su puesto para viajar a Estados Unidos, usando una falsa autorización y el auspicio de una beca del gobierno norteamericano para líderes extranjeros visitantes. A su retorno, Montesinos fue acusado de viajar sin permiso oficial, espionaje e insubordinación. Fue juzgado por un tribunal militar, expulsado del ejército y confinado en una prisión militar por casi dos años (1976-1978).

Montesinos estudió derecho durante su prisión y se graduó de abogado en tiempo récord, unos cuantos meses después de ser liberado. Inició, entonces, una nueva carrera como abogado defensor de narcotraficantes. [...] Montesinos tenía contactos en el sistema judicial y contaba con la pericia necesaria para 'resolver' sus casos mediante el soborno, el chantaje y la presión. [...]

Por otro lado, el deseo de venganza hacia la facción militar que lo encarceló y luego condujo la transición a la democracia en el país motivó el osado desafío de Montesinos a los altos mandos militares. Colaboró para esto con su primo Augusto Zimmerman, el exsecretario de prensa en desgracia del dictador Velasco y [...] divulgó embarazosos secretos y documentos de inteligencia militares, además de insultar e injuriar a varios generales en servicio. Montesinos se jactaba de haber penetrado exhaustivamente la inteligencia militar. En respuesta, las fuerzas armadas lo acusaron de traición e instigador de enredadas conjuras y amenazas de bomba. La revelación pública de sus actividades ilícitas obligó a Montesinos a huir del país en 1983. Vivió en Argentina hasta 1985 y, a su retorno, el alto mando militar le prohibió ingresar a cualquier instalación u oficina militar. [...] El conocido pasado deshonroso de Montesinos lo acosó a lo largo de su posterior ascenso a la influencia y poder encubiertos. Montesinos se convirtió en el asesor de confianza de Fujimori y en el jefe de facto del SIN en julio de 1990. [...] El poder encubierto de Montesinos estaba más allá de la supervisión o control institucional. Desde su cargo no oficial, el asesor espía ejercía una influencia indebida, tomando decisiones de poder invisible detrás de la presidencia del país [...]."

Quiroz, Alfonso. *Historia de la corrupción en el Perú*. 2.ª edición. Lima: Instituto de Estudios Peruanos, Instituto de Defensa Legal, 2015, pp. 375-378.

Fujimori catalizó el malestar de la población para enfrentarse a los partidos tradicionales. Desde las primeras semanas dio un giro a sus promesas electorales e inició un duro programa de ajuste económico. Para afianzar las reformas, el 5 de abril de 1992, en un acto de fuerza sin precedentes, cerró el Congreso y el Poder Judicial y dio orden de búsqueda y captura de varios opositores. Sus principales aliados eran la cúpula de las Fuerzas Armadas y, sobre todo, el arequipeño Vladimiro Montesinos Torres, un personaje que se convirtió en la mano derecha del presidente, llegando a controlar los servicios secretos, el Poder Judicial y la Fiscalía, así como a buena parte del empresariado nacional, al que sometió con amenazas, coimas y chantajes.

Como parte de las medidas que siguieron al autogolpe, Fujimori abolió los gobiernos regionales y los sustituyó por Consejos Transitorios de Administración Regional, con presidentes y consejeros nombrados desde Lima. Desactivados los partidos políticos, se convocó a elecciones para redactar una nueva Constitución, aprobada en referéndum popular en 1993. En Arequipa, los partidarios de la nueva Carta magna obtuvieron una ajustada mayoría: 47,3%, solo dos décimas más de lo conseguido por los opositores a la Constitución fujimorista. La nueva Carta magna puso fin a tres décadas de políticas económicas proteccionistas y restrictivas de los capitales externos. En su lugar, instauraba un modelo económico neoliberal, basado en la apertura a la inversión extranjera y la confianza absoluta en el libre mercado.

## 2. Las privatizaciones y el crecimiento económico

El giro de las políticas económicas se inició antes del golpe de Estado. Empujado por las exigencias de los organismos financieros internacionales y del empresariado nacional y trasnacional, Fujimori desmontó parte del andamiaje del Estado tutelar construido por el velasquismo. El objetivo fue romper el aislamiento económico en el que Perú cayó durante el gobierno de Alan García. Los sectores del empresariado vinculados al mundo financiero y al comercio internacional presionaron en favor de la privatización de empresas estatales. Esto generó algunas tensiones con los industriales nacionales, que, aunque no se oponían a la apertura del mercado interno, planteaban la necesidad de mantener ciertas ventajas para sus empresas. De ahí que el Gobierno impulsara una legislación que limitaba la estabilidad laboral, al tiempo que se comprometía invertir en la renovación de infraestructuras.

Las reformas del régimen fujimorista cambiaron la matriz de desarrollo del país. De un Estado controlista y desarrollista se pasó a una economía enfocada en el sector privado. Estos cambios se vieron favorecidos por el contexto internacional, que experimentaba la Segunda Globalización, un fenómeno caracterizado por la integración de mercados, el movimiento transnacional de personas y las nuevas tecnologías de la información (telefonía celular, televisión por cable, Internet). Con este giro, el Perú se alineaba con el llamado Consenso de Washington, que desde 1989 postulaba el libre mercado, la internacionalización de la economía y la defensa de los derechos de propiedad como motores de crecimiento y consolidación democrática en América Latina.

Los dos primeros años de Fujimori, antes del golpe, la economía arequipeña solo creció el 0,1%, el porcentaje más bajo de la región sur. Este aparente estancamiento escondía, sin embargo, cambios sustanciales en la composición del PBI. La participación de la industria bajó del 22% en 1971 al 15% en 1990 y al 12% siete años después. En cambio, el sector servicios amplió su participación, a pesar de contar con bajos niveles de productividad, informalidad y precariedad. Las tasas de desempleo se incrementaron en la provincia de Arequipa del 4% en 1981 al 11,6% en 1993. En el total del departamento, la cifra se elevaba hasta el 15,7%, la más alta de la región sur.

El retorno al modelo primario exportador significó para Arequipa privilegiar las actividades extractivas, particularmente la minería. Un ejemplo emblemático es Cerro Verde, un yacimiento situado a 32 kilómetros de la ciudad que durante las últimas décadas ha pasado por un doble proceso de modernización y privatización, con sucesivos dueños de acuerdo con las coyunturas del mercado internacional. En actividad desde el siglo XIX, en 1916, había sido adquirida por la empresa norteamericana Anaconda, que la mantuvo hasta que en 1970 el Estado se la apropió, alegando presuntos incumplimientos en la concesión. Integrada en Minero Perú, en 1972, se instaló en Cerro Verde una de las primeras plantas de tratamiento de cobre por lixiviación y electrodeposición. En el contexto de privatizaciones del gobierno de Fujimori, la explotación nuevamente se privatizó, pasando en concesión a la compañía norteamericana Cyprux Amax. En 1999, la corporación Phelps Dodge compró la planta. Siete años después puso en funcionamiento la operación concentradora de sulfuros primarios. Finalmente, en 2007, Cerro Verde pasó al control de la empresa Free Port-McMorran, añadiendo la producción de molibdeno a la explotación tradicional de cobre.

Las reformas de Fujimori también favorecieron a algunas empresas nacionales que fortalecieron su posición en el mercado regional. Un caso emblemático fue la producción y comercialización de leche a cargo del grupo Rodríguez Banda. Esta empresa compró la firma Gloria a la transnacional Nestlé en 1986 e incrementó sus actividades en la década siguiente, expandiendo sus inversiones a rubros como construcción y producción de alimentos. Un caso similar fue el de la Compañía

El gobierno de Alberto Fujimori llevó a cabo reformas de liberalización de la economía. En la fotografía, inaugura una feria agropecuaria en la región Arequipa. *Fuente*: Archivo Histórico de El Peruano.

Cervecera del Sur (Cervesur). Creada en 1968 por Ernesto von Wedesmeyer, esta empresa se expandió tempranamente a Cusco y Trujillo. En 1969, empezó a construir una nueva planta cerca de la ciudad de Arequipa, que entró en funcionamiento seis años después. En 1976, exportaba a Chile y Estados Unidos, destinos a los que posteriormente se unieron Italia, Francia, Alemania, Inglaterra, Suecia, Australia, Nueva Zelanda, España y Japón. En plena euforia, durante 1980, Cervesur fue una de las primeras empresas peruanas en incorporar equipos informáticos para modernizar la producción. En 1992, era la cuarta empresa con mayores ingresos del país. Un año después incursionaba en el campo de la genética, para impulsar un nuevo tipo de cebada adaptable a las condiciones climáticas y a la altura de los Andes. Su principal producto, la cerveza Cusqueña, entró a competir en 1998 con la cervecería Backus y Johnston de Lima, en lo que se llamó "la guerra de las cervezas"; poco tiempo después, Cervesur fue absorbida por Backus y Johnston.

Hacia 1995, el PBI de Arequipa registraba un crecimiento del 6,1% anual. Sin embargo, existía en la población la percepción de que las reformas solo habían favorecido a unos pocos. Una quinta parte de los arequipeños vivía en la pobreza extrema y el 43,5% de los hogares tenía necesidades básicas insatisfechas. Estas cifras eran similares en todo el país. La lucha contra la pobreza se convirtió en una de la prioridades del Estado, que creó para ello una red de nuevos programas sociales que se convirtieron en poco tiempo en emblema del gobierno fujimorista en las zonas rurales. Son los casos del Fondo Nacional de Cooperación y Desarrollo (Foncodes, dedicado a la construcción de pequeñas infraestructuras rurales), el Programa Nacional de Alimentos (Pronaa, encargado del reparto del desayuno escolar) y el Programa Nacional de Manejo de Suelos y Conservación de Cuencas Hidrográficas (Pronamachs, dirigido a pequeños proyectos productivos y conservacionistas). También se incrementó el número de instituciones no estatales que trabajaban en el país. Una infinidad de ONG nacionales y extranjeras hicieron de Arequipa una de sus principales bases y marcaron durante casi una década la dinámica local, al convertirse en refugio de la intelectualidad crítica local, expulsada de la universidad por el fujimorismo.

## 3. La década autoritaria: reelección y crisis

El gobierno fujimorista se sostuvo, entre los sectores populares, gracias a los programas sociales y el clientelismo. Sin embargo, el respaldo logrado por Fujimori difícilmente era transferible a otros candidatos fujimoristas, particularmente en el ámbito municipal. El fujimorismo nunca pudo ganar la alcaldía de Lima ni de otras ciudades importantes del país. Arequipa se caracterizó así por ser un baluarte de la oposición al régimen. En las elecciones presidenciales de 1995, Fujimori obtuvo solo el 31% de los votos, una de las cifras más bajas a escala nacional. Dos años después, fue abucheado en el estadio de la Universidad de San Agustín durante la inauguración de los Juegos Bolivarianos que se celebraban en Arequipa.

El malestar de la región contra el régimen fujimorista empeoró al combinarse con los desastres naturales y la crisis asiática que afectó al Perú en 1998. El fenómeno de El Niño de 1997-1998 golpeó seriamente a la economía regional. Las lluvias torrenciales, el desborde de los ríos y los huaicos destruyeron cultivos, las carreteras y las conexiones de agua y desagüe. El pueblo de Chocco, en la ribera del río Chili, fue particularmente afectado, ya que la mitad de sus casas desaparecieron en el lodo. En las zonas altas, las bajas temperaturas y las sequías arruinaron las cosechas. El comercio se perjudicó con el bloqueo de la Panamericana Sur y la producción agrícola decayó. Estos eventos hicieron retroceder el PBI regional en 2,5% en 1999. Lima producía el 83% del PBI nacional, mientras que Arequipa, siendo la segunda región más desarrollada del país, solo el 6%.

La respuesta del Gobierno en cuanto a ayuda y gestión fue poco eficiente y plagada de clientelismo, por lo que el cuestionamiento de la región se acrecentó. A los efectos de El Niño se unió la crisis de la deuda desatada en Rusia y Asia, que impactó en la capacidad de consumo del Perú y particularmente de Arequipa. Empresas emblemáticas, como Aceros Arequipa, Cervesur y Leche Gloria se trasladaron a Lima como consecuencia de la escasa rentabilidad de la región. El índice de desarrollo humano de Arequipa pasó así de considerarse medio a medio-bajo, retrocediendo al nivel de 1993. Estos hechos contribuyeron al sentimiento opositor a Alberto Fujimori, quien era percibido por los arequipeños como un presidente centralista, más preocupado por su segunda reelección que por las regiones, y que establecía condiciones de apoyo político cuando se trataba de realizar alguna obra importante.

La crisis económica en la región y el talante autoritario y centralista de Fujimori estuvieron en la base del protagonismo opositor que Arequipa desempeñó en las elecciones de 2000 y en las jornadas para impedir la asunción de Fujimori de la presidencia, conocidas como la Marcha de los Cuatro Suyos.

## 4. La transición democrática y el arequipazo

La campaña electoral del año 2000 supuso una oportunidad para reagrupar las fuerzas contrarias al centralismo fujimorista. El alcalde de Arequipa, Juan Manuel Guillén, se posicionó claramente contra el intento de Fujimori de candidatear por tercera vez a la presidencia. Guillén había sido rector de la Universidad Nacional de San Agustín (UNSA) en la década de 1990, y desde esa posición se opuso a la reducción de los presupuestos universitarios decretada por el Gobierno central. La UNSA había sufrido una merma en el número de plazas disponibles para el ingreso de nuevos estudiantes, además de tener problemas económicos para construir el estadio de la universidad. Tras ser elegido alcalde en 1997, Guillén aglutinó a los desafectos al régimen y prestó apoyo a quienes protestaban contra la intención de privatizar los servicios de agua y electricidad.

Las elecciones fueron todo menos limpias. Para asegurar su segunda reelección, Fujimori contaba en Arequipa con el apoyo del comandante militar de la región y de los servicios de inteligencia, además del enorme aparato de propaganda que eran los programas sociales. La oposición, por su parte, tenía el respaldo de un importante sector de la ciudadanía, liderado por los alcaldes Guillén y Arturo Valderrama, de Miraflores. Los resultados de la primera vuelta mostraron que la partida estaba muy igualada, ya que el fujimorismo alcanzó el 48% de los votos, un porcentaje sensiblemente superior al de cinco años antes. Esta era una de las cifras más altas del sur del país, solo por debajo de Puno y Tacna.

Sin embargo, Fujimori tuvo que competir en una segunda vuelta, y las autoridades ediles apoyaron al candidato Alejandro Toledo, quien había quedado en segundo lugar. Toledo denunció falta de transparencia en el proceso electoral y renunció a participar; Fujimori ganó como candidato único. Con el apoyo de Guillén, Toledo y la oposición convocaron una marcha de protesta desde diversos puntos del interior del país, que debía confluir en Lima el día de la toma de posesión de Fujimori. Arequipa se convirtió en uno de los puntos de partida de la protesta. Retomando sus viejas tradiciones insurgentes, gran parte de los arequipeños se sumaron a la llamada Marcha de los Cuatro Suyos,

Protestas en la plaza de armas de Arequipa (2002). *Fuente*: Archivo Caretas.

que desembocó en incidentes y altercados en el centro de la capital, con un balance de varios muertos y la destrucción de edificios públicos, como el del Banco de la Nación. Poco después, el régimen de Fujimori caía tras hacerse público un video que mostraba al asesor personal del presidente, Vladimiro Montesinos, sobornando al congresista Alberto Kouri para que se pasara a la bancada fujimorista en el Congreso.

Tras un breve gobierno de transición del congresista cusqueño Valentín Paniagua, en 2001, se convocaron nuevas elecciones presidenciales, ganadas por Alejandro Toledo con un amplio apoyo del pueblo arequipeño (45% en primera vuelta y 67% en la segunda). El candidato se había comprometido por escrito a no privatizar los servicios públicos

**Las protestas en el sur ante el proyecto neoliberal**

"La ruidosa caída del régimen de Fujimori creó un cúmulo de expectativas e incertidumbre que volvió difícil el escenario político. En el mes de junio de 2002, menos de un año después de que el gobierno de Toledo asumiera el poder, sus índices de desaprobación rondaban el 80%. [...]

En el sur del país, donde los efectos de la apertura y liberalización de la economía habían provocado graves perjuicios sociales, el descontento era mayor. La privatización de la empresa de electricidad de la ciudad de Arequipa, EGASA, que el gobierno quiso llevar contra viento y marea, vendiéndola a un consorcio belga que ganó la licitación, desató en la segunda quincena del mes de junio de 2002 una masiva e incontrolable movilización dirigida por un Frente Amplio Cívico, a cuya cabeza estaba Juan Manuel Guillén, el alcalde de la ciudad y antiguo rector de la Universidad de San Agustín. Después de varios días en que la represión policial no pudo derrotar a los manifestantes, y cuando la protesta se había extendido a los departamentos vecinos, el gobierno hubo de rendirse [...] y anular la privatización de la empresa eléctrica.

La gesta arequipeña demostró que un amplio sector de peruanos no estaba convencido de las bondades del proyecto neoliberal. Sin duda, varios aspectos de la vida urbana y rural habían mejorado desde los años noventa [...].

Existía, entonces, una paradoja entre la existencia de buenos indicadores macroeconómicos y la supervivencia de bolsones de extrema pobreza y falta de igualdad de oportunidades para el acceso a los bienes públicos. Ello se resumía en una sensación de que los abismos sociales y el racismo que habían separado a los peruanos desde el periodo colonial reflorecían en el siglo XXI. [...] Las privatizaciones se detuvieron después del 'arequipazo' de 2002, pero no las protestas. La pérdida de apoyo social del gobierno propició nuevas manifestaciones de rechazo..."

Contreras, Carlos y Marcos Cueto. *Historia del Perú contemporánea*. 5.ª ed. Lima: Instituto de Estudios Peruanos, 2013, pp. 418-419.

de la región. En el contexto nacional de crítica al modelo neoliberal, las privatizaciones aparecían como un tema sensible para regiones como Arequipa, que reivindicaban la propiedad de las empresas públicas instaladas en su territorio.

Contrariando su promesa electoral, Toledo decidió privatizar Egasa y Egesur, las principales plantas generadoras de electricidad del sur, lanzando al mismo tiempo un desatinado *spot* publicitario con el fin de convencer a la población local de las bondades de la privatización. La ciudad, apelando nuevamente a sus tradiciones de resistencia a las imposiciones autoritarias, se movilizó en junio de 2002 bajo el liderazgo del Frente Amplio Cívico. Con huelgas de hambre, marchas, cacerolazos y tomas de carreteras, el movimiento social exigió revertir la venta de las empresas eléctricas y el levantamiento del Estado de emergencia. Estas jornadas tuvieron como saldo 2 muertos y 318 heridos. El proceso se revirtió, y poco después el gabinete ministerial, presidido por Roberto Dañino, renunció.

El llamado "arequipazo" tuvo un hondo significado en la vida del país, ya que marcó el fin del ciclo de privatizaciones de empresas públicas iniciado durante el primer gobierno de Fujimori. Además, las protestas hicieron emerger nuevos actores sociales y políticos disconformes con las políticas neoliberales y centralizadoras del Gobierno. Situaciones semejantes se repetirían en los siguientes años en diferentes regiones del país, incluida nuevamente Arequipa.

## 5. La regionalización y el crecimiento económico

De acuerdo con el censo de 2007, Arequipa contaba con algo más de 1.100.000 habitantes, y su capital concentraba el 70% de la población del departamento y el 90% de la población urbana. Estas cifras representaban un crecimiento anual de 2% desde el censo de 1993, una tasa menor que en épocas anteriores, pero notablemente alta. La economía departamental volvió a crecer, alcanzando un 5% en 2002 y un espectacular 10% en 2004. Pero la base de este crecimiento ya no era la industria, sino la producción y exportación de materias primas: minerales y pesca. En menor medida, otros rubros destacados eran textiles, turismo y agricultura, que daban empleos a sectores rurales. La industria, en cambio, prácticamente había desaparecido de la economía regional. La construcción halló un espacio de desarrollo en la ciudad gracias al ingreso de nuevas empresas inmobiliarias enfocadas en áreas residenciales y centros comerciales. Entretanto, los servicios ligados al turismo, el transporte público y el comercio sumaban dos terceras partes del empleo, sobre todo en pequeñas empresas y microempresas situadas en la capital (81,5%).

La nueva estructura económica se reflejó en los miles de talleres, el comercio ambulatorio y las cústers, combis, taxis y mototaxis que poblaban las calles y plazas de la ciudad. El Parque Industrial de Arequipa, la zona industrial Apima, el Ceticos Mollendo, la industria del cuero y la del Parque Industrial de Río Seco seguían funcionando, pero su aporte a la economía regional era menor que en las décadas anteriores. Según la tesis de Nelly Cárdenas, el trabajador arequipeño se caracteriza por su independencia e informalidad. Sin embargo, los trabajadores dependientes de la economía informal, muchos de los cuales tenían vínculos de parentesco con los dueños, recibían sueldos promedios de trescientos soles y carecían de contratos y derechos laborales.

Por otro lado, la democracia abrió un proceso de descentralización política. En noviembre de 2002, se realizaron las primeras elecciones de gobiernos regionales, los cuales estaban integrados por un presidente regional y por un Consejo de Coordinación Regional, elegidos ambos por votación. El Gobierno central delegó a las regiones competencias y funciones a medida que el Consejo Nacional de Descentralización acreditaba la suficiencia de cada región. Aunque inicialmente se instalaron gobiernos regionales en cada departamento, la idea era que a mediano plazo varios de ellos se fusionaran para crear macrorregiones. Sin embargo, esta posibilidad fue rechazada abrumadoramente en los referendos populares realizados en 2005. En Arequipa, la propuesta contemplaba un bloque regional con Tacna y Puno. Los resultados fueron favorables a la integración en Arequipa (60%), pero no en Tacna (11%) y Puno (24%). Este resultado hizo evidente que ambos departamentos temían ser absorbidos por Arequipa.

El fracaso de la integración regional llevó al gobierno de Toledo a convertir cada departamento en una región. No obstante, los resultados de la descentralización regional resultaron disímiles. Los gobiernos regionales dependen de manera significativa del Gobierno central para mantener sus gastos corrientes e inversiones, además de que sus facultades para cobrar impuestos, uno de los reclamos históricos de los descentralistas, son mínimas. Como consecuencia, las responsabilidades transferidas se centran en la gestión cotidiana de servicios públicos como la educación, la salud y el fomento productivo, pero con márgenes muy limitados de autonomía en cuanto a su diseño.

En el segundo gobierno de Alan García (2006-2011), la participación de las regiones en los procesos de decisión acerca de las actividades extractivas, particularmente mineras, se concentraron en el Ministerio del Medio Ambiente, creado para regularlas, pero dejaron a un lado a las regiones, que venían exigiendo ser escuchadas. En un contexto de crecimiento de estas actividades, estas limitaciones se compensaron parcialmente con el aumento de las transferencias monetarias del Gobierno central a los gobiernos regionales y municipales, y a las universidades nacionales, por concepto de canon y sobrecanon. Esto supuso que los recursos a cargo de las autoridades arequipeñas crecieran significativamente, aun cuando existían fuertes restricciones respecto a los gastos que estaban autorizadas a realizar. El resultado de esta disfunción es una paradoja: los gobiernos regionales se encuentran atrapados entre la necesidad de incrementar las actividades extractivas, de las que depende buena parte de su presupuesto, y el creciente descontento de amplios sectores de la población, opuestos a la presencia de las empresas mineras en territorio arequipeño.

## 6. Política social y protestas sociales: del arequipazo a Islay

Después de desempeñarse durante dos periodos como alcalde provincial, en 2006, Juan Manuel Guillén ganó la presidencia regional, cargo que ocupó nuevamente cuatro años después. Su gestión significó un giro notable, ya que pasó de opositor a las privatizaciones a impulsor de proyectos de desarrollo. Guillén negoció así inversiones privadas en la región, que generaron muchas expectativas en torno a proyectos emblemáticos, como la segunda etapa de la irrigación Majes-Siguas (que implicaba la construcción de la represa de Angostura) y la ampliación del puerto de Matarani, inaugurado el 21 de junio de 2016. También apostó por mejorar las vías de comunicación mediante el asfaltado de la Carretera Interoceánica. En este periodo, el índice de pobreza de la región bajó de 48 al 31%, mientras que la pobreza extrema decreció del 7 al 3%.

Sin embargo, estas cifras solo miden el ingreso monetario y no el acceso a derechos y servicios de calidad como la educación, la salud y la estabilidad laboral. De hecho, todavía persisten diversos problemas en la región que la colocan, junto a Cusco y Puno, entre las que demandan cambios en el actual modelo económico. Esto explica el gran apoyo que Arequipa brindó a la candidatura presidencial de Ollanta Humala en los años 2006 y 2011, un militar de grado medio que cobró notoriedad durante los últimos días del gobierno de Fujimori como cabecilla de un alzamiento militar en el asiento minero de Toquepala. Un quinquenio después candidateó con una propuesta antineoliberal y decididamente nacionalista. Aunque no obtuvo la presidencia, consiguió una alta votación en la región: el 48,5% de los arequipeños votaron por él en primera vuelta, cifra que subió al 64% en la segunda. En 2011, obtuvo resultados similares (47 y 66%), llegando esa vez a la presidencia.

Humala impulsó políticas sociales en educación, salud y pensiones, así como brindó apoyo directo a familias del sector rural a través de Foncodes y del nuevo Ministerio de Desarrollo e Inclusión Social; sin embargo, no modificó la política económica del país. La dependencia de las actividades primario-exportadoras se acentuó, lo que supuso profundizar la dicotomía entre unas buenas cifras macroeconómicas y una sensación de descontento social muy extendida. La pobreza monetaria se redujo en 2013 a 24%, y Arequipa es en la actualidad una de las regiones peruanas con menores índices de pobreza. El departamento cuenta hoy con infraestructura básica, conectividad por Internet, celular y televisión por cable. Además, nuevos patrones de consumo, centros comerciales, universidades privadas, restaurantes, supermercados y cines se extendieron en todas los sectores sociales.

No obstante, la desigualdad sigue siendo un problema en la región. La población de la ciudad obtiene mejor empleo que los que viven en las zonas rurales, y los vinculados al comercio tienen mejores ingresos que los que se dedican a la agricultura. Por otro lado, las actividades mineras originan conflictos sociales debido a sus posibles efectos en la agricultura. Así, en 2015, los distritos del valle del Tambo se alzaron contra las pretensiones de la empresa Southern Peru Cooper Co. de poner en marcha el proyecto minero Tía María. Los malos antecedentes ambientales de la empresa hacían temer daños irreparables para la agricultura local. La resistencia de los agricultores del valle dejó varios muertos, decenas de heridos y cientos de detenidos. El resultado fue la paralización del proyecto.

En 2014, las elecciones regionales mostraron el interés de amplios sectores de la población por apostar a nuevos liderazgos. El resultado fue la ajustada victoria en segunda vuelta de la joven candidata y exreina de belleza Yamila Osorio (50,6%) frente al empresario Javier Ísmodes, del partido Arequipa Renace (49,5%). Estas pretensiones renovadoras conviven con el deseo de no perder lo avanzado en la última década. Frente a otros proyectos rupturistas, en las elecciones presidenciales de 2016 los arequipeños dieron su confianza a Pedro Pablo Kuczynski. Economista de 77 años y ministro en varios gobiernos, Kuczynski obtuvo en primera vuelta el 27% de los votos, frente al 24% de su principal rival, Keiko Fujimori, hija del expresidente Alberto Fujimori. Significativamente, Arequipa fue la única región del país donde el veterano candidato quedó en primer lugar en esta primera vuelta. En la segunda vuelta, la diferencia se amplió: 64 frente a 36%.

## 7. Arequipa y el futuro

En la última década y media, Arequipa ha elevado sus tasas de crecimiento económico (en 2012 creció 8,7% y en 2013, 11%). La economía arequipeña es diversificada, aunque últimamente las actividades mineras han ganado preponderancia; las minas Cerro Verde siguen siendo una de las mayores fuentes de ingresos de la región. Pero no menos importante es la agricultura, que concentra a alrededor del 15% de la población económicamente activa; mientras la segunda etapa de Majes-Siguas es una oportunidad para incrementar la producción agropecuaria. El comercio, gracias a la recientemente inaugurada terminal del puerto de Matarani, dinamizará las exportaciones agrícolas y las manufacturas.

Después de Lima, Arequipa es la segunda región económica más importante del país, pero la distancia entre ambas todavía es

En la región, aún se hace necesario un mayor e igualitario acceso a derechos y servicios de calidad como la educación. *Fuente*: Wikipedia (CC, BY, SA).

significativa: Lima aporta en promedio casi la mitad del PBI nacional, mientras que Arequipa alrededor del 5%. Esto evidencia la persistencia de las desigualdades regionales en el Perú. Así, aunque el crecimiento económico de los últimos años trae bienestar, todavía existen brechas y problemas irresueltos. Esta situación difícilmente podrá revertirse en el corto y mediano plazo sin una alternativa económica y política que promueva el desarrollo de las regiones y cuestione el centralismo existente. Además, Arequipa es históricamente una de las regiones que más ha batallado contra el centralismo.

Por otro lado, Arequipa también cuenta con una diversidad cultural que el crecimiento económico ha revitalizado. El desarrollo del arte, la literatura, las festividades, la música y la cocina, entre otras expresiones, vienen fortaleciendo la identidad regional. Un lugar destacado en este proceso es la cocina arequipeña, que juega un papel clave en el denominado *boom* gastronómico peruano. Picanterías y chicherías se han convertido en una suerte de templos del sabor y del nacionalismo culinario regional. Así, a las tradicionales "ramadas", donde se expenden rocoto relleno y chicha, se han sumado los grandes restaurantes, que sirven una carta más sofisticada. Esta diversificación de la gastronomía arequipeña ha reconfigurado la vida de los comensales characatos, en un contexto condicionado por la tecnología, el auge de las comunicaciones y la circulación de turistas nacionales y extranjeros, que buscan lo tradicional y lo nuevo de la Arequipa colonial y republicana.

Arequipa sin duda ha crecido, pero todavía persisten diversos problemas sociales que limitan la integración social de la región, así como su desarrollo sustentable, es decir, el logro de un equilibrio entre las actividades extractivas y la agricultura, el turismo y la cultura regional. En ese sentido, la consciencia histórica de su riqueza económica y diversidad cultural son fundamentales para su proyección al futuro. En este libro hemos querido contribuir a contar los esfuerzos y los sueños de los arequipeños por construir una región y una nación próspera y democrática.

# Esbozo bibliográfico

Este libro se benefició de la importante producción historiográfica de autores extranjeros, peruanos y locales sobre la historia de Arequipa. Para la parte prehispánica, fueron fundamentales el texto de Máximo Neira Avendaño, "Arequipa Prehispánica", en *Historia General de Arequipa* (Arequipa, 1990); Augusto Cardona, *Arqueología de Arequipa. De sus orígenes a los Incas* (Arequipa, 2002) y Józef Szykulski, *Prehistoria del Sur del Perú (Costa Extremo Sur)* (Arequipa, 2010).

Con relación a los primeros pobladores de la región arequipeña, véase Daniel Sandweiss y Kurt Rademaker, "El poblamiento del sur peruano: costa y sierra", *Boletín de Arqueología* 15 (2011), 275-293; Hugo Yacobaccio, "Intensificación económica y complejidad social en cazadores-recolectores sur andinos", *Boletín de Arqueología* 10 (2006), 305-320; Susan deFrance y Adán Umire, "Quebrada de Tacahuay: un sitio marítimo del Pleistoceno Tardío en la Costa Sur del Perú", *Chungara, Revista de Antropología Chilena*, vol. 36, n.º 2 (2004), 257-278; Mark Aldenderfer, "Cronología y conexiones: evidencias pre cerámicas de Asana", *Boletín de Arqueología* 3 (1999), 375-391. Sobre la Quebrada de Jaguay en Camaná, consúltese Daniel Sandweiss y otros, "Pescadores paleoíndios del Perú", *Investigación y Ciencia* (s/n 1999), 2-8; para los restos más antiguos de Pucuncho y Cuncaicha, véase Kurt Rademaker, "Paleoindian settlement of the high-altitude Peruvian Andes", *Science* 346 (2014), 466-469. Referente a la obsidiana, véase Richard Burger y Michael Glascock, "Intercambio de obsidiana a larga distancia en el norte peruano", *Revista del Museo de Arqueología, Antropología e Historia* 11 (2009), 17-50 y Michal Wasilwski, "Nuevos Yacimientos de Obsidiana en el sur del Perú (Valle de los Volcanes-Pampa Jaranca) desde una perspectiva arqueológica", *Polish Contributions in New World Archaeology* 2 (2010), 73-97.

En torno al periodo Formativo, véase Max Neira y Augusto Cardona, "El Periodo Formativo en el área de Arequipa", *Andes* 3 (2000), 27-60; Steve Wernke, "Asentamiento, agricultura y pastoralismo durante el Periodo Formativo en el valle del Colca, Perú", *Chungara, Revista de Antropología Chilena*, vol. 43, n.º 2 (2011), 203-220. Sobre la presencia Nasca en Arequipa, tenemos a Lidio Valdez, "Las ocupaciones tempranas del Valle de Acarí", *Ponencia preparada para el Simposio "Paracas-Nazca Una época 'transicional" del Formativo Tardío en la Costa Sur de los Andes Centrales"* (Ica, 2012), 1-34 y del mismo autor, "Conflicto y decapitación humana en Amato (valle de Acarí, Perú), *Bulletin de l'Institut Français d'Études Andines*, vol. 38, n.º 2 (2009), 177-204. De Joerg Haeberli, véase "Tradiciones del Horizonte Temprano y del Periodo Intermedio Temprano en los valles de Sihuas, Vítor y Majes, Departamento de Arequipa, Perú", *Andes* 7 (2009), 205-227 y, asimismo, "Tiempo y tradición en Arequipa Perú, y el surgimiento de la cronología de la deidad central", *Boletín de Arqueología* 5 (2001), 89-137.

La presencia de Tiwanaku en la región ha sido estudiada por Augusto Cardona, "Poblaciones Tiwanaku asentadas en el valle de Arequipa: una frontera física y cultural", *Revista Historia* 9 (2010), 21-35; Paul Goldstein y Bruce Owen, "Tiwanaku en Moquegua: las colonias altiplánicas", *Boletín de Arqueología* 5 (2001), 139-168; Bruce Owen, "La expansión y el colapso de Tiwanaku y el papel de Arequipa", *Andes* 7 (2009), 431-460 y Bruce Owen y Paul Goldstein, "Tiwanaku en Moquegua: interacciones regionales y colapso", *Boletín de Arqueología* 5 (2001), 169-188. Con respecto a la expansión Wari, véase Justin Jennings, "Reevaluando el Horizonte Medio en Arequipa", *Boletín de Arqueología* 16 (2012), 165-188; Justin Jennings y Willy Yépez Álvarez, "Collota, Netahaha y el desarrollo del poder Wari en el valle de Cotahuasi, Arequipa, Perú", *Boletín de Arqueología* 5 (2001), 13-29; Michael A. Malpass, "Sonay: un centro Wari celular ortogonal en el valle de Camaná, Perú", *Boletín de Arqueología* 5 (2001), 51-68; Erika Simborth Lozada, *Proyectos de definición de sitios Wari: Corralones, El Arenal y Caihua* (Arequipa, 2006);

Donna Nash, "Fiestas y la economía política Wari en Moquegua, Perú", *Chungara. Revista de Antropología Chilena*, vol. 43, n.º 2 (2011), 221-242; Lidio Valdez, "Una ofrenda de cerámica ceremonial Wari en La Oroya, Valle de Acarí, Perú", *Revista de Antropología* 20 (2009), 189-204 y Willy Yépez Álvarez y Justin Jennings (ed.), *¿Wari en Arequipa? Análisis de los contextos funerarios de La Real* (Arequipa, 2012).

Sobre el periodo posterior a la desaparición de Wari y Tiwanaku, revísese Justin Jennings y Willy Yépez Álvarez, "El Periodo Intermedio Tardío en el valle de Cotahuasi, Arequipa, Perú", *Andes* 7 (2009), 481-500. Relacionada con los Collaguas, tenemos una buena compilación de artículos de Franklin Pease, (ed.) *Collaguas* I (Lima, 1977); además, María Benavides con "Las visitas a Yanquecollaguas de los siglos XVI y XVII: organización social y tenencia de tierras", *Bulletin de l'Institut Français d'Études Andines*, vol. 18, n.º 2 (1989), 241-267; Juan de Ulloa Mogollón (1586), "Relación de la Provincia de los Collaguas", en *Relaciones Geográficas de Indias*, editada por Marcos Jiménez de la Espada (Madrid, 1965), 326-333; y, finalmente, el estudio pionero de Leonidas Bernedo Málaga, *La Cultura Puquina* (Arequipa, 1958).

La presencia Inca en la región cuenta con importantes estudios: Guillermo Galdos Rodríguez, "Naciones ancestrales y la conquista incaica", en *Historia General de Arequipa* (Arequipa, 1990), pp. 185-213; del mismo autor, *Kuntisuyu. Lo que encontraron los españoles* (Arequipa, 1985) y *Comunidades prehispánicas en Arequipa* (Arequipa, 1987); Alan R. Covey, "Inka administration of the far south coast of Peru", *Latin America Antiquity*, vol. 11, n.º 2 (2000), 119-138; Miriam Doutriaux, "Relaciones étnicas y económicas de Poder: la conquista incaica en el valle del Colca, Arequipa", *Boletín de Arqueología* 6 (2002), 411-432; Justin Jennings y Willy Yépez Álvarez, "La ocupación Inca del valle de Cotahuasi, Arequipa- Perú", *Revista Haucaypata. Investigaciones arqueológicas del Tawantinsuyo* 10 (2015), 44-64; Catherine Julien, "Las huacas pacariscas de Arequipa y el volcán Misti", *Revista Historia* 10 (2011), 105-132 y Steven R. Wernke, "La interfaz política-ecológica en el Valle del Colca durante la época inkaica", *Andes* 7 (2009), 587-614. Sobre el tema de almacenamiento: Lidio Valdez, "Los depósitos inka de Tambo Viejo, Acari", *Tawantiusuyu* 2 (1996), 37-43. Los caminos están presentes en, Augusto Cardona, *Caminos prehispánicos de Arequipa* (Arequipa, 2008).

Con respecto al asentamiento de los primeros españoles en la región, véase Alejandro Málaga Medina, "Los primeros españoles en el valle de Arequipa", en *Historia General de Arequipa* (Arequipa, 1990), pp. 215-234; asimismo, German Leguía y Martínez, *Historia de Arequipa*, tomo I y II (Lima, 1914); Víctor M. Barriga, *Documentos para la Historia de Arequipa (1534-1558)*, tomo I (Arequipa, 1939). Sobre las primeras encomiendas: Guillermo Galdos Rodríguez, "Economía y Sociedad Colonial", en *Historia General de Arequipa* (Arequipa, 1990), pp. 309-338; Davies, Keith, "La Tenencia de la Tierra en Arequipa: 1540-1650", *Revista Historia* 1 (1975), 29-46; del mismo autor, su tesis doctoral, *The Rural Domain of the City of Arequipa, 1540-1665* (University of Connecticut, 1974); Efraín Trelles Aréstegui, *Lucas Martínez Vegazo. Funcionamiento de una encomienda peruana inicial* (Lima, 1991); Catherine Julien, "Cabanaconde y Majes en 1535", *Revista Historia* 6, (2003), 11-26. La visita del virrey Toledo y las primeras reducciones en la región, en Alejandro Málaga Medina, *Visita General del Perú por el Virrey Don Francisco de Toledo 1570-1575* (Arequipa, 1974) y, del mismo autor, *Reducciones toledanas en Arequipa (pueblos tradicionales)* (Arequipa, 1989).

En torno al establecimiento del sistema colonial en Arequipa, véase Guillermo Galdos Rodriguez, "Administración colonial", en *Historia General de Arequipa* (Arequipa, 1990), pp. 235-273; la tesis de licenciatura en Historia de Álvaro Espinoza de la Borda, *El Corregidor en Arequipa: 1548-1651* (Arequipa, 1999); del mismo autor, "Los corregimientos de Arequipa y la fragmentación del Kuntisuyu", *Revista Historia* 6 (2003), 177-192; Alejandro Málaga Medina, "Los corregimientos de Arequipa. Siglo XVI, *Revista Historia* 1 (1975), 47-85; la tesis de licenciatura en Historia de Edgar Chalco Pacheco titulada *Los Regidores perpetuos del Cabildo de Arequipa: un grupo de poder (s. XVI)* (Arequipa, 1993); y sobre la sociedad temprana, Carmen Cornejo de Balbuena, "La Sociedad Colonial Arequipeña (siglo XVI)", *Revista Historia* 2 (1983), 19-42; Fredy Nina Vera, *Africanos en la Ciudad Blanca. La esclavitud en Arequipa colonial. (1539-1600)* (Arequipa, 2010).

Para la presencia de la Iglesia a lo largo del periodo colonial, véase Alejandro Málaga Medina, "Organización Eclesiástica de Arequipa", en *Historia General de Arequipa* (Arequipa, 1990), pp. 275-307; Álvaro Espinoza de la Borda, "La Iglesia en Arequipa y su proceso histórico", en *Actas del Congreso Internacional Histórico-Teológico Pastoral* (Arequipa,

2013), pp. 79-124; del mismo autor, "Los Episcopologios de Arequipa: Estudio Comparativo", *Revista Historia 8* (2006), 39-60; María Marsilli, *Hábitos perniciosos: religión andina colonial en la diócesis de Arequipa (Siglos XVI al XVIII)* (Santiago, 2014). Sobre algunas órdenes religiosas, la tesis de licenciatura en Historia de John Muñoz Vásquez titulada *Los Padres de la Buenamuerte: la orden de los Camilos en Arequipa (1756-1728)* (Arequipa, 1997).

Acerca de la educación en Arequipa colonial consúltese a Guillermo Galdos Rodríguez en "Cultura", en *Historia General de Arequipa* (Arequipa, 1990), pp. 339-370. Para la Academia Lauretana, Héctor Ballón Lozada, Guillermo Galdos Rodríguez y Eusebio Quiroz Paz-Soldán, *La Academia Lauretana de Ciencias y Artes de Arequipa* (Arequipa, 1999). Véase los proyectos de creación de una universidad en la ciudad en Víctor M. Barriga, *Documentos para la Historia de la Universidad de Arequipa, 1763-1828* (Arequipa, 1954) y la tesis doctoral de Mary Gallagher, *Imperial Reform and the Struggle for Regional Self-Determination: Bishops, Intendants and Creole Elites in Arequipa, Peru (1784-1816)* (University of New York, 1978).

El tema de la economía de la región arequipeña es muy vasto y diverso. Para entender la producción de vinos y aguardientes, véase Víctor Condori, "El Vino en Arequipa Colonial", *Boletín de Lima* 159 (2010), 54-50; Carlos Buller, *Vinos, aguardiente y mercado. Auge y declive de la economía del vino en los valles de Arequipa (1770-1853)* (Lima, 2011) y Kendall Brown, *Borbones y aguardiente. La reforma imperial en el sur andino: Arequipa en vísperas de la Independencia* (Lima, 2008). Sobre el comercio regional, la tesis de licenciatura en Historia de Rocío Villaverde Retamozo, *El Puente Colonial y su papel en el desarrollo de Arequipa (1549-1608)* (Arequipa, 1992); Kendall Brown, "Movimiento de precios en Arequipa, Perú, siglo XVIII" en *Economías coloniales. Precios y salarios en América Latina, siglo XVIII* (México, 1990), pp. 191-219; Víctor Condori, *Reformas económicas y privilegios comerciales. Los Cinco Gremios Mayores de Madrid en Arequipa, 1790-1820* (Arequipa, 2014); Guillermo Galdos Rodríguez, "Los puertos de Arequipa en la colonia y principios de la República" (Arequipa, 1991) y Matheo de Cossío, "Razón circunstanciada que Don Matheo Cossío diputado del comercio de Arequipa produce al Real Tribunal del Consulado de Lima con relación a los ramos de industria de aquella provincia (1804)", *Revista del Archivo*

*Nacional* 28 (1964), 219-233. La minería arequipeña ha sido tema de estudio de Ramiro Flores Guzmán, "Análisis de la producción minera regional en el Perú borbónico: Pasco, Trujillo y Arequipa (1780-1820)", en *Historias compartidas. Economía, sociedad y poder, siglos XVI-XX* (Lima, 2007), pp. 345-369; Víctor Condori, "La minería arequipeña a inicios de la República. Entre la crisis de la plata y la fiebre del oro, 1825-1830", *Revista Allpanchis* 76 (2010), 139-171 y de manera más general, John Fisher, *Minas y mineros del Perú colonial, 1776-1824* (Lima, 1977). Una visión panorámica de la industria textil arequipeña se encuentra en: Fernando Silva Santisteban, *Los obrajes en el virreinato del Perú* (Lima, 1964), pp. 140-145; para el siglo XVI, la tesis de licenciatura en Historia de Gandy Castillo y Roxana Huayna, *La textilería arequipeña: un obraje de la Chimba (1560-1580)* (Arequipa, 1999) y el texto de Rocío Villaverde Retamozo, "El Obraje de la Chimba de Arequipa y su vinculación con el circuito comercial del sur, siglo XVI", *Revista Historia* 5 (2002), 65-90.

Acerca de las reformas borbónicas en Arequipa, la más amplia información se encuentra en el magnífico trabajo de Kendall Brown, *Borbones y aguardiente. La reforma imperial en el sur andino: Arequipa en vísperas de la Independencia* (Lima, 2008); del mismo autor, "La transformación de la real hacienda bajo los Borbones: el caso de Arequipa", en *Arequipa a través del Tiempo. Política, cultura y sociedad* (Arequipa, 2008), pp. 77-97; la tesis doctoral de Mary Gallagher, *Imperial Reform and the Struggle for Regional Self-Determination: Bishops, Intendants and Creole Elites in Arequipa, Peru (1784-1816)* (University of New York, 1978) y Eusebio Quiroz Paz Soldán, "La Intendencia de Arequipa: reflexiones para una interpretación", *Histórica*, vol. 8, n.º 2 (1984), 151-175. Con relación a la Rebelión de los Pasquines, el trabajo pionero es de Guillermo Galdos Rodríguez, *La Rebelión de los Pasquines* (Arequipa, 1967); asimismo, David Cahill, "Taxonomy of a 'Riot': The Arequipa Disturbances of 1780", en *Reform and Insurrection in Bourbon New Granada and Peru* (University of Louisiana, 1990), pp. 255-299; Víctor Condori, "Repensando la rebelión de los Pasquines", en *Arequipa a través del Tiempo. Política, cultura y sociedad* (Arequipa, 2008), pp. 49-74 y Eusebio Quiroz Paz Soldán, "Aspectos sociales de Arequipa en el siglo XVIII", en *Obra Histórica de Arequipa* (Arequipa, 2011), pp. 187-219. La presencia de Túpac Amaru en la región fue tema de una tesis de licenciatura en Historia de Daniel Huamán Asillo, *Arequipa y las Rebeliones de 1780* (Arequipa, 1988); asimismo, Alejandro Málaga Medina y Eusebio Quiroz Paz-Soldán, "La rebelión de Túpac Amaru en Arequipa", en *La Revolución de los Túpac Amaru. Antología* (Lima, 1981), pp. 221-251.

El proceso de independencia en Arequipa reúne una variedad de trabajos, desde los más generales como, Alejandro Málaga Medina, *Arequipa en la Independencia del Perú*, Primer Congreso Nacional Sanmartiniano (Lima, 1974), hasta aquellos relacionados con la actitud de élite arequipeña: Víctor Condori, "Arequipa y la Independencia, 1821-1824", *Revista Illapa* 4 (Lima, 2009), 57-74. En torno a la economía, véase Víctor Condori, "Guerra y economía en Arequipa: las actividades del español Lucas de la Cotera en una coyuntura de crisis, 1821-1824", *Revista de Indias*, vol. 71, n.º 253 (2011), 827-858. El papel del cabildo arequipeño puede verse en Guido Riveros Taco, "El cabildo de Arequipa en una coyuntura de crisis: 1809-1824". *Segundo Premio del concurso Narra la Independencia desde tu pueblo* (Lima, 2014) y la tesis de maestría en Historia de Fernando Calderón Valenzuela, *Una ciudad segura para el rey. El Cabildo de Arequipa y los sucesos de La Paz en 1809* (Castellón de la Plana, 2010); del mismo autor, "El cabildo, Justicia y Regimiento de Arequipa durante el 'bienio trascendental' (1808-1810)", *Histórica*, vol. 41, n.º 1 (2017), 81-123; Nuria Sala i Vila, "El Trienio Liberal en el Virreinato peruano: los ayuntamientos constitucionales de Arequipa, Cusco y Huamanga, 1820-1824", *Revista de Indias*, vol. 71, n.º 253 (2011), 693-728. Para la revolución del Cusco de 1814 y su impacto en Arequipa, véase Carlos Buller, "Pumacahua en Arequipa, la incursión ambigua", en *1814: La junta de gobierno del Cuzco y el sur andino* (Lima, 2016) y Raúl Porras Barrenechea, "Mariano José de Arce. Procer y revolucionario", en *Los Ideólogos de la Emancipación* (Lima, 1974), pp. 49-114.

La bibliografía para la historia republicana de Arequipa es amplia. Para entender la sociedad arequipeña en la etapa de la independencia y la temprana república resultaron importantes los estudios de John Wibel, *The Evolution of a Regional Community within Spanish Empire and Peruvian Nation: Arequipa, 1780-1845* (Stanford, 1975); la tesis de Fernando Ponce Social Structure of Arequipa, 1840-1879 (Austin, 1980); el trabajo José Víctor Condori "El francés Santiago Le Bris y la primera casa comercial extranjera en Arequipa 1821-1850", *Bulletin de l'Institut Français d'Études Andines*, 42 (2) (2013), 261-283; así como "Economía y empresa en Arequipa a inicios de la República, 1825-1850", *Economía*, vol. XXXVII, n° 74 (julio-diciembre, 2014), 163-212 y "Entre la crisis económica y la migración alemana. Las actividades del comerciante Cristóbal Guillermo Schutte en Arequipa, 1827-1850" *Jahrbuch für Geschichte Lateinamerikas* 53 (2016). Para los aspectos fiscales, la tesis de magíster en historia de Betford Betalleluz *Población y fiscalidad en Arequipa a inicios de la república* (Lima, 2014).

El fidelismo de Arequipa durante la independencia está estudiado en José Víctor Condori, "Guerra y economía en Arequipa: las actividades del español Lucas de la Cotera en una coyuntura de crisis, 1821-1824", *Revista de Indias*, vol. LXXI, n.° 253 (2011), 827-858, y de Nuria Sala i Vila, "El Trienio Liberal en el Virreinato peruano: los ayuntamientos constitucionales de Arequipa, Cusco y Huamanga, 1820-1824", *Revista de Indias*, vol. LXXI, n.° 253 (2011), 693-728. Asimismo, en Guillermo, Zegarra, *Arequipa en el paso de la colonia a la república. Visita de Bolivar* (s/l., 1973). Para la transición de Arequipa a la República véase el texto de Eusebio Quiroz Paz Soldán, "La república" en *Historia general de Arequipa* (Arequipa, 1990); asimismo, el de Sarah Chambers, *De súbditos a ciudadanos. Honor, género y política en Arequipa. 1780-1864* (Lima, 2003). El caudillismo de la temprana república puede consultarse en Juan Gualberto de Valdivia, *Memoria sobre las revoluciones de Arequipa desde 1834 hasta 1866* (Lima, 1874).

Los aspectos económicos, con énfasis en los circuitos mercantiles, fueron estudiados por Alberto Flores Galindo en *Arequipa y el sur andino* siglos XVIII-XX (Lima, 1977), y por Heraclio Bonilla en "Islay y la economía del sur peruano" en *Los mecanismos de un control económico. Gran Bretaña y el Perú* (Lima, 1977); asimismo, por Alfonso Quiroz, en "Estructura económica y desarrollos regionales de la clase dominante. 1821-1850" en Alberto Flores Galindo *Independencia y revolución. 1780-1840* (Lima, 1987); también en Manuel Burga y Wilson Reategui, *Lanas y capital mercantil en el sur. La Casa Ricketts, 1895-1935* (Lima, 1981); Nils Jacobsen en *Ilusiones de la transición. El altiplano peruano. 1780-1930* (Lima, 2013); Carlos Buller en *Vinos, aguardiente y mercado. Auge y declive de la economía del vino en los valles de Arequipa (1770-1853)* (Lima, 2011); Juan Carpio en "La inserción de Arequipa en el desarrollo mundial del capitalismo (1867-1919)", en *Historia general de Arequipa* (Arequipa, 1990); Antonio Mitre en "El monedero de los Andes. Región económica y moneda boliviana en el siglo XIX" *HISLA*, vol. 8 (2° semestre, 1986), pp. 13-74. Las actividades mineras son estudiadas por José Víctor Condori en "Minería y empresa en Arequipa. Las minas de Caylloma durante el siglo XIX, *Revista de Investigación* (2016).

Un aspecto importante en la historia regional y particularmente de Arequipa son los sismos y terremotos. Entre los principales textos sobre ello están: Enrique Silgado, *Historia de los sismos ocurridos en el Perú (1513-1974)* (Lima, 1978); las tesis de licenciaturas en Historia de la UNSA de Yony Amanqui, *La mentalidad de la población de la ciudad de Arequipa ante los terremotos, siglos XVI-XVIII* (Arequipa, 2008); y de Rocío Gómez, *Las repercusiones económicas del terremoto de 1868* (Arequipa, 1994); así como el documento del Ministerio de Salud del Perú, *Terremoto en el sur del Perú: Departamento de Arequipa* (Arequipa, 2001).

La historia urbana de la ciudad se analiza en Mario Arce Espinoza, *Alcaldes de Arequipa republicana* (Arequipa, 2012) y en *Calles, plazas y puentes de Arequipa* (Arequipa, 2012). Un estudio más documentado y de largo plazo es el del arquitecto Ramón Gutiérrez, *Evolución histórica urbana de Arequipa, 1540-1990* (Lima, 1992); los estudios de Carlos Zeballos, *La ciudad y el río. Arequipa en el S. XIX-XX* en su portal de internet: *Mi Moleskine arquitectónico* (Arequipa, 2007); Héctor Ballón, *Arequipa. Patrimonio cultural de la humanidad* (Arequipa, 2012); Edgard Chalco, "La Chavela, alma mundo del primer cementerio extramuros de Arequipa", *Historia*, 9 (2010), 107-115; Hélard Fuentes *Historia del Cementerio General de La Apacheta* (Arequipa, 2016); la tesis de licenciatura en historia de la UNSA por Christian Saavedra, *Aspectos políticos-económicos del distrito de San Juan Bautista de Characato: 1884-1900* (Arequipa, 2002).

Para la historia del ferrocarril en Arequipa véase Klaus Kemp, *El desarrollo de los ferrocarriles en el Perú* (Lima, 2002); Guido Penano "Desarrollo regional y ferrocarriles en el Perú", *Apuntes* 9 (1979), 131-150; y Rory Miller, *Empresas británicas, economía y política en el Perú, 1850-1934* (Lima, 2011); *El ferrocarril de Arequipa. Historia documentada de su origen, construcción e inauguración* (Lima, 1871) contiene una compilación de documentos de la época.

La inmigración extranjera, particularmente europea, es estudiada en una tesis de licenciatura en historia de la UNSA por Nancy Canaza e

Ivonne Motta titulada *Importancia de los inmigrantes extranjeros en el desarrollo económico de Arequipa. 1840-1940* (Arequipa, 1999). El papel de los bancos es estudiado por César Corrales en *El Banco de Arequipa, 1871-1882* (Lima, 2013) y en la tesis de licenciatura en historia de Rodolfo Rodríguez titulada *El Banco de Arequipa y un grupo de presión emergente. 1871-1883* (Arequipa, 1998).

Para la Guerra del Pacífico está la tesis de licenciatura en historia presentada en la Universidad de San Agustín, de Cipriano Lucio Quispe: *El gobierno provisional del contralmirante Lizardo Montero en Arequipa (1882-1883)* (Arequipa, 1997); también los textos de Guido Riveros, "Para que no se repita: el Partido Civil y la entrega del sur del Perú al ejército chileno en 1883", *Historia, estudios regionales*, 2 (2015), 109-152 y su tesis de historia *Crisis de gobierno en Arequipa el debate y la oposición política al interior de la élite local 1879-1883* (Arequipa, 1997); véase asimismo Daniel Parodi y su texto *La laguna de los villanos. Bolivia, Arequipa y Lizardo Montero en la Guerra del Pacífico. 1881-1883* (Lima, 2001). Un reciente coloquio de historiadores sobre Arequipa y la guerra fue publicado por la Municipalidad provincial de Arequipa: *Fragmentos para escribir la historia de la participación de Arequipa en la Guerra con Chile, 1879-1883* (Arequipa, 2016). También la tesis de licenciatura de la Universidad de San Agustín presentada por Lizbeth Challco: *La participación de la sociedad arequipeña frente al cautiverio de Tacna y Arica 1884-1929* (Arequipa, 2004).

El papel de la Iglesia y su relación con el Estado republicano en la temprana república es estudiado por Ernesto Rojas en *El báculo y la espada. El obispo Goyeneche y la Iglesia ante la 'Iniciación de la República', Perú 1825-1841* (Lima, 2006); véase también Fernando Armas, *Liberales, protestantes y masones. Modernidad y tolerancia religiosa. Perú, siglo XIX* (Lima, 1998); Héctor Ballón, "Crisis de la autoridad eclesiástica y sus luchas con los liberales de la tercera generación y los protestantes, 1900-1940", *Historia 4* (octubre, 2001); del mismo autor, *Análisis socio-jurídico de la religión en Arequipa: catolicismo protestantismo y sectas* (Arequipa, 2004), pp. 155-166; Guillemette Martin, "La 'Roma del Perú' au tournant du siècle: catholicisme, libéralisme et identité locale à Arequipa (1890-1915)", *Amnis* 11 (2012); Álvaro Espinoza, "Los obispos y la historia de la Iglesia en Arequipa", *Hispania Sacra* 57 (2005), 143-209; y

"Los episcopologios de Arequipa: estudio comparativo" *Historia* 8, (octubre, 2006), 37-58.

Los aspectos educativos y culturales fueron estudiados por Santos Benavente, en "Cambios sociales y formación del imaginario popular 1830-1930", *Historia* 6 (enero, 2003), pp. 99-118; Héctor Ballón, Guillermo Galdós y Eusebio Quiroz Paz Soldán estudiaron la *Academia Lauretana de ciencias y artes de Arequipa* (Arequipa, 1999); la tesis de licenciatura de historia en la UNSA de Juana Sotomayor y Roy Chire *Periodificación histórica de la Universidad Nacional San Agustín, 1828-1988* (Arequipa. 2000); Flora Tristán, *Peregrinaciones de una paria* (Lima, 2003); Víctor Andrés Belaunde, *Trayectoria y destino. Memorias* (Lima, 1967); Carlos Arroyo en *Nuestros años diez: la Asociación Pro-Indígena, el levantamiento de Rumi Maqui y el incaísmo modernista* (Libros en red, 2005); Guillemette Martin, "Cuarenta años de producción periodística en Arequipa (1890-1930): Un acercamiento al dinamismo intelectual arequipeño en el cambio de siglo", *Historia* 9, (2010), 95-106; Héctor Ballón en *Mostajo y el folklore arequipeño* (Arequipa, 1999); *Mostajo y la historia de Arequipa* (Arequipa, 2000) y *Mostajo en la literatura arequipeña* (Arequipa, 2002); Juan Guillermo Carpio Muñoz, *Texao: Arequipa y Mostajo*. 4 vols. (Arequipa, 1983); Hélard Fuentes, *Escritoras, maestras y artistas. 168 años de vida cultural en Arequipa* (Arequipa, 2016); Hélard Fuentes, *Historia de las Fiestas del Carnaval en Arequipa* (Arequipa, 2016); Thomas Love, "Cash cows and fighting bulls: redefining identity, maintaining control in southwestern Peru" (Chicago, 1998) y Hernán Cornejo "La picantería arequipeña: cambios y continuidad culinaria", *Revista de Antropología* (2005). Sobre el fútbol, la tesis de licenciatura en Historia de la UNSA de Miguel A. Ramírez Flores y Mariela Belizario Sucapuca, *Características del fútbol en la sociedad arequipeña 1900-1950* (Arequipa, 2010).

Los aspectos religiosos, son estudiados por Alejandro Malaga Núñez-Zeballos en *La virgen de Arequipa. Historia de la milagrosa Virgen de Chapi* (Arequipa, 2011); José Benito en *Arequipa católica. La Roma del Perú. Apuntes históricos* (Arequipa, 1998) y "Cayma en la devoción popular", *Revista del Archivo Arzobispal de Arequipa*, 4 (1997), 79-102.

Véase también los textos de Juan Carpio *Arequipa, música y pueblo* (1984); *El Pendón musical de Arequipa* (Lima, 2014); *El yaraví arequipeño.*

*Un estudio histórico social y un cancionero* (1976). Los valiosos estudios históricos de Zoila Vega Salvatierra: *Texto y contexto en la música de Roberto Carpio* (Arequipa, 2001); *Vida musical cotidiana en Arequipa durante el oncenio de Leguía, 1919-1930* (Lima, 2006); y *Música en la Catedral de Arequipa 1609-1881. Fuentes, reglamentos, ceremonias y capilla catedralicia* (2011); y de Augusto Vera Béjar, *El vals arequipeño escrito en pentagrama* (Arequipa, 2008) y el libro de *Marcela Cornejo Díaz, Música popular tradicional del Valle del Chili* (Lima, 2012), versión ampliada de su tesis de magíster en antropología en la Universidad Católica del Perú: *Memoria, identidad y poder en la música popular de Arequipa: entre la oralidad y el texto* (Lima, 2011); Gerard Borras y Fred Rohner, *La música popular peruana: Lima-Arequipa. 1913-1917. Los archivos de la Victor Talking Machine* (Lima, 2013); la tesis de licenciatura en Historia de la Universidad de San Agustín de Carlos Cahuana y Dani Ticahuara: *Interpretes de la música tradicional arequipeña en el siglo XX* (Arequipa, 2003); y "La cultura popular: la música como identidad colectiva" *Diálogo Andino – Revista de Historia, Geografía y Cultura Andina*, 29 (agosto, 2007), 29-46.

Para la literatura arequipeña fueron importantes los estudios de Enrique Carrión Ordóñez "Bibliografía melgariana", *Boletín del Instituto Riva Agüero* 19 (1992), 257-288; Jorge Cornejo, *La poesía en Arequipa en el siglo XX. Estudio y antología* (Lima -Arequipa, 1990); Guillemette Martin, "El centenario de la independencia peruana en la ciudad de Arequipa", en Alex Loayza (ed.), *La independencia peruana como representación. Historiografía, conmemoración y escultura pública* (Lima, 2016), pp. 167-192; la tesis de magíster en literatura hispanoamericana presentada en la Universidad Católica por Ana María Flores Núñez, *El sentido de la antipoesía en el perfil de la materia de Edgar Guzmán Jorquera* (Lima, 2013); Rosa Núñez y Gregorio Torres, *Polifonía del silencio. La Literatura en Arequipa en los diez últimos años* (2006) disponible en <http://web.archive.org/web/20090612054630/http://www.promolibro.gob.pe/descargas/polifonia.pdf)>.

Para la historia política de Arequipa, véase Héctor Ballón *Cien años de vida política de Arequipa 1890-1990*, 2 vols. (Arequipa, 1992); Raúl Fernández, *Los orígenes del movimiento obrero en Arequipa. El Partido Liberal y el 1º de mayo de 1906* (Arequipa-Lima, 1984); Hinnerk Onken, "El movimiento de los Liberal-Independientes en Arequipa a comienzos del siglo XX", en Christian Büschges (ed.), *Estado, ciudadanía y nación: repúblicas liberales y comunidades indígenas en los Andes sudamericanos durante el siglo XIX* (Madrid, 2011), pp. 155-172; José Luis Renique, *Crisis Política y movimiento regional en el Perú. El caso de Arequipa, 1931* (Lima, 1979); Enrique Ramírez, *La matanza olvidada: el nacimiento del regionalismo en Arequipa 1915* (s/l, 2015); Guillemette Martin, *Identité régionale et construction nationale en Amérique latine. La ville seconde au Mexique (Guadalajara) et au Pérou (Arequipa), des années 1880 aux années 1920* (París, 2013); Raúl Quisocala, *Los comunistas y los sucesos del 13 de mayo de 1931 en Arequipa* (Arequipa, 1993); Francisco del Carpio, "Arequipa y el Partido Comunista. Un ensayo para completar" *Jornal de Arequipa* (Arequipa, 2016) disponible en <http://www.jornaldearequipa.com/PC.AQP.001.htm>. César Sánchez, "El fin de la ilusión republicana. Demócratas y cristianos en el ocaso de la república criolla peruana (1821-1980)", *Fuego y raya*, (2014); Pedro Planas, *Biografía del movimiento social-cristiano en el Perú (1926-1956); Apuntes* (Lima, 1996) y de Jeffrey Klaiber *Historia de la Iglesia Contemporánea en el Perú* (Lima, 2016).

Sobre el centralismo, consúltese de Eusebio Quiroz Paz Soldán, "Del comercio a la industria sustitutoria. 1919-1955", en *Historia general de Arequipa* (Arequipa, 1990); Juan Carpio Muñoz, "Historia de la Cámara de Comercio e Industria de Arequipa, 1887-1987: un siglo de esfuerzo" (Arequipa, 1987); Baltazar Caravedo, *Desarrollo desigual y lucha política en el Perú, 1948-1956. La burguesía arequipeña y el estado peruano* (Lima, 1978); Gonzalo Portocarrero, *De Bustamante a Odría. El fracaso del Frente Democrático Nacional* (Lima, 1983); Livia Letts, *El origen de la transición democrática 1955-1956: el surgimiento de una oposición política al gobierno de Odría y la lucha de esta por elecciones libres y competitivas* (Lima, 2014); Mario Espinoza Arce *La firma Manuel Muñoz Najar. Historia de una empresa familiar arequipeña* (Arequipa, 2012); José A. Exprúa y Luis Sanz "Cervesur", *Revista latinoamericana de administración*, 27 (2001), 79-115; Francisco Bustamante, "Dinámica y acumulación de dos grupos económicos regionales: el caso del mercado de fibra de alpaca en el sur andino. 1970-1987", *Apuntes* 25 (2.° semestre 1989), 61-79; *Corporación Aceros Arequipa S. A. 50 años 1964-2014* (Lima, 2016); Zaida Cáceres, *Viabilidad de una emisora de tv local, en tiempos de Globalización. El caso de la ciudad de Arequipa* (Lima, 2006).

Para la historia de la Arequipa rural: Nelson Manrique, *Colonialismo y pobreza campesina. Caylloma y el valle del Colca. Siglos XVI-XX* (Lima, 1986); de José Morante, *Monografía de la provincia de Camaná* (Arequipa, 1965); editado por la Asociación Provincial de Castilla: *Castilla, Reconstruyendo su historia. Revista peruana de ilustración regional*, n.° 1 (enero, 2007); Alipio Montes *Relaciones de poder en el campo (Caso de la provincia de Condesuyos)* IEP, Documento de Trabajo n.° 76 (Lima, 1996); Mario Arenas, "La agricultura en el Valle del Tambo", *La Punta. Publicación periodística y cultural del Valle del Tambos e Islay-Arequipa* (en línea <http://www.revistalapunta.com/emporio-agricola/>); Lorenzo Tacca Majes, *Historia de la irrigación y del distrito.* (Majes-Arequipa, 2010); Luis Miguel Manrique Loayza y Alberto Salas Gallegos, "El génesis de la provincia de la Unión-Arequipa", *Illapa* n.° 4 (julio 2009), 207-224; Consuelo Vásquez y Christian Estrella, *Fragmentos de la historia del distrito de Callalli* (Arequipa, 2010); Eulalia Pérez Medina, *Inserción sociocultural de los migrantes del distrito de Alca provincia La Unión departamento de Arequipa en el Cono Norte de Lima* (Lima, 2005); Aurora Fierro y Verónica Vargas, *Características del proceso migratorio en la historia de Arequipa* (Arequipa, 2003); Julio Acuña, *La Junta de Rehabilitación y Desarrollo de Arequipa: una experiencia exitosa de descentralización 1958-1968* (Arequipa, 2001); y su tesis *La revolución urbana de Arequipa. 1958-1968* (Arequipa, 1998).

Para la migración y la urbanización, consúltese el texto de Ruth Cama, *Historia de los pueblos jóvenes en la ciudad de Arequipa, 1945-1975* (Arequipa, 2006); también, Vicky Mamani, *Desarrollo urbano de Arequipa: pueblo joven Miguel Grau (1958-1997)* (Arequipa, 1998); Gladys Ramírez, *Historia de la parroquia Cristo Obrero y su impacto en los pueblos jóvenes de la parte alta del distrito de Miraflores, 1968-2000* (Arequipa, 2000); Carlos Leyton hace una evaluación de las mismas en "Expansión y seguridad urbana en Arequipa: el caso de las torrenteras" en la compilación de Juvenal Medina y Rocío Romero (eds.), *Los desastres si avisan. Estudios de vulnerabilidad y mitigación II,* (Lima, 1992).

Para la historia del desarrollo de Arequipa, véase Juan Carpio Muñoz, "Arequipa y la encrucijada del desarrollo (1956-1988)", *Historia general de Arequipa* (Arequipa, 1990); Hildegardo Córdova, "El Parque

Industrial de Arequipa y su significancia local y regional 2000", *Revista Geográfica* 127 (enero-junio 2000), 39-89; "El proceso de regionalización en el Perú ¿Una solución para el desarrollo?", *Espacio y desarrollo* 6 (1994), 33-51; Nelly Cárdenas, *Influencia de la informalidad en la Competitividad de la Micro y Pequeña Empresa en la Región Arequipa* (Arequipa, 2010); Erika Yungure, "De migrantes a informales: El comercio ambulatorio en Arequipa, 1950-2000", *Illapa* 4 (julio 2009), 225-247 quien sostuvo una tesis de licenciatura en historia en la UNSA titulada *Historia y características del comercio ambulatorio en la ciudad de Arequipa 1950-2000* (Arequipa, 2011); Ødegaard, Cecilie V. "Informal Trade, Contrabando and Prosperous Socialities in Arequipa, Peru", *Ethnos*, vol. 73(2), (june 2008), 241–266; *Mobility, Markets and Indigenous Socialities. Contemporary Migration in the Peruvian Andes,* Farnham-Burlington (2010); Fernando Choquehuanca, *Las políticas sociales frente a la pobreza en el Perú con referencia a la provincia de Arequipa 1980-2000* (Arequipa, 2005); Instituto Nacional de Estadística e Informática, *Conociendo Arequipa* (Lima, 2000).

Para la época posfujimorista, véase de Carlos Leyton, "Arequipa: de la privatización a la recuperación de la dignidad", *OSAL Observatorio Social de América Latina,* n.° 8 (sep. 2002), 15-19; y, Moisés Arce, "La repolitización de la acción colectiva tras el neoliberalismo en el Perú", *Debates en Sociología* n.° 36 (2011) 57-83; Propuesta ciudadana-CEDER-DESCO, *Región Arequipa*. Reporte n.° 1 (segundo trimestre 2003) (Arequipa, 2003); Consorcio de Investigación Económica y Social y Universidad Católica de Santa María, *Aportes para el Gobierno Regional 2007-2010* (Arequipa, 2006); Jorge Zegarra, "Arequipa: entre la transición y el desencanto", *Argumentos,* IEP, 2014 y Carlos Leyton, *Gestión Regional en Arequipa: Avances y desafíos, 2007-2013* (Arequipa, 2015).

Made in United States
North Haven, CT
24 August 2026

17353903R00164